U0137902

〔新加坡〕 王昌伟　著

谭晓君　译

Li Mengyang

the North-South Divide,
and Literati Learning
in Ming China

南北分野与明代学术

上海古籍出版社

图书在版编目(CIP)数据

李梦阳：南北分野与明代学术 /（新加坡）王昌伟
著；谭晓君译. —上海：上海古籍出版社，2022.10
ISBN 978-7-5732-0413-4

Ⅰ.①李… Ⅱ.①王… ②谭… Ⅲ.①李梦阳（
1473-1530）—人物研究 Ⅳ.①K825.6

中国版本图书馆 CIP 数据核字（2022）第 150924 号

Li Mengyang, the North-South Divide, and Literati Learning in Ming China, by Chang Woei Ong, was first published by the Harvard University Asia Center, Cambridge, Massachusetts, USA, in 2016. Copyright ©2016 by the President and Fellows of Harvard College. Translated and distributed by permission of the Harvard University Asia Center.

李梦阳：南北分野与明代学术

［新加坡］王昌伟　著

谭晓君　译

上海古籍出版社出版发行

（上海市闵行区号景路 159 弄 1-5 号 A 座 5F　邮政编码 201101）

（1）网址：www.guji.com.cn

（2）E-mail：guji1@guji.com.cn

（3）易文网网址：www.ewen.co

常熟市人民印刷有限公司印刷

开本 890×1240　1/32　印张 11.125　插页 5　字数 211,000

2022 年 10 月第 1 版　2022 年 10 月第 1 次印刷

ISBN 978-7-5732-0413-4

K·3245　定价：68.00 元

如有质量问题，请与承印公司联系

中译本序

如果我们说李梦阳是中国文学史上一位很重要的人物，相信没有人会有异议，可是，如果我们说他也是一位重要的思想家，可能就会有很多人不认同。其实李梦阳晚年所著之《空同子》，从义理的层面和理学对话的意图非常明显，但在现代学科的分类下，我们极少在哲学史的框架下讨论李梦阳的学术。本书正是希望能从李梦阳自身的视角出发，理解他对所处之时代的政治、社会、文化与思想课题所持的观点，而不仅仅讨论他的文学复古思想。笔者想要证明的是，对李梦阳的学术进行细致的考察，能够让我们更为深刻地理解明中叶思想文化转型的实质内涵。

本书的主角虽然是李梦阳，但其中的一个重要关怀却是阳明学的"胜利"。程朱理学自从被国家定为正统的意识形态以后，一直要到李梦阳、王阳明那一代才受到前所未有的挑战，只是那是个人才济济的时代，为什么阳明学对后世的影响无人能及？如果我们考虑到阳明在潜心义理之学以前，是被视为李梦阳所领导的古文词运动的同路人这一事实的话，那阳明学的崛起和广泛传播，就是一个必须解释的历史现象。我们除了从正面去理解之外，似乎也可从当时的一些"失败者"如李梦阳的学术的历史际遇去推测阳明学成功的原因。

当然，把李梦阳说成是一名失败者是言过其实的。我们今天讨论中晚明的文学思想，无论对李梦阳的评价是高是低，都绕不开他和所谓的"前七子"对当时的文学理论及其发展所带来的冲击。因此，本书也会尝试从接受史的角度，探讨人们如何逐渐把他界定为一名文士而不及其余。换言之，本书的宗旨，除了力图还原李梦阳思想的全貌，还在于阐明他作为明中叶文学复古运动的领袖的单一形象是如何被建立起来的。

所谓文学、哲学、史学的分类，固然和现代学科建设有关，但这不表示古人都是"文史哲不分"的。李梦阳的传记在《明史》中被归类于《文苑》，正能说明问题。当然，学术分类及其演变，必然和当时政治、社会、文化和思想的变迁有关，要掌握其中的发展脉络，我们必须同时兼顾"思想"和"历史"两方面。在爬梳了明代的史料和相关的研究后，本书以南北差异为研究框架，展开对李梦阳的学术和影响的讨论。但必须说明的是，笔者不因为李梦阳是北方人，就草率地视其为北方文化和文学传统的代表。笔者的目的在于揭示，所谓的南北差异，除了实际存在的地域因素以外，还是文化建构的产物。因此，时人和后人加之于李梦阳身上的诸如"北人""北学"等标签，正好为我们提供了考察李梦阳学术的接受史的视角。

本书中译本的出版，获得许多人的帮助。首先是比我更重视此事的厦门大学历史系刁培俊教授。刁教授除了积极帮我联系出版社，还不断催促我着手进行这项工作，在整个过程中也不断提供宝贵意见。译者谭晓君小姐是我的博士生。晓君接下翻译任务之初尚未正式入学，当时我并不清楚她的翻译和整体学术水平，因此也不知道应该抱有什么样的期待，但一接到译稿样本，就马上松了一口气。晓君的文字简洁有力，对此一课题和英文原文的理解也很到位，是译者的最佳人选。上海古籍出版社的虞桑玲小姐在准备译稿的过程中给予各种及时的提醒和建议，使翻译工作得以顺利进行，在此一并致谢。

王昌伟

公元 2021 年 8 月 8 日序于星洲

致　谢

　　完成本书花费了比预期更长的时间。在我获得终身教职之后，大量的行政事务使我没有多少时间潜心研究。但我无意抱怨，在过去的数年间，能在新加坡国立大学人文社会科学学院工作，令我倍感幸运，我的同事们确保了在条件允许的情况下，我可以获得尽可能充裕的写作时间。我要对吴文华、郑宝莲和杨淑爱特别表示感谢，他们始终给予我支持和鼓励。由文学暨社会科学学院院长设立的研究支持计划也为我的研究提供了有力支持。

　　我十分有幸能与中文系的同事们一起工作，他们对学术与教育的热情和投入始终激励着我，特别是曾昭程、丁荷生（Kenneth Dean）、许齐雄、潘秋平和徐兰君。此外，我还要感谢这些年里我所教过的学生们。尽管他们不断地考验我的耐心，但他们教给我的东西无疑和我教给他们的一样多。特别是曹世明，他作为研究助理，为我提供了很多帮助。拥有如此优秀的朋友和学生，教学与研究其乐无穷。

　　在指导研究生时，我总会回想起我的哈佛岁月。我在哈佛遇到的每一位老师都以不同的方式塑造了我的思想世界。我的博士生导师包弼德（Peter Bol）教授永远是我作为学者与教师的榜样。尽管已经离开剑桥超过十年，但我与东亚语言与文明系的同学们，尤其是陈雯怡的友谊仍然为我提供源源不断的精神支持。我又怎能不提及"包门"的师友情谊？我们以老师为中心建立的纽带，使我得以直接向这一领域内的众多优秀学者请教。亚金（Alexander Akin）通读了书稿，他宝贵的建议极大地提高了本书的语言水平和论证力度。

我也要感谢艾尔曼（Benjamin Elman）、韩书瑞（Susan Naquin）与裴德生（Willard Peterson），在我访问普林斯顿大学时，他们慷慨地与我分享了自己的见解。左娅在我访问普林斯顿期间，始终为我提供帮助，我十分感谢她的友善。普林斯顿大学图书馆的收藏使我能够对课题进行深入研究，海德拉（Martin Heijdra）热心帮助我寻找珍本书籍。我也要感谢新加坡国立大学中文图书馆的全体馆员，在我搜集材料时，如果没有他们的高效协助，这一切决不会如此顺利。

在过去的几年里，我与一群对明清思想史抱有共同兴趣的学者们密切合作，我们定期会面讨论我们的研究。我要特别感谢吕妙芬与彭国翔的组织。在讨论中，张艺曦、祝平一、戴彼得（Peter Ditmanson）、何淑宜、刘勇、魏月萍、佐藤錬太郎、三浦秀一与黄敏浩为我的论文提供了许多有益的反馈。

本书第二章的部分内容亦见于我为《中国现代宗教：宋辽

金元（960—1368）》撰写的一章，该书由拉格维（John Lagerwey）与马颂仁（Pierre Marsone）主编，由博睿出版社（Brill）于 2015 年出版。我要感谢出版社与编者允许我将此部分内容用于本书。拉格维教授的见解和评论也对我有所助益。

这是我第二次在哈佛大学亚洲中心出版研究专著，格雷厄姆（Robert Graham）与瓦纳（Kristen Wanner）对此提供了极大的帮助。匿名审稿人和出版委员会的批评建议也使我受益良多。

最后，我要感谢我的家人。我的干女儿静翕与干儿子敬轩为我带来了很多欢乐。而对我的父母、姐姐小玲和妻子慧婷，我的感激无以言表。

目 录

第一部分　历史与思想背景

引　言

约 1580 年，英国廷臣、同时也是军人和诗人的菲利普·西
德尼爵士（Sir Philip Sidney）写下了《诗辩》（*A Defence of Poesie*），他在其中提出，诗歌优于哲学和历史：

因此，哲学家与历史学家能够达到这一目标，前者通过箴训（precept），后者通过实例（example）；然而，他们都因不能同时掌握这二者而止步不前。哲学家总以艰涩的议论证明浅显的规则，既难以言明，亦难以心知，使得那些别无其他指导可以依凭之人，在他身上浪费时间，踟蹰终老，才发现人本应该诚实生活。哲学家的知识如此依赖于抽象性和一般性，有能够理解之人已经足够让他快乐，而要是有人能够应用这些知识，会更令他欢欣鼓舞。另一方面，历史学家渴望着箴训，却被困于事物的实然，而非应然；困于事物的具体真实，而非普遍原理；因此他的实例无法得出必然的结果，他的学说更为徒劳无功。而无与伦比的诗人能够二者兼具；哲学家认为应该做的任何事，诗人都能通过预想中的人物完成并描绘出完美的图景，因此他得以将一般的

概念与具体的实例相结合。①

在求知的过程中，哲学探讨一般性的规律，而历史关注具体的实例，着眼于事物的现状而非事物可能呈现的面貌。唯有诗歌可以超越二者的局限，以其想象力和启发性，阐明晦涩模糊的概念。诗人掌握着至高无上的力量，能够将哲学家阐述的普遍性箴训与具体的历史实例联系在一起，从而使它们真正与人类息息相关。因此，诗人不仅超越了哲学家与历史学家，更超越了天文学家、几何学家、算术学家、音乐家、律师、文法学家、修辞学家、逻辑学家、医生与形而上学家。② 诗歌为展现宇宙运行与人类世界之间的联系提供了最佳途径。

西德尼的《诗辩》意在回应斯蒂芬·高森（Stephen Gosson，1554—1624）的短论《滥用之流派：内含对诗人、吹笛者、演员、弄臣和诸如此类的联邦蛀虫的尽情非难》（*The Schoole of Abuse: Containing a Pleasant Invective against Poets, Pipers, Players, Jesters and Such Like Caterpillers of the Commonwealth*）。这篇擅作主张献给西德尼的作品，指责诗人与剧作家只为观众提供感官享受而未能促使他们尽到自己的道德义务。一直以来，高森的非难被认为源于清教徒对一切虚构

①　西德尼（Sidney）：《诗辩》（*A Defence of Poesie*），第41—42页。
②　西德尼：《诗辩》，第25—26页。

文学和艺术的鄙夷。[①] 然而，虚构文学，尤其是诗歌，与道德追求的割裂，以及西德尼在其有力的反驳中对诗歌在人类事业中的价值的辩护，二者同为文艺复兴时期欧洲新思潮的产物。在那个时代，对曾经无所不包的国家宗教神学的挑战愈演愈烈，文艺复兴知识分子通过研究古代希腊和罗马寻求灵感，其结果就是对古典智慧的"再发现"，在此基础上，文艺复兴知识分子阐述了人文主义的新愿景，并对人类知识的各个领域进行了富有热情和批判性的重构与重估。

考虑到这一点，不难理解西德尼呼吁承认诗歌的力量，实际上是要求重新检视对文艺复兴知识分子来说最为重要的人类知识体系。[②] 与之类似的情况，同样发生在大约半个世纪以前明王朝的统治之下，身为士大夫与文人的李梦阳（1473—1530）也曾试图为诗歌辩护，他征引了孔子的话：

> （子曰：）"小子何莫学夫诗？"孔子非不贵诗。"言之不文，行而弗远。"孔子非不贵文，乃后世谓文诗为末技，何欤？岂今之文非古之文，今之诗非古之诗欤？阁老刘闻人学此，则大骂曰：

---

① 金尼（Kinney）关于高森的《滥用之流派》的研究，重新考察了他的贡献，并澄清了对高森及其作品的某些误解，参见金尼：《斯蒂芬·高森的论辩艺术》（Stephen Gosson's Art of Argument），第 41—54 页。

② 米勒（Miller）和路易斯（Louis）在《古物主义与智识生活》（*Antiquarianism and Intellectual Life*）中的一些文章里，通过对"古物主义"（antiquarianism）——大致等同于中国传统中的金石学——的分析，颇具雄心地尝试着比较和对比 1500—1800 年间欧洲与中国对过去的认识及其对智识生活的影响。

"就作到李杜,只是个酒徒。"李杜果酒徒欤？ 抑李杜之上更无诗欤？ 谚曰："因噎废食。"刘之谓哉！①

在十六世纪初的中国,一些人认为作诗不过是无用的技巧,将伟大的诗人贬斥为只知享乐的酒徒。结合李梦阳的生平经历,我们能够更加全面地理解他对诗歌的辩护。从姻亲朱安淤的记载中可以得知,李梦阳本人正是这种偏见的受害者：

> 十一年戊午,公二十七岁,服阕,如京师。时执政大臣,北人也,弗善公,曰："后生不务实,即诗到李杜,亦酒徒耳。"于是授公户部山东司主事。②

文中提到的执政大臣即北人刘健(1433—1526)。1498 年,李梦阳正式任官前在京师与刘健相遇,我们将在第一章继续回顾这段经历。同时,从这段引文中我们可以注意到三个主要问题。首先,李梦阳对诗歌发展的理解,诉诸所谓"复古"的观念,认为当代的诗歌不尽如人意,而要向遥远的过去寻求典范。不过,早在孔子之时,回向历史寻求启发的做法已然非常普遍,为免流于泛泛,本书对"复古"(archaism)一词的使用将更为具体。我用"复古"指代一种形式主义(formalistic)的方法,其使用者相

---

① （明）李梦阳：《论学下》,《空同集》卷 66,7a。
② （明）朱安淤：《李空同先生年表》,《空同集》附录 1,3a—15a。

信古代作品的真正价值在于体裁、语言和文风，而非内容，因而
它们的精髓能够被重现于当代。

其次，刘健对诗歌的非难和李梦阳的辩护，共同反映出士人
之学可以被划分为不同的类型，具有各自不同的内涵与表达方
式。刘健认为，其中某些类型较之其余更为优越，而李梦阳希望
为那些受到非难的学术类型正名，二者的分歧由此产生。最后，
上述引文证明，在明代，学的差异可以被理解为地域差异的体现。

本书对李梦阳的研究将从他对诗歌的辩护中产生的主要问
题入手，并由此探讨明代思想史上一些更为宏大的问题。现有
的教科书对明代诗歌——以及散文——的介绍，往往勾勒出一
条清晰整齐的发展脉络，明初的宋濂（1310—1381）和刘基
（1311—1375）为其开端，写作所谓"台阁体"的阁臣和翰林学士
紧随其后。而在台阁体发展后期，出现了超越台阁体的李东阳
（1447—1516）。尽管本身也是台阁体中的佼佼者，但李东阳开
始修正其以宫廷为中心、过分浮华谄媚的文风。他身边聚集了
一群年轻文人，形成了以其故乡命名的"茶陵派"。李梦阳本是
李东阳的后学，早年也加入过茶陵派，但在十六世纪的第一个十
年中，李梦阳和他的老师分道扬镳，并与"前七子"的其他成员共
同开启了第一次复古运动。他们最广为人知的主张，是反对道
学之文，而鼓吹秦汉之文、盛唐之诗，有人因此指责他们鼓励对
古代文学形式的盲目模仿。"唐宋派"的出现乃是对他们的回
应，唐宋派主张学习唐宋名家之作，要求有志为文之士超越形式

而以"道"是求。不过，唐宋派浓厚的道学色彩招致了引领新一轮复古思潮的"后七子"的批评。随着晚明原始资本主义时代的到来，对自由地表达自我的追求开始流行于文士之中，文学中"浪漫主义"的转向也由此兴起。公安派与竟陵派的文学理论最具代表性地展现出晚明对个性自由的追求。然而，在明王朝走向灭亡之际，深刻的政治、社会和文化危机引起了士大夫对过去数十年间毫无约束的乖僻（idiosyncratic）文学取径的反思，思想的调和推动第三次也是最后一次复古运动走上历史舞台，但这一进程终究为 1644 年清朝的征服所打断。

以上是对这一时期文学发展史的常见叙述。本书的写作目标之一，则是指出这种过于清晰整齐的文学流派与思潮的发展脉络，不能准确地反映出明代文学的复杂面貌。为了更好地理解明代文学，我们不能局限于明代，而是采取长时段的视角，将李梦阳的追求置于始自宋代（960—1279）的思想转型语境之中。尽管很多明代的思想文化发展都能在更早的时代找到源头，但我们还是将考察始于宋代，因为李梦阳的思想主要意在回应宋人对于学的理解。而考察的下限将置于十七世纪晚期。在结语部分我们将会看到，这一时期，一方面士人领袖正在重估明代的遗产，另一方面，知识界已经走向了新的方向，这使得十五至十六世纪士人共有的某些设想和关切变得边缘化和无关紧要。

明末清初同样是一个重要的时段，二十世纪早期，五四知识分子正是透过这一时期的历史环境来理解李梦阳，李梦阳在明末清初受到的负面评价,被五四知识分子用以建构他们自己的反传统论述。五四的领军人物,尤其是周作人(1885—1967)和林语堂(1895—1976),坚定地捍卫新浪漫主义文学思潮,并认为这一思潮可以在晚明找到源头。这主要归功于公安派和竟陵派的理论,他们推崇"性灵"的概念,追求个性解放,认为传统价值阻碍了对个人情感和追求的自由表达。在这一过程中,周作人和林语堂接受了公安派和竟陵派对李梦阳和复古主义的批评,指责李梦阳和他的追随者鼓励在写作中盲目模仿古人。尽管五四时期并非所有人都认同周作人和林语堂对晚明浪漫主义文学的肯定,但他们或多或少还是同意,复古运动是落后的,应当受到批判。① 五四的遗产至今犹存,而我们对李梦阳和复古观念的理解亦久已受其蒙蔽。

　　不过,为李梦阳"正名"并非本书的首要目标。我更感兴趣的,不如说是展现李梦阳及其同辈所处的历史背景,并解释为何在当时某些思想模式较之其他能够获得更多的认可。也就是说,在综合考察李梦阳的思想图景后,我将探讨它是如何又为何在一个特定的历史节点出现,以及这一点如何成就或减损了它对后世的影响,从而展现出发生在宋明之间的一些思想转型。

　　这一研究路径要求我们意识到,李梦阳不仅仅是一个文学理论家或者作家。尽管本书受到中国文学研究的深刻启发,但与几乎其他所有学者不同,我不打算将李梦阳仅仅视为一名文

---

① 毛夫国:《现代文学史上的"晚明文学思潮"论争》。

人。随行文深入我们将会看到,李梦阳是一个多维的思想家,对于宇宙、伦理、政治、礼学和历史都有严肃的讨论。尽管李梦阳思想中的这些方面在他在世时即已遭到忽视,但这不应阻止我们追问,李梦阳所追求的究竟是什么。我们需要超越将李梦阳仅仅视为作家或文学批评家的传统方法。① 事实上,为何李梦阳会被仅仅视为一个文学人物,才是亟需解答的问题。

话虽如此,我并非意指李梦阳在不同的知识类型之间未作区分。相反,正如前文所论,李梦阳明确认为,区别是真实存在的,而且将学划分为不同的类型也是必要的。正如文艺复兴时期,对某些古典学术重新产生兴趣,标志着一种对知识体系的全新理解和重新建构的兴起,十六世纪早期,李梦阳思想观念的形成,同样显示出一种关于士人如何看待真正的知识的文化转变。

学术的统一与分歧

在对胡应麟(1551—1602)的研究中,包弼德(Peter Bol)注

---

① 据我所见,仅有的一些试图处理李梦阳不同面向的研究有:(1)最近的一篇中文博士论文,但它仅用了八章中的一章处理文学之外的李梦阳,参见郭平安:《李梦阳研究》(这篇论文随后出版为专著,参见郭平安:《李梦阳文艺思想研究》);(2)杨海波:《李梦阳及其诗歌创作研究》,主要研究李梦阳的诗歌,但有一章探讨李梦阳非文学的思想内容;(3)刘坡:《李梦阳与明代诗坛》,主要处理李梦阳在明代诗歌史上的地位问题,但有一章讨论李梦阳的哲学和政治思想。

意到胡应麟代表着晚明时期一种背离程朱道学的思潮。程朱道学得名于程颢（1032—1085）、程颐（1033—1107）兄弟以及进一步发展了二程学说的朱熹（1130—1200），在明代被国家尊为正统。道学追求统一性（unity）与一致性（coherence），相信在上古存在一个黄金时代，学术的正当性出于一统——它的复兴，可被用以解决当代的问题。而在这个黄金时代，文明的各个部分相互联系，和谐统一。尽管道学家并非没有意识到，道术久已为天下裂，他们仍然对多元的现状感到不满，并认为重现上古统一的知识体系将有助于纠正这一现状。包弼德进一步指出，对统一性的追求，为宋代思想领袖所共有，尽管他们与道学家在什么才是上古的精髓这一问题上存在巨大分歧。

　　与之相反，十六世纪晚期的士人心中一般并不预存对统一性的假定，他们也没有兴趣去解释万事万物如何形而上地彼此联系。他们欣赏学术的广博，并认为有必要将士人的知识划分为不同的领域，以此作为建立与多元历史的联系和创造新秩序的第一步。由此，在这个时代的思想转型中，人们更乐于去理解自然世界与人类社会的原本面貌，而非它们应该呈现的面貌。①例如，诸子学在晚明的复兴，就展现出晚明士人对学术的多元权威的设想和认可。②

　　包弼德还指出，胡应麟受到了对他极为赏识的前辈、明代第

---

① 包弼德（Bol）：《师法王世贞》（Looking to Wang Shizhen）。
② 魏宗禹：《明清时期诸子学研究简论》。

二次复古运动的领军人物王世贞（1526—1590）的启发。① 而就
本书的内容而言，王世贞又曾受过李梦阳的深刻影响，这一点至
关重要。由此可见，道学自明初被尊为正统以来，其思想本身及
其界定士人之学的方法，正是在李梦阳所处的时代第一次遭到
了强力挑战。事后看来，十六世纪早期对道学的挑战并未使它
走向终结，事实上，王阳明（1472—1529）将道学转变为一种新的
理解知识及其与宇宙和人性关系的方法。王阳明是一位伟大的
哲学家、政治家、军事家，同时也是李梦阳的朋友。阳明学的兴
起是明代思想史上最引人入胜的一章，一位著名的中国史学家
甚至断言，在王阳明之前没有任何一位明代思想家值得研究。②

　　当然，现在我们知道，明初绝非思想真空的时代，也并非仅
仅充斥着正统程朱学的盲目追随者。③ 然而，王阳明的重要地
位无可置疑，通过对道学核心概念的重新诠释，他启发了无数后
代学者开始重新思考他们所从事的文化与思想活动中的基本前
提，不论他们是否赞同王阳明的观点，也不论他们是否像王阳明
一样对道学感兴趣。

　　王阳明提出过很多深刻的问题，但在他的哲学中，最基本的
道德命题是，在道学对于实现统一性与一致性的理想世界的方

---

　　① 关于王世贞的文学理论和实践，以及他如何超越狭义的复古的定义的重要研
究，参见哈蒙德（Hammond）：《超越复古》（Beyond Archaism）。
　　② 钱穆：《宋明理学概述》，第 254 页。与他自己的断言相反，钱穆在此书中事实
上提及了数位明初人物。
　　③ 陈荣捷：《明初的程朱学派》（The Ch'eng-Chu School of Early Ming）。

案不再令人信服之际,人们要如何把握普遍而永恒的道德知识以得到行为的指引? 王阳明认为,答案就在每一个人的心中,人的道德本心天生具有作出正确判断的能力。由此,在道德追求的过程中,个体被赋予了强大的力量。值得注意的是,王阳明关于道德自我修养的主张,成为了诸如李贽(1527—1602)这样被狄百瑞(William Theodore de Bary)称为个人主义领军人物的异端学者的思想源泉,尽管这绝非他的本意。①

无论我们在何种意义上使用"个人主义"(individualism)一词——具有特定文化内涵的术语总是存在争议——狄百瑞对于晚明思想文化的特质无疑有着正确的把握,这一时期各种形式的思想文化尝试都具有强烈的个人主义表达色彩。十九世纪的历史学家布克哈特(Jacob Burckhardt)将文艺复兴知识分子描述为无畏孤立的个人,他们不担心与邻人不类。② 某种意义上说,晚明士人的心灵状态也与之类似。李宝琳(Pauline Lee)在对李贽的研究中指出,虽然李贽还远远未到提倡将个人与他人割裂,追求使人人都成为孤立绝缘的个体的程度,但他无疑极为重视人类天赋与气质之多样性的价值。③ 的确,李贽曾这样对管志道(1536—1608)说:

① 狄百瑞:《为己之学》(*Learning for One's Self*),第203—271页。
② 布克哈特:《意大利文艺复兴时期的文化》(*Civilization of the Renaissance*),第82页。
③ 李宝琳:《李贽》(*Li Zhi*),第84—87页。

第有所欲言者,幸兄勿谈及问学之事。说学问反埋却种种可喜可乐之趣。人生亦自有雄世之具,何必添此一种也？如空同先生与阳明先生同世同生,一为道德,一为文章,千万世后,两先生精光具在,何必更兼谈道德耶？人之敬服空同先生者岂减于阳明先生哉？[1]

李贽很清楚管志道试图挑战他的某些观点,因此写下这封信试图平息进一步的争端。值得注意的是,李贽对道德与文章作出了明确区分,并在此基础上将王阳明与李梦阳对举。管志道对此愤愤不平,因为他相信李贽仅仅将他视为李梦阳那样的文人,而非王阳明那样的道德哲学家。在对李贽的反驳中,管志道坚称他的学术更近于王阳明。[2] 且不论李贽怎样看待管志道,在李贽眼中,李梦阳和王阳明是各自领域中的权威人物,因此我们不必要求李梦阳这样的文坛领袖同时成为道德哲学的专家。文学成就本身已经足以使人仰慕,因此李梦阳在文学上的影响力并不逊色于王阳明在道德哲学上的成就。在李贽与管志道的论辩中,我们可以清楚地看到,晚明士人已经习惯于将李梦阳和王阳明之间的差异视为学术类型差异的体现。当然,根据所学内容将人划分为不同类型的做法由来已久,但我要指出的是,晚明士人看待学术分野的方式,是与特定历史环境相联系

---

[1]　李贽:《与管登之书》,《焚书》,第 267 页。
[2]　管志道:《答李居士卓吾叟书》,《续问辨牍》卷 1,第 43—45 页。

的，必须将之置于明中叶以来形成的思想史语境中理解，当时，人们不再满足于程朱道学对人类知识和经验的多样性作出的解释。因此，包括李梦阳和王阳明在内的许多思想领袖，以提出可供替代的解释作为他们的最高思想追求。

王阳明的哲学对道学理论进行了重新加工，强调道德的主观性，它提供的理论框架，使十六、十七世纪的士人得以在接纳多样性的同时，对一套既定规范抱有共识。然而，众所周知，王阳明是在约 1508 年被贬至西南偏远地区后，才逐渐获得这一崇高地位的。正如杜维明所指出，王阳明早年也曾上下求索，却找不到一个学派能够满足他的期待。有趣的是，"古文词"也曾是他的求索领域之一。显然，当王阳明于 1502 年与李梦阳在北京相遇时，他受到了李梦阳的影响，但最终他认为这并不是他想要的东西。①

在王阳明崛起之前，李梦阳已经成功地使一群学者信服他关于文化尤其是文学创作的主张，他们的年龄都在三四十岁左右，前途可期。尽管他们之中的一些人，包括王阳明，最终走上了与之相异的思想道路，但不可否认，李梦阳仍然为解决十六世纪早期士人最关心的问题，提供了令人信服的洞见。然而，现在我们知道，与李贽的描述截然相反，李梦阳对晚明士人的影响远逊于王阳明，在文学理念之外，晚明士人对李梦阳不屑一顾。李

---

① 杜维明：《行动中的儒家思想》（*Neo-Confucian Thought in Action*），第 22—31 页。

梦阳的影响力何以衰落至此？

南北分野与李王对立

李贽将李梦阳与王阳明并列之举提醒我们，要理解李梦阳何以湮没无闻，必须反思王阳明何以成功。尽管没有人能彻底解决这个问题，但通过探讨是什么使他的竞争者最终被边缘化，我们或许可以对王阳明学说广受欢迎的原因提出新的见解。

14　　要合理解释王阳明的成功，需要将地域因素纳入考量。身为学者和艺术家的董其昌（1555—1636）在为罗钦顺（1465—1547）的文集出版所作的序言中这样写道：

> 成、弘间，师无异道，士无异学：程朱之书立于掌故，称大一统；而修词之家墨守欧曾，平平尔。时文之变而师古也，自北地始也；理学之变而师心也，自东越始也。北地犹寡和，而东越挟勋名地望，以重其一家之言，濂洛考亭几为摇撼。①

在这段文字中，董其昌哀叹了王阳明与李梦阳的出现，如何

---

① 董其昌：《合刻罗文庄公集序》，《容台文集》卷 1，第 260—261 页。

分别冲击了程朱道学和宋代文学名家的权威。他尤其赞赏罗钦顺对王学的挑战，认为王学实际上不过是禅学的矫饰。[①] 但我的关注点在于，和李贽一样，董其昌是如何区分以王阳明和李梦阳为代表的不同学术领域的。我们还发现，董其昌将王阳明的成功与李梦阳的失败，归结于两个因素：勋名和地望。我主要关心的是后者。"地望"一词最初在中古时期指代由籍贯决定的世家大族的声望，如赵郡李和太原王。因此，董其昌似乎意在指出，王阳明的成功与他显赫的家族背景不无关系。[②] 但值得注意的是，董其昌使用了"北地"和"东越"这两个地理名词，明清士人常用它们指代李梦阳和王阳明。"北地"是庆阳的旧名，在今天甘肃省境内，是李梦阳的故乡。"东越"旧指浙江东部，则是王阳明的家乡。董其昌将它们同具有地理意涵的"地望"联系在一起，似乎希望读者意识到地域差异对李王二人接受情况的影响。无论这是否为董其昌的本意，我们都可以看到，李梦阳之学常被视为具有"北方"特质，而与南方文人相对。[③]

当然，南北分野之说并非首见于明代。田晓菲已经指出，一直持续到今日的南北分野的话语体系——北方是寒苦、冷硬、严

---

① 董其昌对禅学并无敌意，在他的文集中可见他对禅学颇为赞赏。至少从他的角度来说，董其昌反对的，其实是王阳明将道学与禅学混淆。

② 王阳明的家族可以追溯到东晋名臣王导（276—339），而王阳明的父亲王华（1446—1522）是成化十七年（1481）辛丑科状元。

③ 值得注意的是，南北分野在董其昌自己的文化理念中也占据重要地位，他本人正是以将中国画分为南北两派而知名的。参见何惠鉴：《董其昌的新正统》（Tung Ch'i-chang's New Orthodoxy）。

16 酷的，而南方是温暖、柔软和感性的——首先形成并固化于南北朝，并在隋唐政治文化精英的意识中得到延续。这一时期，人们会运用文学与经学、文与武、形式与本质之类的二分法，论述南北文化的本质差异。①

宋朝的建立与科举制度作为最重要选官途径的全面确立，为南北分野之说提供了新的维度。现在，问题的焦点变为：既然南人与北人拥有不同的性格气质，受到不同的教育，那么哪一方能够更好地为国效力？科举考试又能否充分解决这一问题？就此，南人欧阳修（1007—1072）与北人司马光（1019—1086）之间曾爆发过一场关于是否应该采取地域配额以使科举选拔更为公平的重要争论。这场争论再次凸显了南人与北人之间性格气质（形式或本质）和学术偏好（文学或经学）的差异。② 在第一章我们将会看到，明代关于科举地域配额问题的争论，仍然与宋代类似，这构成了李梦阳对刘健提出批判的历史背景。宋代科举系统标志着一种将士人与国家联系起来的全新策略的开端，它改变了学者们对其自身在国家系统里承担的角色的认识。因此，我们对南北分野问题的讨论也将从宋代开始，这有助于我们将明代围绕同一议题的讨论置于一个更为具体的历史语境之中。

需要注意的是，纵观中国历史，划分南北的标准处于不断变

---

① 田晓菲：《烽火与流星》（*Beacon Fire and Shooting Star*），第 310—366 页。
② 沈松勤：《从南北对峙到南北融合》。刘海峰：《科举取才中的南北地域之争》。

化之中。① 我将主要采用明代科举地域配额中使用的划分标准
（第一章将有详细阐述），这也是明代精英用以划分南北的最普
遍依据。

受到明代精英长期以来区分南北的思维影响，一些现代学
者也用李梦阳的北人身份来阐释他的诗歌风格与文学取向。一
种普遍的观点认为，李梦阳的诗以阳刚雄浑为特色，与南方诗人
精巧的诗风大相径庭。② 然而，这种本质主义（essentialist）的、
印象式（impressionistic）的诠释框架对李梦阳及南方诗人都并
不公平。在李梦阳的诗作中，我们无疑可以找到与所谓南方诗
风类似的作品，在南方诗人的作品中，我们也可以找到"北方"
特质。

不过，出于以下几个原因，像这样的地域分类仍然有其重要
意义。首先，尽管南方和北方都可以被进一步划分为许多次级
区域，彼此之间在各方面都有很大的差异，但南方与北方各自仍
然呈现出某些行政、社会、文化和经济上的共同特征，使我们大
体上可以将它们视为具有一致性的整体并进行对比。举例来
说，众所周知，淮河以北的地区并不适合种植水稻，但正如卜正
民（Timothy Brook）所注意到的，生态环境的制约并未打消一些

---

① 例如，唐长孺揭示了在三到四世纪关于学术差异的讨论中，黄河被视为南北的
分界线。参见唐长孺：《读〈抱朴子〉推论南北学风的异同》。
② 对于建立在这种假设上的研究例证，参见白一瑾：《北方"正统"与江南
"变体"》。

明清经世学者试图将水稻引入中国北方的念头。由于水稻种植
需要建立精密的灌溉系统以保证水源的供应，这些学者要求国
家对地方社会进行更强有力的干预，这样的努力导致一套与南
方不同的国家与社会关系的产生。[①] 类似的例证还有很多。关
键在于，这些事例表明，我们在考察南北对立时，并不需要假定
区域内部具有某种同质性。

18　　其次，有些人认为，宋明时期南方与北方的政治、社会、文化
精英在思想的某些方面也展现出不同的面貌。[②] 十年前这一结
论还难以在微观层面得到验证，因为地方社会和文化史研究大
多仅仅将目光聚焦于南方，使得我们对北方精英群体所知甚
少。[③] 近年来，越来越多的采取比较视角的研究，不仅丰富了我
们对北方文化风貌的了解，也使我们得以建立南北对照的坚实
基础。[④] 要之，这些最近的研究展现出南北方士人在文化和视

---

①　卜正民：《明代的社会与国家》(*The Chinese State in Ming Society*)，第 81—98 页。

②　一些具有代表性的研究，参见刘师培：《南北学派不同论》；钱穆：《国史大纲》，第 707—785 页；萧启庆：《中国近世前期南北发展的歧义与统合》。

③　大部分关于北方中国的早期研究仅仅讨论清代（尤其是十九世纪）和民国时期。例如：杜赞奇(Prasenjit Duara)：《文化、权力与国家》(*Culture, Power and the State*)；周锡瑞(Joseph Esherick)：《义和团运动的起源》(*Origins of the Boxer Uprising*)，尤其是第一章；孔迈隆(Myron Cohen)：《华北的宗族组织》(Lineage Organization in North China)；彭慕兰(Kenneth Pomeranz)：《腹地的构建》(*Making of a Hinterland*)。

④　德福奇(Roger Des Forges)：《文化中心与政治变革》(*Cultural Centrality and Political Change*)。王昌伟：《中国历史上的关中士人》(*Men of Letters*)。陈赟沅：《自足与逾越之曲》(*Songs of Contentment and Transgression*)。许齐雄：《北辙》(*A Northern Alternative*)。陈雯怡：《网络、社群与认同》(Networks, Communities and Identities)。王锦萍：《国与家之间》(Between Family and State)。饭山知保：《金元时代的华北社会与科举制度》(金元时代の華北社会と科挙制度)。

野上的大致分歧。

这并非意味着接受某种对地域文化的本质主义描述,假定所有北方人(或所有南方人)都必然以相同的方式思考、写作和行动。事实上,鉴于人们如此频繁地跨越地理边界,认为一个人的世界观会被他的出生地所限制,无疑是非常荒谬的。不过关键在于,尽管个人的思想取向间存在很大差异,大多数北方士人的确拥有某些共同的关怀和思想预设,这使得我们可以将他们与南方士人进行比较和对照。这其中当然存在例外,但大体而言,南北之间思想倾向的差异仍然是非常显著的。我希望在这一南北差异的语境下,考察李梦阳的思想及其遗产。接下来的章节将聚焦于南北士人对于他们与国家之关系的不同认识。在前人研究的基础上,我将论证国家在北方士人的社会和文化生活中起到了更为突出的作用,并说明这对我们理解李梦阳和他所造成的影响有何关联。

第三,明代士人常常使用南北分野之说来理解诗歌风格的差异和士人之学的分歧。本书致力于考察这一说法产生的政治、社会、文化和地理背景。我认为宽泛意义上的南北之分,不仅是现实中特定社会、经济、文化和思想现象的体现,同时也是一个被建构的概念,它对思想发展的走向亦有影响。

因此,本书讨论的南北分野共分为三个层面。第一个层面针对南北方自然环境、经济、行政和社会状况的总体差异进行考察。以此作为背景,我们得以理解第二个层面,即南北方士人群体的思想取向，尤其是国家观念的差异。第三个层面涉及南北分野的观念如何被想象建构，并用以理解各个政治、社会、文化和思想群体之间的分歧的历史过程，这些分歧往往未必源于现实中的南北分野，这将促使我们进一步考察这一想象的分野所导致的现实结果。为了理解李梦阳的思想追求及其遗产，我们必须将研究建立在南北分野的这三个互相重叠但又有所区别的层面上。

20 　　本书的英文原版首次以专著的形式研究李梦阳关于学的整体观念，尤其是他对士人之学的不同分支所作的区分。这一领域的英文专著缺位已久，而本书旨在填补这一空白。对李梦阳的研究反过来也为我们提供了理解阳明学兴起的全新视角。阳明学的兴起，无疑是帝制中国晚期最激动人心的篇章，通过探究他的同代人如李梦阳何以未能吸引思想界的注意，我们得以重新审视王阳明所提供的思想资源。最后，通过超越对南北文化分野的本质主义和印象式的粗浅理解，本书将揭示出南北士人群体在优先考虑和关心的问题上的真正差异，同时，也能够系统性地展现出南北分野的观念如何在明代被建构、应用并影响后世。

本书结构

　　本书将分为四个部分，每一部分由两章组成。第一部分提

供的历史和思想背景,旨在帮助读者理解李梦阳如何登上历史
舞台为时代所接受。第一章将在明代士人所经历的南北分野语
境之下,勾勒李梦阳的生平和仕宦经历。第二章描绘从宋代到
明初,思想领袖如何理解过去,并运用过去的知识解决当代的问
题。通过这一部分的大致介绍,我们可以更好地理解形形色色
的观念,尤其是各种理解学术之统一与分裂的方式,如何塑造了
李梦阳及其同代思想家所处的历史环境。

　　第二部分讨论李梦阳思想的基础,即他对于宇宙和人类社
会在宇宙中所处位置的认识。在第三章我们将会看到,道学对
于天地的认识,假定宇宙运作中存在一种形而上的整体性
(oneness)和一致性,与之相反,李梦阳认为,主导自然界的是无
规则和不可预测的运行方式。自然造物的基本过程充斥着竞争
和对立,而非和谐与互惠,人类社会亦是如此。李梦阳认为,人 ₂₁
性并非如道学所言,生而为善;相反,残酷的现实总是善人少而
恶人多。李梦阳坚信,一个强大国家的存在对于维护社会秩序
必不可少,因为社会不能完全指望个人总会以其自身意志作出
合乎道德的行为。

　　正因如此,李梦阳花费大量心力阐释政治权力与合法性的
来源和本质,这也是第四章将要讨论的问题。鉴于自然运行是
无规则且不可预测的,李梦阳认为上天对君主的授命也是神秘
而不可知的。也就是说,人们无法理解上天选择某人成为君主
的理由。这一思路强调天选之人的神圣特质,以及君主与臣民

的差别，前者是半神性的存在，而后者不过是普通人。这与道学的主流立场迥异，道学相信君主也是普通人，必须经历与他人相同的循序渐进的自我修养过程，才能使行为举止合乎道德与责任。事实上，李梦阳认为君主不应该听从道学的建议。道学一般认为，政治的合法性不同于道德的权威，而李梦阳的关注点仅仅在于教导君主如何掌握他的权力，而不是帮助他们修养道德。

　　对普通人而言，道德修养仍然是重要的，但李梦阳的立场与道学形成了鲜明对比，这源于二者对"情"（包括人的知觉、感受和情绪）的不同理解。李梦阳认为"情"而非道德本心或者人类天性，才是构成自我的最重要属性。基于对"情"的关注，李梦阳进而解释了为何应当用不同的学去理解和掌握不同的人类经验和境况。

　　第三部分和第四部分将分别考察李梦阳的政治和文学理念，这两部分的划分是基于李梦阳自身对士人之学的划分。宽泛而言，在李梦阳的思想体系中，士人之学可以被划分为两个类型：一方面，士人需要道德和实用知识以便为国效力；另一方面，他们需要培养文学技能，从而能够清晰而优美地阐明观点，表达个性与情感，引起读者的共鸣。无论人们希望从事哪种学术类型，都应当同时实现这两个目标。

　　以史学为例。在功利的层面，李梦阳认为学习历史有助于从过去汲取道德和政治教训，以便在当下更好地治理国家。而在另一个层面，李梦阳不惜笔墨地谈论如何以一种文学写作的形式来记录历史，以便清晰地阐述史学家的观点并使读者易于理解。对李梦阳来说，理解和运用从历史中获得的经验教训，和以恰当的形式记录历史，无疑需要两种非常不同的知识体系和技能，需要自成一套的理论和方法。

今天的我们也许不能立刻理解这种学术分类背后的逻辑，明代读者则不同，因为他们也面临着与李梦阳同样的问题。因此，在讨论李梦阳的学术分类时，我们应该暂且抛弃现代的学科分类观念。

第三部分的两章，将讨论李梦阳为培养士人为国效力而设计的学习机构和学术体系。第五章探讨这些机构的性质和功能，其中最主要的是学校系统和祭祀场所，李梦阳认为它们是培养士人成为忠臣能吏的理想场所。第六章聚焦于李梦阳为教育士人如何效力于国家而建构的学术体系，它统合了多种知识分支，包括礼仪、历史、统治技艺和文学写作。

在李梦阳的关于"文"的理论中，除了政治关切，通过文学表达自我的关切同样重要，这也是本书第四部分的主题。李梦阳的理论基于一种推崇差异性的"情"论。就某些方面来说，李梦阳对"情"的强调，推动了被黄卫总（Martin W. Huang）和其他一些人称为晚明"情之狂热"（the cult of Qing）的思潮的兴起，它鼓励文学作品自由地表达作者的个人情感。[1] 与传统印象不

23

---

① 黄卫总：《中华帝国晚期的欲望与虚构叙述》（*Desire and Fictional Narrative*）。

同,李梦阳并非一个古板严格的古文倡导者或者模仿者,他极其重视个人性和原创性,甚至以之作为其文论的基石。①

不过,对个体的欣赏并不必然导向个性乖张(idiosyncrasy)。如前所论,王阳明整个学术体系中最重要的内容,就是建立一个能够包容个体性的规范共识。它预设了一种形而上学的和道德的理解,即道德本心的完善是人所共有的。与之相对,李梦阳则试图将这一共识的前提建立在"文"之上。狭义而言,"文"指代与诗歌相对的散文。广义而言,它可以代表文学、文明、文化或者一种规范模式,有时兼有其中两种或以上的内涵。显然,对李梦阳而言,"文"指代我们今天可以称之为"文学"的思想活动,它为表达自我提供了基础共识。更具体来说,它指的是散文和诗歌。第七章和第八章将分别讨论李梦阳关于散文和诗歌写作的理论与实践。

早自十七世纪始,"文必秦汉,诗必盛唐"的口号就常与李梦阳联系在一起。② 但这个过分简化的口号,不能公正地展现十六世纪早期文学复古运动的理论基础的复杂面貌。李梦阳为散文和诗歌选取的典范都远远超过了秦汉和盛唐名篇的范围,这反映出他对可资利用的多元文学遗产的多重理解。就此而言,

---

① 尽管试图纠正对李梦阳和前七子的刻板印象的努力不计其数,但传统认识仍然根深蒂固,在最近一项关于何景明的重要研究中,作者仍不得不花费大量笔墨详细讨论这一问题。参见白润德(Daniel Bryant):《伟大的再造》(*The Great Recreation*),第415—427页。

② 例如《明史·李梦阳传》的记载,参见张廷玉:《明史》卷286,第7348页。

李梦阳对古代写作风格的追求,事实上是一种理论策略,在更为广阔的士人之学的范围内,它将散文和诗歌确立为彼此独立的两个领域。

　　事后看来,李梦阳以为国效力为首要目标的为学理论,在晚明士人中几乎没有引起任何反响。相反,他以自我表达为中心的文学主张,却使他在晚明卓有声望。本书结语部分将对这些问题进行分析,并在晚明南北分野与学术分类的语境下,考察李梦阳的思想遗产。

第一部分

历史与思想背景

第一章　南方与北方：李梦阳其人其世

在阅读李梦阳的传记时，两种主要的印象会浮现于我们的脑海。其一是作为文学领袖的李梦阳，他领导了影响此后几个世纪的明中叶文学复古运动。其二是作为正直官僚的李梦阳，他与宦官和外戚进行了无畏的斗争，不仅仕途中断，更陷牢狱之灾，死亡的阴云不止一次掠过他的头顶。事实上，时至今日这两种印象也是我们对李梦阳其人最为常见的阐释。①

尽管李梦阳的文学成就与仕宦生涯极为重要，但那只是他波澜壮阔的人生经历的一部分，而它必须被置于明中叶的历史语境中理解，这一时期，文化继承与新的可能同时并存。因此，与其线性勾勒李梦阳的人生轨迹，我更希望围绕他生平一些关键的经历来组织讨论，李梦阳所经历的问题，也正是与他同阶层的人们生活的中心议题。

首先，我们将考察家族在李梦阳思想形成过程中所扮演的角色。李梦阳曾为自己的家族撰写族谱，其中不仅包含了李梦

---

① 例如薛正昌的半虚构性传记《李梦阳全传》。

阳家族世系的丰富资料，更透露出他对家族关系的内涵、家族组织的形式以及家族的社会意义的理解。帝制中国晚期家族组织在社会中的重要意义已经得到了深入的研究，但对于北方家族的特质和功能的研究仍留有空白。尽管有一些对于北方家族及其与南方差异的概述，但鲜有研究能在其特定时空环境下具体考察北方家族的情况。[①]　李梦阳的北人身份，使我们得以在本章跟随他的回忆叙述，回到明中叶的陕西与河南，重建李氏家族在那里逐渐发展兴盛的故事。

　　其次，我们将回顾李梦阳的科举经历，宫崎市定将之称为"中国考试地狱"。[②] 自南宋以来，尽管偶有例外，帝国内参加科举考试（和落榜）的人数呈现不断增长的趋势。这使得考试内容、名额分配以及学校系统的课程设置和功能，在诸多问题中成为关注的焦点。在十五世纪前半叶，以南北之分制定地域配额的制度已经确立。为何朝廷决定设立这样的配额体系？在明中叶，它又如何影响了李梦阳以及其他有志之士？对此问题的深入分析，将揭示出李梦阳在科举中所要面对的选择。

　　李梦阳在殿试中取得的成功，使他得以踏上仕途，在史籍记载中，李梦阳是一个忠诚勤勉的官员。李梦阳的仕宦生涯之引人瞩目，盖因他与宦官和外戚的斗争使其仕途中断，但这些不过是明代政治斗争的漫长历史中小小的插曲。学者已经指出，这

---

① 优秀的概论性研究，参见孔迈隆：《华北的宗族组织》。
② 宫崎市定：《科举》(*China's Examination Hell*)。

样的权力斗争大多与官僚系统的分裂密切相关，其中有着浓厚 ²⁹
的南北对抗意味。① 尽管将所有的朝堂争斗化约为地域冲突，
或许有地理本质主义（geographical essentialism）之嫌，但地域
差异的概念，的确对塑造明代政治精英的意识有着重要意义，这
一张力也为我们理解李梦阳在为官之时遇到的问题提供了历史
背景。

　　本章的最后，将重建李梦阳作为作家、学者和思想家所形成
的社会关系网络。最近一些关于明代文学的研究，开始通过地
域视角进行考察，它们共同展现了一个多元和复杂的明中叶思
想世界，其多元性与复杂性很大程度上来源于通过地域网络形
成的各种士人群体间的差异，它们既是实际存在的，也是想象构
建的。② 我们将会看到，李梦阳的作品正是在这样的思想环境
中被写作、流传和消费。

　　尽管并非所有历史学家都会赞同内藤湖南的宋代近世早期
说，但大多数人接受这一观点，即唐宋变革的确为中国社会的方
方面面都带来了根本性的变革。③ 其中最引人注目的变革之
一，就是南方的崛起和南北互动形态的变化。在这样的地域背

---

　　①　陈纶绪：《记明天顺成化间大臣南北之争》，第 268 页。吕士鹏：《明代的
党争》。
　　②　和泉ひとみ（Izumi）：《江南的知识人与复古派》（江南の知識人と復古派）。黄
卓越：《明中后期文学思想研究》。陈黉沅：《自足与逾越之曲》。
　　③　关于内藤湖南的唐宋变革论，参见宫川尚志：《内藤假说论纲》（Outline of the
Naitō Hypothesis）。

景下考察李梦阳的政治、社会和文化经历，能够更好地理解他在宋明思想史上的位置。简单来说，李梦阳生活在一个南北分野的意识强化的时代，本书关于李梦阳生平的叙述正是建基于此。

明中叶北方的家族治理

31　　　1507 年，李梦阳在与权阉刘瑾（？—1510）的斗争中遭到贬谪，被迫离开京城，借住于开封的兄长家中，其兄在开封城北有一座庄园。在那年冬天，李梦阳修成族谱，这使我们得以追索李氏家族从家世卑微难考，到李梦阳之时已然跻身精英之列的发展历程。① 这份族谱中还有一张图表，读者可以据此考索李梦阳所能够（或选择）记录的所有男性家族成员的姓名（见表一）。

　　根据李梦阳的记载，李氏家族的起源并不清楚。李梦阳的曾祖父李恩，在入赘王氏后改从王姓，王氏源出河南扶沟，是世袭的军户。1370 年，当他的岳父被分派到蒲州而后去往陕西庆阳服役时，将一些家人留在了扶沟。② 王恩跟随岳父来到庆阳的卫所服役，据当时的垛集制度，王氏和另外两个家族阳氏和田

---

① 　李梦阳：《李氏族谱》，《空同集》卷 38。另见朱安泩：《李空同先生年表》，《空同集》附录 1，3a—15a。房兆楹："李梦阳"（Li Meng-yang），收于富路特（Goodrich）与房兆楹编：《明代传记辞典》（*Dictionary of Ming Biography*），第 841—845 页。若无特别说明，本章有关李梦阳家族的内容皆本于上述材料。

② 　庆阳今属甘肃省，但在明代它下辖于陕西。

表一　李氏家族世系图　曹世明绘制

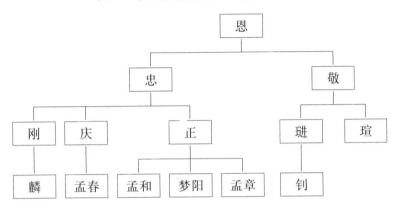

氏共同组成了一户以备征兵。① 1399 年，在建文帝（1398—1402
年在位）与其叔父燕王的冲突愈演愈烈之际，王恩随军参加了对
抗燕王的战斗并丧命于著名的白沟河之战。他的身后留下了妻
子和两个儿子，分别名为王忠和王敬，据李梦阳的记载，他们那
时还太小，甚至都不记得自己的本姓。母亲再嫁后，王忠不愿继
续和她生活在一起，因此不得不经商谋生。起初他惨淡经营，而
后在十年间逐渐扩大了生意规模。尽管在李梦阳的描写中，他
的祖父慷慨大方，甚至愿意资助向他求助的陌生人，但事实上王
忠无疑经营着放贷的生意。关于明清时期陕西经济史的研究已
经证明，经商和信贷是那些最终发达的家族所从事的两种主要
经济活动。当时，明廷实行"开中"政策，营造出有利于商业发展

① 关于垛集制度，参见于志嘉：《明代军户世袭制度》，第 10—26 页。张金奎：
《明代卫所军户研究》，第 39—47 页。

的环境，商人可以在这一政策下运送粮食去边境，以换取在特定地区贩盐的资格，这促进了西北地区区域商业中心的发展。①

但不幸的是，王忠的生命以悲剧落幕。在一位田氏族人遇害后，王忠试图为他提起诉讼，但对手有权有势，勾结官府，反倒使王忠银铛入狱，不久死在狱中。李梦阳用这件事展现祖父的正直，不过这也间接反映出，李氏早期经商的成功并未使其家族地位得到立竿见影的提升，他们仍然需要依赖另外两家的支持以生存。

不过，王忠经商的成功使他有足够的财力供儿子们读书。王忠有三个儿子，长子王刚接手了日益衰颓的家族生意，从而保证了两个弟弟能接受更好的教育。次子王庆承担了家族的兵役并成为一名士兵。李梦阳的父亲李正（初名王正，1439—1495）是王忠的第三个儿子，他走上了一条不同的道路。李正勤学苦读，参加科举，但屡遭失败，最终他被任命为阜平县学训导，据李梦阳的记载，他在这个职位上兢兢业业。随后，李正被任命为太祖第五子朱橚（1361—1425）之孙的教授，朱橚的封地位于河南开封。然而，我们并不清楚李正与朱橚之孙相遇的经过。② 尽管在明初诸王的封地遍布全国，但明太祖分封诸子主要是为了

---

① 田培栋：《明清时代陕西社会经济史》，第128—130页。卜正民：《纵乐的困惑》（*The Confusions of Pleasure*），第107—108页。

② 李正的生平，亦可参见李东阳：《明周府封丘王教授赠承德郎户部主事李君墓表》，《怀麓堂集》卷76，11a—12b。

在北方边境防御蒙古入侵，因此大多数封国都位于北方各省。①

与朱橚之孙的结交成为了李氏家族命运的转折点，他们不仅成功跻身士人之列，恢复李姓，定居于开封，还与藩王的亲戚建立了婚姻关系。1490 年，李梦阳迎娶了一位左氏女子，她的母亲正是朱橚的曾孙女。在他们成亲之时，原籍江西吉安永新县的左氏已经是一个拥有长期仕宦经历的精英家族。李梦阳之妻左氏的祖父左辅，正统年间（1436—1449）担任南道御史。尽管曾因上激劾之章而被贬为炎方驿丞，但在河南担任尉氏知县时，左辅结识了朱橚的儿子，并让自己的儿子迎娶了他的孙女。这层关系确保了左氏家族始终居于最高的社会阶层，为李氏这样的新兴家族所不及。②

李梦阳家族的晋升历程，对研究帝制中国晚期的历史学家来说并不陌生，不过其中仍有一些值得注意之处。李梦阳及其同时代的北方士人，是北方最早开始修撰族谱的群体。在南方许多地区，有权有势的家族把持地方社会，自南宋以来修撰族谱就已经十分普遍，与之不同，北方士人家族很少留下延续几代的记载。③ 直到十六世纪早期，才开始有人正式撰写个人家族历

---

① 陈大卫：《藩王之患》(The Problem of the Princes)。

② 李梦阳：《明故朝列大夫宗人府仪宾左公迁葬志铭》，《空同集》卷 45，1a—3b。

③ 关于北方地区的研究显示，金元时期拥有长久家学的家族格外稀少。频繁的天灾人祸，是阻碍这些士人家族发展的原因之一。明朝建立以后，这些家族才开始缓慢复苏，到十五世纪左右，出现了一些绵延数代的士人家族。参见牧野修二（Makino）：《士人的转型》(Transformation of the Shih-jen)；王昌伟：《中国历史上的关中士人》。

史。即便如此，北方族谱的数量与南方相比仍然太过稀少。

　　另一值得注意的情况是，和明中叶大多数北方士人家族一样，李梦阳的家族根基非常薄弱。他的家族世系不长，人丁单薄，更重要的是，似乎没有证据显示他的家族拥有与南方家族相当的共同财产，而这正是南方家族得以建立的经济支柱。① 因此，不像很多南方家族在道学的影响下将家族组织视为地方社会移风易俗的自发推动者，李梦阳最关心的问题，仍然是家族的长期存续。② 尽管商业的成功是李氏家族上升的第一步，但李梦阳显然并不认为依赖经商是长久之计。在族谱中，李梦阳不断强调家族创业的艰辛，以及教育对李家达到如今受人尊敬的社会地位的重要意义。对当时许多北方家族来说，通过入仕维系来之不易的士族地位，是他们修撰族谱时的一个重要考量因素。③ 我们也应当注意到，考虑到经商的不稳定性和家族共同财产的缺乏，李氏家族选择通过与宗室结亲，增加其优秀子弟踏上仕途的机会。李梦阳为左氏家族所写的大量文章，表明他非常珍视与左氏的关系。④ 李梦阳任江西提学副使时，甚至在不能亲至的情况下，派他的下属，一名永新县官，去祭祀妻子祖父

---

　　① 关于南北家族共同财产的差异，参见清水盛光：《中国族产制度考》(中國族產制度考)。

　　② 包弼德：《理学与地方社会》(Neo-Confucianism and Local Society)。

　　③ 王昌伟：《从族谱看明代陕西宗族组织与士人阶层缔结联盟的方式》。

　　④ 李梦阳：《明故朝列大夫宗人府仪宾左公迁葬志铭》《左舜钦墓志铭》《封宜人亡妻左氏墓志铭》《仪宾左公合葬志铭》《左公墓祭文》《内弟左舜在祭文》《外母广武郡君祭文》，皆收录于《空同集》卷 45 与卷 64。

的坟墓。①

李氏家族在鼓励经商的政策下投身商业，由军户转变为士族，与宗室结亲，国家在此过程中都发挥了重要作用。李氏家族的崛起，可以归结于成功把握了国家在北方强大的影响力所提供的机会。这一点在科举的改革中体现得最为明显，李氏家族抓住了这一机会，终于成功跃升至社会顶层。

明代政治中的南北对立

1489 年，祖籍河南扶沟的李梦阳在河南参加乡试，不幸落榜。三年后，他离开河南，带着家眷回到庆阳，在那里他参加了在西安举行的陕西乡试，并成功高中。一年后，他通过了会试。1523 年，他的儿子李枝（生于 1491 年）也考中了进士。

李氏家族的科举成功率令人瞩目，尤其是考虑到明初北方人在科举中的表现一直低迷，北方进士仅占进士总数的 17％。②这成了一个严重的政治问题，1425 年，内阁大学士杨士奇（1354—1444）向刚刚继位的明仁宗（1424—1425 年在位）建议，设置地域配额以保证有足够的北方人能够进入官僚系统。明仁

---

① 李梦阳：《左公墓祭文》，《空同集》卷 64，4b—5a。
② 吴宣德：《明代进士的地理分布》，第 142—143 页。

宗的早逝使他未能落实改革计划，但明宣宗（1426—1435 年在位）继承了这项政策，终明一代，它都几乎未曾改变。"北卷"涉及的地区包括山东、山西、河南、陕西、北直隶、大宁卫和万全卫（行政机构在北直隶境内）以及辽东边境军事地区。"南卷"所涉地区包括浙江、江西、福建、湖广、广东和南直隶中被划入"中卷"以外的大部分州。"中卷"增设于宣德至正统年间（1426—1449），涵盖范围包括四川、广西、云南、贵州和南直隶的凤阳、安庆、庐州、滁州、徐州、和州。南卷、北卷和中卷的配额比例为55∶35∶10。终明一代，虽然偶有例外，但这一制度始终得以存续。[①] 无论这一比例是否在实际操作中被严格遵守，这一制度的确为北方士人提供了更多的机会。明中叶，国家对南北进士分布失衡的早期干预措施，无疑使李氏这样野心勃勃的北方家族从中得益。

要理解杨士奇提议的实质以及它对明代政治发展的影响，我们需要弄清在杨士奇向明仁宗进言时的核心问题。杨士奇建议，科举制度应当使北人和南人拥有均等的入仕机会，仁宗则表达了他对北人学问的质疑。然而，杨士奇回答："自古国家兼用

---

① 张廷玉等：《明史》卷 70，第 1697—1698 页。17 世纪时，顾炎武（1613—1682）曾哀叹北方长久以来文化落后，北方士人在文学和经学上都毫无建树。他认为这是因为北方"地荒"更兼"人荒"，因此，地域配额制度仅仅是缓解南人与北人之间紧张态势的被动手段，而非作育人才的积极措施。顾炎武认为，与其通过地域配额制度吸纳更多北人进入官僚系统，不如增加军功入仕的机会，因为北人向来以勇武闻名。参见顾炎武：《日知录校注》卷 17，第 951—953 页。

南北士,长才大器多出北方,南人有文多浮。"①

杨士奇用南人的"多浮",暗示他们的不可信任,并因此主张在科举中实行地域配额。为何杨士奇认为南方人是轻浮的?从他的话中可以看出,南人的"多浮"与"有文"密不可分,因而他们被认为重视形式甚于内涵。正因如此,当明仁宗同意杨士奇的建议,并下诏让礼部执行这一政策时,他也将"文"与轻浮联系在一起。明仁宗首先对明初以来北人仅占进士总数约十分之一的情况表示遗憾,他认为这有失公平,因为"南人虽善文词,而北人厚重"。②

这样的说法将擅长文学技巧与个性的轻浮直接联系在一起。正如本书引言中论及,长期以来,人们用轻浮、浅薄、精巧但纤弱等一系列词汇形容南人及其文化。有意思的是,杨士奇生于江西泰和,他本人就是一个南方人,如果南人确实轻浮,杨士奇自己要如何在朝堂立足?为了找到答案,我们需要考察南北对立之说的早期形成阶段。

明太祖(1368—1398 年在位)在南方学者的帮助下,于南方建立了政权。1368 年的两次开封之行,是他一生中唯一涉足北方的经历。③ 然而,明太祖却以敌视南人而闻名。在 1398 年的

---

① 杨士奇:《三朝圣谕录中》,《东里集》卷 2,30a、b。
② 《明实录》("中研院"历史语言研究所校印本)第十五册,《仁宗实录》卷 9 下,第 289—290 页。
③ 法默(Edward L. Farmer):《明初政府》(*Early Ming Government*),第 43—45 页。

殿试中，来自湖广的主考官刘三吾（生卒不详）没有录取任何一位北方考生，因此流言纷起，认为刘三吾偏袒南人。这样的流言使明太祖震怒，他下令由其他官员复核科举结果。结果与此前无异，而流言又起。这一次，据说刘三吾操纵了复核试卷的选取，因此被选中的北方考生的试卷都很糟糕。皇帝怒气更盛，他下令让落榜考生重新考试，由他本人审阅所有文章。这一次，有六十一名考生被录取，所有人都来自北方。结果，原先的主考官都受到惩罚，有些被流放，有些甚至被处死。① 这一事件在后世被称为"南北榜"。

当明太祖表达对"南方"的不悦时，他所针对的"南方"究竟指什么？显然，许多明代人认为，太祖最尖锐的一些批评指向江南这个帝制中国晚期最为繁华的地区。的确，终其一生，明太祖都将江南精英视为明帝国最大的威胁，以至于檀上宽认为，太祖于1372年暂停科举，正是为了阻止江南士人进入政府。② 较之科举，太祖更偏爱荐举制度，他认为荐举能够基于德行而非文艺选拔人才。③ 十年后，科举重新举行，但明太祖对可能颠覆王朝的南方的警惕从未松懈，最终导致了1398年的"南北榜"事件。

明太祖死后，他的孙子、继位者建文帝废除了一些洪武年间最为严苛的政策，对江南的限制立刻放松了。建文帝的亲信主

---

① 张廷玉等：《明史》卷70，第1697—1698页。
② 檀上宽：《明代科举改革的政治背景》（明代科舉改革の政治の背景）。
③ 张廷玉等：《明史》卷71，第1712页。

要来自江南和江西地区，他们建议建文帝采取措施对付洪武年间分封于全国各地（主要是北方）的藩王，因为藩王们的权力日益膨胀，朝廷已经难以控制。这一建议导致势力最强大的藩王朱棣用武力推翻并杀死了他的侄子建文帝，成为新的皇帝，庙号成祖（1402—1424 年在位）。

　　明成祖不仅将首都迁到北京，对于南北的态度也与其父非常相似。永乐年间，许多洪武时期的政策得到恢复，包括一些针对江南的严苛政策，比如重税。① 与之相应的，是对北方的扶持。1421 年，北直隶盐山人王翱（1384—1467）通过了会试和殿试，明成祖那时正考虑迁都北京，对北人在科举中取得优异成绩感到十分高兴，他亲自召见王翱并赐宴，任命他为庶吉士。②

　　日本学者檀上宽认为，从洪武到永乐的政策变化，显示出一种从"南方政权"向"统一政权"的转变，而建文时期的尝试试图逆转这一转变。明成祖推翻建文帝后，回归了太祖建立统一政权的方针，此后的仁宗和宣宗也继承了这一方针。因此，建文帝新政，仅仅是对于太祖所定下的基本国策的短暂挑战。③

　　檀上宽试图以明初政治导向来解释杨士奇对于南方的"反常"态度。他认为，杨士奇和其他南方士大夫，目睹元朝因为无法控制强有力的南方精英而分崩离析，因此完全支持明朝建立

41

---

① 毛佩琦：《建文新政和永乐"继统"》，第 44—46 页。
② 张廷玉等：《明史》卷 177，第 4699 页。
③ 檀上宽：《明王朝成立的轨迹》(明王朝成立期の軌跡)。

统一政权的方针。他们抛开了自己的南人身份，通过保证北人能够得到均等的仕进机会，维系统一政权的稳固。[1]

然而，檀上宽的解释没有考虑到明初江西集团的形成，而杨士奇正是其中核心人物。与其他地区相比，江西人在明初仕进的成功引人注目。这一成功背后可能存在多种多样的原因，但值得注意的是，许多江西人通过同乡关系进入官僚体系。[2] 达第斯（John Dardess）特别注意到，杨士奇热情提携来自其家乡泰和的有前途的士人。杨士奇原本在建文朝为官，但 1402 年南京陷落于燕王铁骑之时，他就转而投靠了燕王。杨士奇和其他六人很快组成了一个宫廷内部的谋士集团，尔后成为了内阁的核心。在接下来的数年间，由于杨士奇和其他出人头地的泰和人的推荐和提携，泰和人在十五世纪早期的朝廷取得了极大的成功。[3] 这样的地域提携关系表明，像杨士奇这样的南方人可能并没有抱持檀上宽所谓维系"统一政权"的想法。相反，通过泰和人入仕的途径，我们可以看到杨士奇批评南方的真实动机。

杨士奇本人入仕之初，被任命为县学训导，这并非品官。他是通过荐举而非科举得到这一官职的。随后，同样是通过荐举，他被任命为翰林编纂。根据杨士奇自己的说法，吏部曾对所有

---

① 檀上宽：《明代科举改革的政治背景》，第 518—521 页。
② 生驹晶：《关于明初科举合格者的出身考察》(明初科舉合格者の出身に關すみ一考察)；艾尔曼（Benjamin A. Elman）：《科举文化史》(*Cultural History of Civil Examination*)，第 91—92 页。
③ 达第斯：《明代社会》(*A Ming Society*)，第 173—189 页。

翰林编纂考第高下，而他名列第一。吏部尚书张紞在读了杨士奇的答卷后称赞："明达时务有用之才，不但文词之工也。"①

从杨士奇援引吏部尚书对其才能的赞誉之中，我们可以看到他竭力与"文词"划清界限的尝试。这与他在 1425 年改革科举的进言中批评南人轻浮之言异曲同工。杨士奇试图将和他一样通过荐举入仕之人的价值与通过科举入仕之人区分开来。换言之，当杨士奇批评南人之时，他的意图正与明太祖一致，乃是要强调科举体系如果放任自流，将会被江南士人完全掌控。同时，杨士奇大力支持荐举制度，正是通过荐举，他和许多江西同乡得以步入仕途。

当明仁宗赞许南人学问优于北人时，或许他正打算重新重用一度被严厉限制的江南士人，历史证明他们总是能够在科举中取得优异成绩。仁宗或许还希望任用他们来限制杨士奇及其同乡的势力。② 然而，仁宗和继任的宣宗，都没能废除荐举制度。它作为一个重要的选官制度，直到 1457 年才被复位的英宗（1436—1449，1457—1464 年在位）废除。③

关于地域配额制度和南北分裂的争论，常常与科举和荐举制度的争议彼此纠缠，在景泰年间（1450—1457）的一次争端中

---

① 达第斯：《明代社会》，第 177 页。张紞之语参见陈赏：《东里先生小传》卷 12，35b—41b。

② 仁宗以他对江南的"优待"政策闻名，也常因此受到称赞，尤其是他减免江南赋税之举。参见吴缉华：《论明代前期税粮重心之减税背景及影响》，第 86—87 页。

③ 何炳棣：《进取之阶》（Ladder of Success），第 216—217 页。

体现得最为清楚。土木堡之变中，英宗被蒙古人俘虏，景泰帝取
而代之登上皇位。1451年，礼部"突然"提出废止始于洪熙年间
的地域配额制度。户部给事中李侃（生卒不详）是顺天府东安
人，他与其他官员一起反对这一提案：

> 今年会试，礼部奏准取士不分南北。臣等切惟江北之人文
> 词质实，江南之人文词丰赡，故试官取南人恒多，北人恒少。洪
> 武三十年，太祖高皇帝怒所取之偏，选北人韩克忠等六十一人，
> 赐进士及第出身有差。洪熙元年，仁宗皇帝又命大臣杨士奇等
> 定议取士之额，南人什六，北人什四。今礼部妄奏变更，意欲专
> 以文词，多取南人。乞敕多官会议，今后取士之额虽不可拘，而
> 南北之分则不可改。①

在对李侃的回应中，礼部作出如下反驳：

> 顷者诏书：科举自景泰元年为始，一遵永乐年间例行。本
> 部查得永乐二十年间，凡八开科，所取进士皆不分南北，已经奏
> 允。今侃称礼部变更，意在专以文词，多取南人。夫乡举里选之
> 法不可行矣，取士若不以文，考官将何所据？且北方中土，人才
> 所生，以古言之，大圣如周公、孔子，大贤如颜、曾、思、孟，皆非南

---

① 《英宗实录》，《明实录》第32册卷201，第4275—4276页。

人。以今言之,如靖远伯王骥,左都御史王翱、王文,皆永乐间不分南北所取进士,今岂可预谓北无其人?况本部止遵诏书所奏,即不曾奏请多取南人,少取北人,今各官所言如是,乞敕翰林院定议。①

　　在景泰帝下令恢复永乐制度,不从李侃之言后,争议仍未停息。不久之后,北人徐廷章(1451 年进士)再次要求恢复地域配额制度,这一次景泰帝妥协了。1454 年,按照南-北-中划分进士录取名额的制度重新得到恢复。②

　　在这场争论中,南人"多文"的论调再次出现。李侃认为,北人少进士,是因为他们的文章较少藻饰,因此不够引人入胜。李侃认为礼部的提议,意在帮助南人获得科举优势。当时的礼部尚书胡濙(1375—1463)正是南方人,因此李侃有理由指责他徇私。可以看到,李侃的言论乃是基于对南北差异的普遍看法,但礼部的回应则值得注意,它将南北差异的矛盾,代换为科举和荐举的争议。礼部指出,由于现在已经不可能再实行荐举制度,考官仅能从文章来判断考生的优劣。和李侃的批评相反,这套做法并未对北人造成负面影响,因为许多北人在科举制度下,仍能入仕为官,身居高位。

　　但事实上,尽管不再被称为"乡举里选",荐举制度在当时仍

①　《英宗实录》,《明实录》第 32 册卷 201,第 4276—4277 页。
②　张廷玉等:《明史》卷 70,第 1697—1698 页。

然存在,不过景泰帝一直试图削减通过荐举入仕的名额,比如同年晚些时候,景泰帝同意对由荐举入仕的学校教官采取更严格的考核措施。现在,受到荐举之人需要由省级的官员重新考核,才能得到任用。①

讽刺的是,前文提到,正是复位的英宗最终废止了荐举制度。他通过政变推翻了景泰帝,但他和景泰帝一样,不信任荐举制度。对于那些依赖荐举稳固地位的人来说,这是毁灭性的打击。尽管通过荐举入仕之人通常会被任命为低级官僚,除极少数情况外,他们的晋升前景也是有限的,但正如达第斯关于泰和人的研究所显示的那样,对那些谋求高位的人来说,荐举制度对其总体的成功仍有至关重要的意义。一旦失去荐举制度,其他的入仕途径都将大大受限。②

达第斯相信,对荐举制度的攻击,其实意在针对政府中大量由荐举入仕的泰和人。③ 由于权臣把持荐举的过程,泰和人得以垄断荐举,他们也因此成为众矢之的。攻击来自两方面,君主和新进官员,二者都试图挑战以泰和人为主的权臣对这一入仕途径的把持。然而,在争论中,攻击的矛头并未指向特定的地域,而是包含了更为笼统的南北对立的论调。④

由于这一思想在明代政治精英心中根深蒂固,一些皇帝发

---

① 《英宗实录》,《明实录》第 32 册卷 210,第 4513 页。
② 达第斯：《明代社会》,第 142—146 页。
③ 达第斯：《明代社会》,第 142—146 页。
④ 王昌伟：《明初南北之争的症结》。

现"南北"这样的标签很有利用价值，是一种可以为了各种不同
目的而采用的"分而治之"的政治手段。例如，英宗对北人的偏
爱广为人知，这一点甚至被他的大臣记录下来。[1]　这掀起了天
顺-成化年间（1457—1487）的党争，它再次被视为官僚体系中的
南北分裂。这些激烈的政治冲突在李梦阳的政治生涯开始前已
然平息，但在李梦阳的时代，仍可感到其影响。偶尔，官员的籍
贯会在政治斗争中被特别点出，证明围绕南北对立的党争余波
犹存。[2]

　　达第斯提醒我们警惕将天顺-成化年间的党争仅仅视为地
域之争的做法。他指出："成化年间的政治集团构成情况复杂，
无法严格以地域身份定义，地域特质对时人而言，也不是一个可
以从正面有效塑造的标签。一个人不会强调他自己的地域身
份，却会指责他的政敌属于某个地域集团，同时，他也担心被其
他人如此指责。"[3]不过，以地域身份攻击政敌徇私这一手段的

---

　　① 彭时：《彭文宪公笔记》卷2。据记载，身为南人的彭时（1416—1475）被英宗任
命为大学士，而英宗曾规定，只有北方进士可以担任翰林学士，除非南方进士中有像彭
时这样优秀的人才。彭时告诉皇帝，南人之中还有很多比他更为优秀之人，因此朝廷不
应该根据籍贯选拔人才。最终十五位入选之人中，三位是南方人（但在正史彭时传记的
记载中是六人）。虽然彭时试图凸显的是皇帝对他的恩典，但这个故事也说明了皇帝对
北人的偏爱。其他英宗偏爱北人的事例，可参见张廷玉等：《明史》卷176，第4679—
4680页。
　　② 例如陈洪谟在《治世余闻》中，记载了弘治年间（1488—1505）南人与北人围绕
竞争激烈的吏部尚书之位的争斗，参见陈洪谟：《治世余闻》，第15页。《治世余闻》于
1521年首次出版，记载了很多陈洪谟（1474—1555）亲身经历的弘治年间朝政见闻，他是
李梦阳的同代人，官至兵部侍郎。
　　③ 达第斯：《明代社会》，第203页。

有效性再次证明，时人对于地缘政治派系的破坏性有着根深蒂固的担忧。这在不同派系试图与宦官和外戚联手控制皇帝时，显得尤为突出。

宦官走上政治舞台，始于永乐年间明成祖设立东厂用以执行监察任务。宪宗成化年间，西厂的建立掀起了新一波宦官干政的高潮。[1] 同时，宪宗宠妃万氏及其亲信，包括一些僧道，也在政治上拥有极大的影响力。[2] 在这样的情况下，南北各党都寻求与传统官僚体系之外的政治力量结盟，也就不足为奇了，而这种复杂的关系进一步增强了后者的权力。[3] 在成化之后的弘治（1487—1505）和正德（1505—1521）年间，这些野心勃勃的政治团体的影响力持续增强，中国历史上最具权势的宦官之一刘瑾的出现是这一趋势登峰造极的体现。关于刘瑾如何掌控朝政和滥用权力的故事数不胜数，值得注意的一个例子是，刘瑾曾试图改变科举的地域配额制度。刘瑾是陕西兴平人，他指示手下官员在 1508 年上书要求提高以下省份在乡试录取中的配额：陕西（从 65 提高到 100）、山东（从 75 提高到 90）、山西（从 65 提高到 90）以及河南（从 80 提高到 95）。在会试中，刘瑾取消了中卷，并将北卷和南卷的录取比例调整为 50∶50。显然，刘瑾意图拉拢北方士人，尤其是他的陕西同乡。改革仅实行了一次，就

[1]　蔡石山：《明代宦官》（*Eunuchs in the Ming Dynasty*），第 114—116 页。
[2]　孟森：《明清史讲义》，第 162—168 页。
[3]　陈纶绪：《记明天顺成化间大臣南北之争》，第 268 页。

在 1510 年刘瑾失势被杀后遭到废除,此事也给一些北方士大夫带来麻烦,他们因此被指控为刘瑾的同党。[①] 正德初年,南北分野的观念常被用以打击政敌,此事不过是其中的一段插曲。[②] 对于那些坚信政治权力只能由官僚掌握的人来说,这一事件也表明,既定规则能够被传统国家体制之外的强权人物所破坏。

李梦阳是那些试图恢复官僚体制完整性的人之一,他的政治生涯中很大一部分时间,都在与宦官、外戚和宗教人士的斗争中度过。李梦阳的第一份官职是户部主事,在这个职位上,他看到许多商人在有权有势的宦官或外戚庇护下得以逃避赋税。李梦阳对这些当权者的厌恶在他的许多文章中都表露无遗,包括一份写于弘治最后一年的上书,在其中他陈述了当时的"二病三害六渐",很多都与这些肆意妄为的当权者有关。某种意义上说,这份奏章也预示了李梦阳未来的斗争生涯。[③]

李梦阳因为这份奏章下狱,宦官和外戚都希望处死他,但他后来得到了皇帝的赦免。这段经历没有让李梦阳放弃与宦官的斗争。武宗(1506—1521 年在位)登基后,李梦阳又代表户部尚书韩文(生卒不详)上奏,痛斥包括刘瑾在内的宦官。[④] 当李梦阳作为户部郎中陈说盐务之弊时,他将国家失去对贩盐的控制

---

① 谈迁:《国榷》,第 2979 页。
② 另一段刘瑾及其党羽,尤其是权臣焦芳(1434—1517)试图驱逐南人的记载,参见张廷玉等:《明史》卷 306,第 7836 页。
③ 李梦阳:《上孝宗皇帝书稿》,《空同集》卷 39,1a—3b。
④ 李梦阳:《代劾宦官状疏》,《空同集》卷 40,1a—2b。

视为极大的威胁，并且归罪于受权贵家族和外戚庇护的不法商
人和地方豪强。而李梦阳认为解决之道，乃是加强国家的干预，
派遣严正有能力的官员从商人及其庇护者手中夺回盐政控
制权。[①]

当然，皇帝并没有采纳这些建议。李梦阳不仅遭到贬谪并
被逐出京城，不久后还被捕下狱，因为刘瑾指责他写诗批评朝
政。李梦阳在友人康海（1475—1541）的帮助下获释。[②] 1510
年，刘瑾被处死后，李梦阳官复原职，随后被任命为江西提学副
使，他在这个职位上待了三年，但不久又陷入了麻烦。这一次他
被弹劾在学生与淮王府校发生冲突时偏袒学生，干扰其他官员
的司法判断，并与藩王朱宸濠（卒于1521年）勾结——朱宸濠正
是那场被王阳明镇压的著名叛乱的发起者。结果李梦阳再次下
狱，虽然后来又被释放，但最终于1522年受朱宸濠叛乱牵连削
籍。他在开封度过了余生。[③]

尽管早年也曾顺风顺水，但李梦阳的仕宦生涯总体来说十
分艰难，充斥着与宦官、外戚和那些他口中的"邪恶"官员的斗

---

① 李梦阳：《拟处置盐法事宜状》，《空同集》卷40，5a—8a。

② 这一事件后，康海与李梦阳的关系存有争议。流行的说法是，刘瑾很欣赏康
海，但因此康海在说服刘瑾释放李梦阳之后，他被视为刘瑾的同党，在刘瑾倒台后，他也
遭到贬谪。但令他失望的是，李梦阳并没有帮助他澄清声名，因此，康海写下了著名的
戏剧《中山狼》以讽刺忘恩负义的李梦阳。但陈巍沅通过细致考察这一剧本的各个版
本，证明我们不应轻易作出这样的解读。参见陈巍沅：《中山狼》（The Wolf of
Zhongshan and Ingrates）。

③ 朱安淇：《李空同先生年表》，《空同集》附录1，3a—15a。房兆楹："李梦阳"，收
于富路特与房兆楹编：《明代传记辞典》，第841—844页。

争。当然，李梦阳并非个例，纵观整个明代历史，这样的斗争反复上演，许多人都有着类似的经历。我们可以看到，明代史料常常将这种政治对抗描绘为南北之争。这也许促使一些现代学者将明代党争的根源置于南人与北人的分立之中。①

　　不过，诸如此类党派斗争的实际情况当然更为复杂。要想正确地理解由科举和政治集团形成而引发的南北对立，我们应当牢记引言中提到的南北分野的三个层面：自然环境、经济、行政和社会状况的现实差异；南北士人思想取向及其对国家的认识之间的差异；认知中或想象中的南北分野，和它在历史上如何被用以解释政治、社会、文化和思想的差异。明代政治中的南北之争对应于第三个层面，南北对立的传统仅仅是一种修辞，而现实问题是不同政治集团之间试图掌控选官系统的斗争。而且，在一些南方不同地区的团体之间，这一斗争常常最为激烈。明初通过操纵科举打压江南精英进入官僚系统的努力，导致了强大的江西集团的崛起，但他们在十五世纪中期以前的辉煌，在荐举制度被废除后烟消云散。然而，十五世纪晚期到十六世纪早期的朝堂政争，仍然沿用了南北对立的话语。从这个角度来看，南北之间的差异与其说是实际存在的，不如说更多是想象建构的结果。不过，围绕地域配额制度的众多讨论和争辩，以及官僚系统内部的权力斗争，尽管不一定与现实中的南北分野有直接

---

　　①　郑克晟：《明代政争探源》。

联系,但确实强化了地域差异的观念。当我们考察李梦阳同时代许多士人的交游网络和群体活动时,这一差异的观念同样显而易见。

南方与北方的士人群体

53　　　　前文提到,1489 年,李梦阳在河南第一次乡试落榜后,回到了他的出生地庆阳。在那里,他遇到了陕西督学副使杨一清(1454—1530),李梦阳师事之,并与之保持了一生的友谊。[①] 杨一清是明中叶最重要的政治家之一,也是一个颇有建树的诗人。1516 年,杨一清让李梦阳为他编辑出版诗集,李梦阳抓住这一机会,通过写作诗评阐述自己的诗歌理论。[②] 杨一清对李梦阳评价很高,也诚恳地接受了他的建议和批评。[③] 尽管我们并不清楚杨一清究竟在多大程度上影响了李梦阳,但他无疑是李梦

---

　　① 李梦阳于 1529 年去世,那年七月,他前往京口(今江苏镇江)求医,借住在杨一清家中。两个月后他回到家中,不久便与世长辞。朱安湄:《李空同先生年表》,《空同集》附录 1,3a—15a。房兆楹:"李梦阳",收于富路特与房兆楹编:《明代传记辞典》,第844 页。

　　② 朱安湄:《李空同先生年表》,《空同集》附录 1,3a—15a。房兆楹:"李梦阳",收于富路特与房兆楹编:《明代传记辞典》,第843 页。另参见史小军、杨毅鸿:《试论李梦阳评点〈石淙诗稿〉的诗学价值》。

　　③ 杨一清:《与李献吉宪副》,《杨一清集》,第 1100—1101 页。

阳复古主张的有力支持者。①

李东阳则是另一位对李梦阳的文学追求产生深远影响的人物，他常被视为纠正台阁体的文学运动的发起者和复古运动的先驱。② 李东阳是 1493 年李梦阳所参加的会试的主考官之一。这场考试后，李梦阳回到庆阳为父母守丧，乡居五年。1498 年， 54
两人在北京重逢，当时李东阳官居内阁大学士，聚集了一群有才华的年轻人讲论文学，李梦阳也是其中之一。③

在 1505 年李梦阳所写的一首诗中，我们可以清楚地看到他对杨一清和李东阳的崇拜：

> 宣德文体多浑沦，伟哉东里廊庙珍。
> 我师崛起杨与李，力挽一发回千钧。
> 天球银瓮世希绝，鳌掣鲸翻难具陈。④

李梦阳赞美杨一清与李东阳将明代文学从平庸之中拯救出来，在那个浑沦的年代，只有杨士奇一人的文章光焰万丈。许多文学史家将杨士奇视为台阁体的主要代表人物，而李梦阳的文

① 一些学者认为李梦阳受到过杨一清的直接启发。参见谭祖安、戴美政：《杨一清评传》，第 184—185 页。杨一清：《杨一清集》，第 1099 页。

② 例如宋佩韦：《明文学史》，第 89 页。

③ 朱安涠：《李空同先生年表》，《空同集》附录 1，3a—15a。房兆楹："李梦阳"，收于富路特与房兆楹编：《明代传记辞典》，第 841 页。

④ 李梦阳：《徐子将适湖湘，余实恋恋难别。走笔长句，述一代文人之盛，兼寓祝望焉耳》，《空同集》卷 20，19a—20a。

学主张常常被认为是反对台阁体，但这首诗中李梦阳对杨士奇的推崇，证明了我在引言中提到过的这种线性的明代文学叙述模式需要被修正。后来我们知道，李梦阳最终对李东阳的文学理论感到不满。但在 1505 年，李梦阳仍然将李东阳和杨一清视为他乐意追随的文学领袖。①

杨一清生于广东，祖籍云南，但他在 1472 年通过会试后，主要居住在镇江（明代隶属南直隶）。② 另一方面，李东阳生于北京，一生中大部分时间也居住于此，尽管他将祖籍追溯到湖广的茶陵。③ 围绕李东阳形成的团体，后来虽然被称为"茶陵派"，但其中既有南方人也有北方人。④ 换言之，李梦阳早年的文学圈子中，并没有鲜明的地域特质。然而，李梦阳对士人文化中的地域差异有着敏锐的感知。正如我们在引言中提到的，李梦阳的年表作者朱安㳦述及李梦阳与身为北人的内阁大学士刘健的相遇。这段记载剩余的部分讲述了李梦阳 1498 年在京城的经历，接下去它描绘了李梦阳如何为官尽责，同时也没有放弃文学追求。有趣的是，年表中关于李梦阳遭遇的不公正对待的描写，与李梦阳为朱应登（1477—1526）所写的墓志铭极为相似：

---

① 1506 年，李梦阳还为李东阳的六十大寿作诗相贺。参见李梦阳：《少傅西涯相公六十寿诗三十八韵》，《空同集》卷 28，12a—13a。

② 周道济（Chou Tao-chi），"杨一清"，收于富路特与房兆楹编：《明代传记辞典》，第 1516 页。

③ 房兆楹："李东阳"，收于富路特与房兆楹编：《明代传记辞典》，第 877—881 页。

④ 朱安㳦：《李空同先生年表》，《空同集》附录 1，3a—15a。

凌溪先生姓朱氏，名应登，字升之，扬之宝应人也。……年
二十举进士，时顾华玉璘、刘元瑞麟、徐昌谷祯卿号江东三才，凌
溪乃与并奋，竞骋吴楚之间，欻为俊国。一时笃古之士，争慕响
臻，乐与之交。而执政者顾不之喜，恶抑之。北人朴，耻乏黼黻，
以经学自文，曰："后生不务实，即诗到李杜，亦酒徒耳。"而柄文
者①承弊袭常，方工雕浮靡丽之词，取媚时眼。见凌溪等古文
词，愈恶抑之，曰："是卖平天冠者。"于是凡号称文学士，率不获
列于清衔。乃凌溪则拜南京户部主事，阴欲困之。②

从墓志中可知，朱应登没有得到应有的官职，然而他卓有成
效地完成了自己的工作，并且努力为学。如果我们回忆一下引
言的内容，会发现这正与年表中对李梦阳的描述一致，朱安㴋无
疑明白，李梦阳乃是借由朱应登的墓志铭，抒发自身的不平
之鸣。

从这两段文字的分析中我们可以得出什么样的结论？显
然，李梦阳敏锐地注意到，当时许多人将南方学术简单定义为文
学，将北方学术定义为经学或者实学的现状。而南方的词章之
学又因其过分藻饰受到更多排斥，进而被视为浅薄无用之学。
可想而知，执政者鄙夷朱应登的学问，是因为他只欣赏那些有用

① 这最有可能是指李东阳和其他学士领袖，他们被认为有监督文学之责。
② 李梦阳：《凌溪先生墓志铭》，《空同集》卷47，1b—4a。一个字数略少的版本收
于焦竑：《国朝献徵录》，第102页。

于政务的士人之学。

李梦阳对复古风格的提倡，在他对朱应登之文的描述中也清晰可见，其用意无疑是在经学和行政知识的压力下，强调文学的重要性。通过强调朱应登既是优秀的官员也是出色的文人，李梦阳试图证明，文学的价值并不是必须与国家的宏伟目标息息相关，才能显得严肃且值得追求。李梦阳的复古主张同样是在有意识地剥离文学的南方属性，使之成为对南人与北人都有价值的追求。的确，一些人比如李开先（1502—1568），赞扬李梦阳能够规避南北文学传统中各自的弊端，并融合二者之所长。①

1498年到1507年间，李梦阳开始在京城宣扬他的复古理论，并迅速吸引了一批志同道合的友人。被称为"前七子"的这群人，尽管并非同时，但都与李梦阳在这个明代文学史上关键的节点上相遇，而其中六人都是北方人。除李梦阳自己之外，还包括陕西人康海和王九思（1468—1551），河南人何景明（1483—1521）和王廷相（1474—1544），以及山东人边贡（1476—1532）。唯一的南方人是来自苏州的徐祯卿（1479—1511）。尽管有些学者认为"前七子"的兴起标志着北方士人群体的壮大，②但简锦松的研究令人信服地指出，建立一个限于北人的文人群体绝非李梦阳的本意。事实上，李梦阳非常希望让南方士人群体接受

① 李开先：《海岱诗集序》，《李中麓闲居集》卷5，3a—5a。
② 郭皓政：《明代政坛南北之争与前七子的崛起》。郭皓政进一步认为，"前七子"得益于同为北人的刘健的平步青云。然而，我们已经看到了刘健对文学的敌意如何招致李梦阳的批判。

他的主张。他得到了一些南方知名学者的帮助，比如徐祯卿、朱应登和顾璘(1476—1545)，他们将李梦阳的文学复古思想传播到江南。徽州商人同样发挥着重要的作用，他们在河南做生意时结识了李梦阳，一些商人向李梦阳学习写诗，并为他的文学事业提供资助，他们还将李梦阳介绍给著名的苏州出版商黄省曾(1490—1540)。黄省曾后来成为李梦阳的仰慕者，不仅出版了李梦阳的文集，还出版了宣扬他的文学理论的一些作品。在结识黄省曾之前，李梦阳已经闻名全国，但通过黄省曾的努力，他的作品得到了更为广泛的传播。[①]

尽管李梦阳在苏州名声大噪，也吸引了很多追随者，但他同样遇到了强大的阻力。明中叶的苏州出现了许多鼎鼎大名的人物，比如沈周(1427—1509)、唐寅(1470—1523)、祝允明(1460—1527)和文徵明(1470—1559)，他们不仅是文学史家熟悉的人物，也在艺术史上占有一席之地。不过在十五世纪晚期到十六世纪早期，苏州文人的影响力尚且远逊于复古运动，更不必说画家、书法家和学者了。当时他们没能在全国范围内获得承认的主要原因，是他们大多数人没有在科举中取得成功，或者并未官居高位。这并不是说苏州人在科举中成绩不佳，相反，苏州在明代乃至清代，都是出进士最多的地区之一。[②] 事实上，一些苏州

59

---

① 简锦松：《李何诗论研究》，第 85—95 页。王公望：《李梦阳著作明代刻行述略》。

② 吴宣德：《明代进士的地理分布》，第 69 页。何炳棣：《进取之阶》，第 246—254 页。

士人甚至故意逃避出仕，或辞去官职，宁愿专心于文学与艺术。这使得一些现代文学研究者认为，在这个群体中存在一种"苏州精神"，重视个人自由胜过为官。[①]

所谓"苏州精神"即便确实存在，也只属于拥有足够财产和物质享受的人。大部分北方士人需要依赖仕宦提升和维持社会地位，与之不同，在经济繁荣、商业和城市发达的苏州地区，人们制造和欣赏着最精美的文化产品，入仕只是苏州精英的选择之一，对许多人来说，甚至不是最重要的选择。[②] 这使得许多苏州杰出人物所珍视的文化图景，与北方迥然不同。因此，一些苏州士人认为，践行复古风格意味着抛弃自身传统而投向北人之学。苏州学者的领袖之一祝允明，曾经给"前七子"中唯一的南方人，他的苏州后辈徐祯卿写过一首诗，其中有这样两句：

> 遑遑访汉魏，
> 北学中离群。[③]

---

① 孙康宜：《明初至明中叶的文学》(Literature of the Early Ming to Mid-Ming [1375－1572])。

② 马梅(Michael Marmé)：《苏州》(Suzhou)，第154—186页。即便是李梦阳，也愿意花上一大笔钱将自己的作品在苏州刊刻印行。参见房兆楹："李梦阳"，收于富路特与房兆楹编：《明代传记辞典》，第844页。

③ 祝允明：《梦唐寅徐祯卿(亦有张灵)》，《枝山文集》卷4，1a。

对徐祯卿文学思想和实践的考察不在本书的范围之内，不过可以说，1505 年在京城结识李梦阳之后，徐祯卿的文学风格发生了转变，这使得祝允明认为他一心访求汉魏，在北方寻得同调后，抛弃了苏州士人群体。一些现代学者试图证明，即使在徐祯卿遇到李梦阳之后，他仍然保持着自己源于苏州发达文化的独特文学观念和风格。[①] 然而，徐祯卿的同代人仍然用从"苏州"到"北方"来形容他的文学转向。

这样的说法忽略了一个事实，无论在李梦阳生前还是身后，都有许多南方人参与了他的文学运动。李梦阳自己记录了一份在北京时相与友善的士人名单，其中很多都是南方人。[②] 从这个角度来看，"前七子"所代表的对士人群体的评估，是回溯性的、不完整的，具有南北分野的语境下强调北人贡献的色彩。简锦松指出，是陕西学者，如康海和王九思，最先建构了以李梦阳与何景明为中心，主要由北方人构成的士人组织，这一组织后来被冠以"前七子"之名。[③] 的确，明代士人有着极为普遍的地域差异观念，因此在文学批评中，讨论不同士人群体本质时，他们常常迅速地发现并强调南北的差异。举例来说，胡应麟曾写道：

61

---

① 李双华：《吴中派与中晚明文学》，第 264—266 页。
② 李梦阳：《朝正倡和诗跋》，《空同集》卷 59，16b—17a。这一群体不详尽的名单，参见龚显宗：《明七子派诗文及其论评之研究》，第 17—40 页。
③ 简锦松：《李何诗论研究》，第 79—87 页。

当弘、正时，李、何、王①号海内三才。如崔仲凫（铣）、康德涵（海）、王子衡（廷相）、薛君采（蕙）、高子业（叔嗣）、边廷实（贡）、孙太初（一元），皆北人也。南中惟昌谷（徐祯卿）、继之（郑善夫）、华玉（顾璘）、升之（朱应登）、士选（熊倬）辈，不能得三之一。②

根据胡应麟的统计，从 1480 年代晚期到 1520 年代早期，三分之二的知名诗人都是北方人。通过更详细的考察会发现，胡应麟提到的这些人，都是李梦阳复古运动的支持者。胡应麟的文字所展现的，是一个拥有共同文学观念的松散士人群体，其成员既有南方人也有北方人，南方人不到三分之一。但在下一代复古运动领军人物登上历史舞台之际，情况发生了转变。这时，南方人占据了主体，这使胡应麟得出结论，1520 年代后，文学发展的潮流变得更有利于南方。③

第二次复古运动的领袖常被称为"后七子"。和"前七子"一样，"后七子"也是一个笼统的标签，它不能客观地反映出十六世纪后半叶更为广阔的复古运动图景。④ 胡应麟提到的人物当然

---

①　张治道（1487—1556）在 1545 年为康海文集所作序中，首先将李梦阳、何景明和王九思称为"三才"，参见康海：《对山集》卷 51，第 248 页。

②　胡应麟：《诗薮》，第 363 页。

③　胡应麟：《诗薮》，第 363 页。

④　"后七子"包括山东人李攀龙（1514—1570）和谢榛（1495—1575），南直隶人王世贞和宗臣（1525—1560），广东人梁有誉（1550 年进士），浙江人徐中行（1578 年卒），以及湖广人吴国伦（1524—1593）。

远超七人，从前文至此的讨论也可以看出，用"北人"的标签定义围绕"前七子"的群体，用"南人"的标签定义围绕"后七子"的群体，具有很强的误导性。不过，从胡应麟的观察中我们可以得出两个结论。第一，南人的确开始主导文学领域，在本书的结语部分我们也会看到，我们熟悉的晚明思想世界，事实上也几乎是由南人及其作品论断的。这一现象证明，尽管科举中的地域配额制度使更多北人走上仕途，有时也使他们的思想主张得到关注，但它对于扭转宋代以来南人崛起的潮流并无太大作用，从长时段的角度来看更是如此。

第二，尽管胡应麟提到的士人群体并非完全由南人或北人组成，但在明代，许多人仍是这样理解这些诗歌群体中的地域特质的。① 陈靝沅指出，以康海、王九思和李开先为中心的写作"曲"这一边缘化体裁的群体，几乎完全由北方人组成。② 在诗的领域，这一地域特质并不那么明显，李梦阳和其他北方诗人似乎也并不致力于提倡一种北方风格的诗歌。然而，在十六世纪的第一个十年，参与复古运动的北人数量十分可观，以至于一些南方士人如祝允明，认为它是一种北方的作诗风格，是对南方的挑战。这是一个想象构建的南北分野如何被用以将南北之间思想文化追求的差异概念化的实例。我们将会看到，这对李梦阳

① 关于明代文学批评中如何使用南北分野的说法来讨论包括"前七子"和"后七子"在内的士人群体，参见余来明：《嘉靖前期诗坛研究》，第 148—160 页。

② 陈靝沅：《自足与逾越之曲》。

在后世的接受情况产生了实质性的影响。

1529 年,在李梦阳去世前两年,他完成了题为《空同子》的著作,凡八篇。李梦阳在此书中讨论了从天地与人性,到文学、历史和政治的各类议题。在体裁上它近似于道学家常用的语录,主要的区别在于,道学家的语录通常是由学生记录的,但《空同子》是李梦阳亲自撰写的。根据李梦阳的年表,他写作《空同子》的原因是:

> 公闵圣远言湮,异端横起,理学亡传,于是著《空同子》八篇。其旨远,其义正,该物究理,可以发明性命之源,学者宗焉。①

64　　　尽管李梦阳的出发点和道学不同,但他显然还是希望将自己的作品置于道学的传统之中。虽然道学的起源可被追溯到北宋河南的二程兄弟,但它在南宋时经由朱熹及其弟子,传播到南方,并成为南方思想文化的主流。在南方一些地区,比如苏州,道学没能深入地方文化。但即便在这些地区,无论是否接受道学的观念,学者们都日益倾向于将他们的思想置于道学的语境之中讨论。②

在元代统一南北之后,道学也开始在北方传播。然而,它在北方没能获得和南方同样的成功,它的发展进程常常由于各种

---

① 朱安泇:《李空同先生年表》,《空同集》附录 1,3a—15a。
② 李卓颖:《地方性与跨地方性》。

原因被打断。① 此外，道学在北方有着和南方非常不同的形式。
南方道学家重视地方精英的作用，致力于发展社会自治组织比
如带有私学性质的书院和社仓，与之相反，北方的道学家更重视
国家，认为国家机器才是实现理想秩序的必要手段，而不是社会
自治组织。② 这并不是说南方人对国家抱有敌视态度，或者说
不愿意参与国家体系。相反，关键在于，南方人往往不认为在对
理想秩序的追求中，国家比非官方的士人网络更为重要。

　　虽然并非专论道学，但陈雯怡对元代士人文化的研究也得
出了相同的结论。陈雯怡认为元代存在两种概念的士人文化。
其一是"王朝传统"，流行于北方，士人以王朝自身定义文化，使
用国家的视角理解文化传播。其二是"地方传统"，它基于对地
方文化和社会网络的认识，南方士人用以建构他们的认同。即
便在元代后半叶南方士人得到了更多参与国家政治的机会，开
始构建他们自己的王朝传统时，其形式也与北方不同，仍然与地
方传统有所联系。③

　　明代道学群体延续了这一趋势。在明代，道学很快获得了
正统地位，在科举中成为官方意识形态。每一个参加科举考试
的士人都十分熟悉道学。但熟悉考试中的道学，和将道学视为
思想资源、道德启示和个人认同是非常不同的，只有后者能被视

作道学家。从明朝建立之初到 1500 年左右，几乎所有重要的道
学家都是南方人，只有两个例外，来自河南的曹端(1376—1434)
和来自山西的薛瑄(1389—1464)。在许齐雄关于薛瑄的交游圈
(所谓"河东学派")及其思想取向的研究中，他指出北方道学似
乎将他们的追求与国家机构的运行原则融合在一起。尤其值得
注意的是，建立书院的教育观念在薛瑄的思想中完全缺位，但它
吸引了许多南方道学家。薛瑄不仅自己从未建立过书院，在他
的现存文字中，也没有任何迹象表明他曾经参与过与书院有关
的活动。相反，薛瑄试图说服他人，官学和科举对于践行道学观
念已然足够，尽管它们可能不够完美。在薛瑄对国家机制的信
任中，暗含着他对教育根本目标的认识：学而优则仕。[①]

　　因此，在 1510 年李梦阳担任江西提学副使时，围绕教育的
目标与如何实现这些目标，已经有南北两种不同的道学观念。
尽管严格意义上说，李梦阳并不是一个道学家，但他无疑严肃地
接受了道学的观念，在江西这个书院之风浓厚的地区，李梦阳大
力支持与书院有关的活动，包括用他的职务之便为著名的白鹿
洞书院作院志。[②] 白鹿洞书院不久之后成为著名道学家讲学的
主要阵地，王阳明于 1521—1522 年间也曾在此讲学。有趣的
是，在十六世纪第一个十年，李梦阳将王阳明视为他的文学同道
之一。在那时，王阳明的追求并非道德哲学而是文学，他在一定

[①] 　许齐雄：《国家政治目的和理学家教育理想在官学和科举的结合》。
[②] 　李梦阳：《白鹿洞书院新志》。

程度上接受了李梦阳的文学观念，尽管他对于文学能够提供的东西始终未能满足。①

王阳明去世后不久，李梦阳也离开了人世，没能看到王阳明的学说在此后的数十年间席卷思想界的盛况。王阳明的学说如此流行，以至于士人必须重新反思他们的思想追求，无论他们是否将道学作为自己的生活方式。阳明学对朱熹的道学观念的挑战极为强劲，它引发了道学运动的一场分裂，迫使人们必须选择其中之一。在此意义上，它是名副其实的全国性运动。不过，阳明学并未在全国各地都享有同样的成功。它在江西和江南（除了苏州）地区吸引了最多追随者，但在福建和安徽就未能完全渗透当地的士人群体，因为在那里朱熹被作为乡贤尊奉。② 尽管如此，阳明学在这些南方地区总体上仍然比北方更为兴盛，王阳明的影响力在北方相对薄弱。就算是身为阳明学仰慕者的黄宗羲（1610—1695），在北方也只能找到少数"真正的"王阳明追随者。③ 在一些王阳明的学生和仰慕者，包括内阁大学士徐阶（1503—1583）在北京通过支持讲学来推广阳明学之后，这一情

67

---

① 关于李梦阳和王阳明的友谊及其可能互相影响的途径，参见铃木虎雄：《李梦阳年谱略》(李夢陽年譜略)，特别是第 8—11 页。关于王阳明早年的文学追求，参见杜维明：《行动中的儒家思想》。

② 例如福建，即便在王阳明高足如王畿（1498—1583）和聂豹（1486—1563）通过为官或讲学扩大在当地的影响力之后，福建学者的抵制依然强劲，他们自视为程朱理学的继承者。参见刘勇：《中晚明理学学说的互动与地域性理学传统的系谱化进程》。

③ 黄宗羲：《明儒学案》，第 29 册。

况仍未改变。[1] 与之前提到的诗歌群体不同，在与阳明学相关
的思想群体之中，现实的南北分野确实存在。不过到十六世纪
晚期乃至十七世纪早期，阳明学的影响力在北方道学群体中也
变得日益明显，尽管这些群体拒绝完全接受它。在这一时期，北
方道学家开始采用或回应那些被南方阳明学各学派阐论已久的
观念、话语和行动，尤其是士人群体与国家的关系。[2] 最终，那
些直到李梦阳的年代仍然占据统治地位的北方道学观念，在北
方也逐渐失去了影响力。

68　　　　因此，如果要评估十六到十七世纪王阳明学说的影响，我们
必须在各种因素中同时考虑地域差异对于思想运动传播的影
响，无论这一差异是现实存在的还是想象构建的。同样的，在南
北分野割裂思想世界的背景下，我们也能够更好地理解李梦阳
的理论为何在其生前与身后都遭到忽视。

　　本章将李梦阳的家族、仕宦生涯和思想主张置于南北动态
的语境之下，而非以线性叙述勾勒李梦阳的生平。我并不认为
李梦阳仅仅因为身为北人，就一定会以"北方的"方式思考，这样
一种局限的思维只能反映出狭隘的地理决定论。相反，明代思
想家细致入微地讨论南北之间的差异，我们应当认真考虑他们
的观点。

---

　　① 达第斯：《明代政治生活》(A Political Life in Ming China)，第 35—39 页。
　　② 陕西学者冯从吾(1557—1627)的例证，参见王昌伟：《中国历史上的关中士
人》，第 167—180 页。

明代的南北分野可以在三个不同但互相联系的层面上理解。在第一个层面上，南北差异是历史事实的反映。两个地区间不同的经济和自然环境，产生了极为不同的社会状况。这并不是说在我们称为"南方"和"北方"的广阔区域中的各个次级地区之间没有任何区别。这仅仅意味着，我们可以从过往的中国区域历史比较研究中进行概括，总结出一些相对宽泛的"南方"或"北方"的现象。一个例证是家族如何被理解和组织。李梦阳的家族采取的形式与大部分北方精英家族并无不同，一般北方家族缺少像南方那样的资源，因此需要依赖国家以获得社会晋升。

社会状况也在塑造同一地区的士人所共有的关切和预设中发挥重要的作用，这最终会决定一种思想潮流在当地的接受情况。由此，我们来到了南北分野的第二个层面。举例来说，道学运动在南方的发展最为成功。尽管北方人也同样接受了道学的正统地位，但由于北方人的思想一般更趋于国家导向，更依赖国家以获得成功，因此他们对道学的理解有很大不同。出于同样的原因，鼓吹个体自由而不积极追求被国家体制收编的阳明学，在北方几乎没有得到支持（参见结语部分）。

在第三个层面上，南北分野是一套存在于论述层面的话语。我们已经看到，围绕地域配额制度和党争的争端，实际上是一些与现实中南北分野无关的政治斗争的体现，但它们常常被包裹在这样的话语之中。在文学主张上同样如此，时人常常以南北之间的差异来解释作家个体的特色或文学运动的性质，哪怕事实上其中并没有显著的地域倾向。

　　在南北分野强化的环境下生活和写作，李梦阳的主要目标之一，就是建立一种思想体系来解释地域的差异。和许多前辈一样，李梦阳回向历史寻求启发。在下一章中，我们会考察宋代以来一些有影响力的历史叙述，其中有些被李梦阳借鉴，而有些则被他否决。

第二章　宋明之际的"以古为师"

明中叶的文学复古运动,常常被视为对内阁大学士和翰林院的政治文化权威的挑战。复古运动中的成员很多都是六部的中层官僚,因此也有一些人认为,这场运动标志着文学的领导权从内阁大学士和翰林学士转移到了郎署。然而,正如一些学者所注意到的,内阁大学士和翰林学士中的领导人物同样回向古代去寻求灵感。① 问题在于,哪一种"古"应当被选为典范,而人们又要从历史中复兴什么?

在讨论李梦阳时,从一开始我们就必须认识到,尽管李梦阳常常潜心希古,以批判"近代"(例如宋代)对政治与文化的理解方式,但他的整个思想体系都是建立在宋代形成的历史观念和历史叙述之上的。宋代的学者与文人为此后关于"古"的讨论奠定了思想基础。诸如李梦阳这样的后代学者,对此可以赞同,也可以反对,但无法忽视它们的存在。

唐宋之际大量的、多层面的变革已得到深入的研究,在此不

---

① 简锦松:《明代文学批评研究》,第 19—83 页。

必赘言。[①] 尤其值得我们注意的，是宋代思想家如何解构唐代对于上古的认识，并为理解上古与今世的联系提供取而代之的另一种解释。在这一过程中，汉唐帝国的辉煌成就遭到质疑。十一世纪中叶，流行着这样一种观点，认为三代之后人类历史是一个逐渐衰落的过程，理想的世界只能通过回到帝制以前的时代来实现。[②]

　　本章的讨论将从古文运动开始，它是第一次要求全面复古的重要运动。宋代古文运动参与者将它的开端追溯到伟大的唐代文学家、思想家韩愈（768—824），他们力图证明，上古的理想秩序可以通过恰当的写作方式在当世得到理解和恢复。然而，在古文运动的领袖之间，爆发了关于上古究竟意味着什么的激烈争论，在争论中，他们提出了各自心目中的典范。

　　尽管十一世纪晚期，人们对古文的兴趣由于道学的兴起和广泛传播而消退，但古文运动的遗产，尤其是它解构和重建理解上古典范的方式，仍然为明中叶思想领袖将士人之学作为复兴理想之"古"的手段提供了启发和思想资源。借助思想史和文学史的研究成果，考察从宋代古文运动到明中叶内阁大学士和翰林学士文化观念中的主流思潮，将有助于我们更好地理解李梦阳提出其思想主张的历史背景。

---

① 对"唐宋变革论"史学意义的批判研究，参见柳立言：《何谓"唐宋变革"》。
② 包弼德：《历史上的理学》，第58—65页。

北宋古文运动

在接受后周的"禅让"之后,宋代开国者们最紧迫的任务,就 ⁷² 是通过建立文治,降低军事政变带来的威胁。他们无疑大获成功,到北宋中叶,这样的共识已然达成:宋朝的立国之本,就是将"士"作为政权最重要的参与者,给予他们相应的特权。在这一过程中,士人普遍认为,宋代应当师法三代,而非时代更近的汉唐。①

三代究竟有何优越之处,它又与士的兴起有何关系?历史学家早已注意到,北宋时期自称为"士"的人,与六朝和隋唐时期已经大不相同。北宋的士不再拥有中古世家大族的家族声望,必须依赖科举以步入仕途,一个士族要想长期保持兴盛,只有不断使其家族成员入仕为官。这一发展是逐步推进的,但到了十世纪后半叶,转变已经完成。在这个新的时代,学问而非家世,成为了士最重要的属性,而科举考试可以检验士人之学,并决定一个人是否具有为官的资格。

但"学"究竟意味着什么?这可以分为两个问题,即什么应当作为学的内容,什么又可以被视为学的典范。以古为师,当然并不是宋代的发明,但宋代思想领袖对其重要性的理解方式,抛开了前代的阐释,且为后代奠定了思想基础。特别是古文运动

---

① 邓小南:《祖宗之法》,第398—421页。

73　的参与者，尤其是欧阳修，提出了一种文化-政治理论，有力地论述了三代的理想秩序及其复兴途径。1057 年，欧阳修利用权知贡举的机会，推行一种特定风格的散文写作，只录取了那些擅长这种写作风格的考生。根据韩琦（1008—1075）的记载，"时举者务为险怪之语，号太学体，公一切黜去"。①

　　这件事使欧阳修遭到落第之人的骚扰。研究者对于何为"太学体"有不同的看法，有些人认为它指的是以杨亿（974—1020）和刘筠（约 1016）等人为代表的骈文，②另一些人则证明，欧阳修实际上反对的是以石介（1005—1045）为代表的一类古文。③ 1056 年，欧阳修写道：

　　夫人之材行，若不因临事而见，则守常循理，无异众人。苟欲异众，则必为迂僻奇怪以取德行之名，而高谈虚论以求材识之誉。前日庆历之学，其弊是也。④

74　　　在这段文字中，欧阳修对石介任国子监直讲时引领的学风感到不满。石介之学及其对古文的认识究竟有何险怪之处？大

---

① 韩琦：《欧阳公墓志铭》，《安阳集》，《四库全书》第 50 册，9a。
② 前野直彬：《中国文学史》（中國文學史），第 148 页；郭正忠：《欧阳修》，第 53 页。
③ 葛晓音：《汉唐文学的嬗变》，第 208—214 页；东英寿：《"太学体"考》（太学体考）。
④ 欧阳修：《议学状》，《欧阳修全集》卷 110，第 1673 页。

略言之,石介受到非难,是因为他树立了一个过于特立独行且狂傲自负的坏榜样。石介自诩为当世唯一能够排抑佛老之人,这引起了很多人的愤怒。[①] 讽刺的是,"怪"也是石介用以批评杨亿及其同人之文的说辞。在《怪说》中,石介自陈对揭示"常道"的关切,常道存在于天地与人类社会的各个领域之中,在上古时期,圣人已经通过"文"揭示了常道,但后人却背离了它。根据石介的标准,杨亿的文学写作方式无疑是对常道的背离,杨亿及其追随者已经误入佛老之歧途。因此,石介以排佛老而复常道为己任。[②]

作为一个思想家,石介的目标是将人类社会的运行模式置于自然的秩序之中。他相信要使人类社会运行得当,必须更好地理解天地的运行方式。石介非常关心道德的本体论基础,这也就可以理解,为何许多人将石介、胡瑗(993—1059)和孙复(992—1057)视为道学的先驱。但和后来的道学中坚不同,石介通过"文"来阐述"常道"的理念。他认为,通过文化和文学形式的创造和传承,圣人得以阐发并践行不变的宇宙原则。[③]

值得注意的是,尽管石介将一些经典文本和后世著名作家例如韩愈的作品视为典范,但这并不意味着人必须严格遵从上

75

---

① 石介:《答欧阳永叔书》,《徂徕石先生文集》卷15,第175页。

② 石介:《怪说》,《徂徕石先生文集》卷5,第60—64页。关于《怪说》中石介思想的简要讨论,参见齐皎瀚(Jonathan Chaves):《梅尧臣与宋初诗歌发展》(*Mei Yaoch' en and the Development of Early Sung Poetry*),第71—75页。

③ 石介:《怪说》,《徂徕石先生文集》卷5,第60—64页。

古圣人的文学形式。相反，石介要求他的学生不要拘泥于传统，而是寻求能够最好地表达圣人思想的个性化的写作方式。据当时许多反对石介之人的说法，这导致许多年轻士人用难以理解的方式写作，却自认为掌握了圣人之道。

　　另一方面，欧阳修对于怪奇文风的反对，表明了他对已获得接受的学的传统的尊重。他坚持认为，掌握历代相传的文化形式是重要的。有一个很好的例子是关于书法的。欧阳修曾经批评石介抛弃了一切既成形式以求标新立异。这并不意味着欧阳修鼓励模仿，相反，正如艾朗诺（Ronald Egan）所言，欧阳修曾不遗余力地从全国各地搜求不甚出名的书法家的碑刻拓片，而它们的书风与皇家倡导的标准典范并不一致。不过，欧阳修仍然希望有前途的书法家师法古代，尤其是唐代，那时学生仍然学习老师所传承的标准，因此人人精于书法。① 在文章写作上也是一样，欧阳修倡导的是一种结合个人风格与社会文化规范的写作方式。这类努力使欧阳修之学获得了"博"的声名，而欧阳修之文则被称赞为"雍"或"雅"，同时具有"平易"或"平淡"的特质。②

　　对于那些为寻求真理而不近人情之人，比如石介，欧阳修的

---

　　① 艾朗诺：《美的焦虑》（*The Problem of Beauty*），第 7—59 页，特别是第 34—37 页。

　　② 麓保孝：《北宋儒学的发展》（北宋に於ける儒學の展開），第 192—237 页；何寄澎：《北宋的古文运动》，第 203—207 页。

态度是相当严厉的。① 他相信人的知识必然有其局限,哪怕是圣人,也不能尽知天下万事:"圣人之于事,知之为知之,不知为不知,所以言出而万世信也。"②

因此,欧阳修对于人性是善是恶这样的重要问题不予置评,也不试图发掘天地和神灵的形而上学特质。欧阳修心目中的圣人,满足于观察和安排世俗事务。"文",更准确地说是经典,使人得以了解古人的观念,尤其是具体的政治和社会状况如何得到实现。欧阳修认为,这才是当代学者应当追求之学,而追寻超越世俗的存在,只不过是浪费精力。③

尽管如此,需要注意的是,在评价艺术作品诸如书画的美学价值时,欧阳修仍然强调"意"较之于"形"更为重要。正如艾朗诺指出的,欧阳修也将同样的原则应用于他的文学批评和创作中。④ 这也与他的礼学观念相一致。欧阳修曾经哀叹,后人已经忘却了古礼的真正意涵,只是盲目遵循礼的形式。他认为三代的"礼"包罗万象,涵盖从祭祀和朝觐的仪式和音乐,到行政、司法和国防事务的方方面面。换句话说,三代的优越之处,就在于一个整体性的体系,以单一的原则,主宰着人们生活的一切。

77

---

① 刘子健:《欧阳修》(*Ou-yang Hsiu*),第 92 页。

② 欧阳修:《易或问》,《欧阳修全集》卷 61,第 878 页。

③ 欧阳修:《与张秀才棐第二书》,《欧阳修全集》卷 67,第 977—979 页。另参见林素芬:《北宋中期儒学道论类型研究》,第 220—233 页。

④ 艾朗诺:《欧阳修的文学作品》(*Literary Works of Ou-yang Hsiu*),第 196—203 页。

三代以降,统一的体系崩溃,礼乐离于日用,使得这一原则无法继续发挥作用。[①] 包弼德正确地指出,欧阳修并不否认存在一种超越现象世界的普遍性原则,将万事万物联结在一起,事实上,他鼓励他人探索这一他认为无法凭人类知识掌握的领域,并提出进一步的见解。[②] 问题在于,从何开始,如何开始。

欧阳修的学生曾巩(1019—1083)为我们提供了一种解答。曾巩与欧阳修同样坚定地致力于朝廷事务。在他的文集中,我们可以发现很多关于治国的文章,其内容涵盖教育、税收、财政、军事、水利和法律。但曾巩比欧阳修更进一步,他试图为上古的辉煌成就寻求一种更为哲学化的解释。他认为圣人能够与天地相合,化育万物,圣人能够创设制度,陶冶风俗,使万物各得其所,趋吉避凶,这就是所有上古圣人的"道"。[③]

圣人如何能够实现这一切? 在曾巩看来,那是因为圣人能够修养其心,使认知能力臻于完美。在《洪范传》中,曾巩写道:

78

思曰睿,睿作圣者,盖思者所以充人之材以至于其极。圣者,人之极也。孟子曰:"人之性或相倍蓗而无算者,不能尽其材。"[④]不能尽其材者,弗思耳矣。盖思之于人也如此。然而或

---

①　欧阳修等:《新唐书》卷 11,第 307—308 页。另参见包弼德:《上古的意义》(When Antiquity Matters),特别是第 217—18 页。

②　包弼德:《宋代历史语境》(The Sung Context),第 33—42 页。

③　曾巩:《梁书目录序》,《曾巩集》卷 11,第 178—179 页。

④　原书英译转引自刘殿爵译:《孟子》(Mencius),6A. 6,第 163 页。

曰：不思而得，何也？盖人有自诚明者，不思而得，尧舜性之是
也。所谓诚者，天之道也。有自明诚者，思之弗得弗措也，汤武
身之是也。所谓思诚者，人之道也。①

在这段文字中，曾巩区分了两种不同的圣人。第一种以尧
舜为代表，其天性生而完美。第二种以汤武为代表，其本性是通
过应用其认知能力勤奋学习而臻于完美的。曾巩希望强调，即
便是尧舜也需要像普通人一样思考，他们完美的天性，只是使他
们的思考过程自然而完美。在这里，曾巩强调，认知和理解的能
力，也就是他所称的"法"，是每一个人都拥有的，圣人也不例外。
每一个人都可以达到完美的境界，不是因为他们都拥有生而本
善的天性——这是道学家的主流观点——而是因为他们都能够
用自己的认知能力去理解万事万物的法则，据此作出合宜的举
止，而在此过程中，化育天下万物。②

尽管曾巩承认，人们所生活的世界极为复杂，但他仍然相信
普遍性真理的存在：

古之治天下者，一道德，同风俗。盖九州之广，万民之众，千
岁之远，其教已明，其习已成之后，所守者一道，所传者一说

---

① 曾巩：《洪范传》，《曾巩集》卷 10，第 157—158 页。
② 曾巩：《洪范传》，《曾巩集》卷 10，第 157—158 页。

而已。①

　　对曾巩来说,道德与风俗的统一性只能通过具有卓越政治
领导力的完美政府来实现,一个理想的政府能够不遗余力地学
习治理天下万物的法则,对每一件事物都作出合适的处置,使之
各得其所。曾巩赋予政治极为重要的意义,他进一步认为,对于
君主来说,最重要的任务就是"学",在 1069 年对宋神宗(1067—
1085 年在位)的上疏中,他也陈述了这一观点。曾巩所谓"学",
是指运用一个人的认知能力,去学习古圣之道,并澄清其心。②
但要到哪里去寻找古圣之道? 曾巩认为,它就在六经之中。尽
管六经的文本并非成于一人之手,在千年之中亦散佚流离,但它
们承载的思想却仍然似乎如同一人写就。三代之后,礼崩乐坏,
人们以似是而非之文传递错误的思想,因此要正确地学习圣人
之道,唯有通过六经,它们是理想的"文"的典范。③ 如果没有正
确的"文"以传递正确的思想,后代的人们会逐渐失去了解曾经
存在的完美秩序的机会。因此,当代学者有责任以正确的形式
写作(尽管曾巩承认在现实中这是非常困难的),由此保存和传
递载于经典之中的正确治国思想。在曾巩的思想框架中,关于
道德、政治和"文"的知识都统一于一个完美的体系之中,它建立

80

---

① 曾巩：《新序目录序》,《曾巩集》卷 11,第 176 页。
② 曾巩：《熙宁转对疏》,《曾巩集》卷 27,第 433—436 页。
③ 曾巩：《王子直文集序》,《曾巩集》卷 12,第 197 页。

在六经中记载的普遍性法则之上,而它的崩溃,使人们开始误以为这些知识都是彼此独立的。

曾巩的表亲王安石(1021—1086)继承了欧阳修和其他古文思想家对政治改革的要求,采取了一种类似但更为激进的立场。他希望皇帝以尧舜为典范,而不是师法汉唐的君主,这些后世之君,只能模仿上古的形式,而不能理解其内在的法则。因此,要恢复上古的秩序,并不能依靠制度的复原,而是要发掘圣人真正的用意。和欧阳修一样,王安石将上古视为万物在一个和谐一致的系统中各得其所的时代。但王安石比欧阳修更为自信,他认为自己掌握了上古完美秩序的内在法则,并且能够作出阐释,关键在于为圣人之所为:运用心的认知能力去理解普遍性的法则,它蕴藏在天地的运行模式之中,将社会的各个方面有机联系在一起,由此形成一个一致的体系。在王安石的思想中,国家就是这个体系。一旦有人把握了这一原则——王安石相信他自己就是如此——他就应当被赋予治国之任,因为只有国家拥有"一道德,同风俗"的权力与能力。①

有人认为将王安石的国家主义(statist)方法应用到文化与"学"之上,是把一套标准的写作和思考模式强加于士人身上,阻碍了个人的创造力。苏轼曾经评价说,王安石之文并无错处,只是他不应该要求所有人都遵循他的写作风格。② 在苏轼看来,

---

① 包弼德:《"斯文"》(*"This Culture of Ours"*),第 215—218 页。
② 苏轼:《答张文潜县丞书》,《苏轼文集》卷 49,第 1427 页。

文学作品或任何其他形式的艺术创作,如书法和绘画,都必须是作者真实自我的展现。但苏轼也并不支持石介那样的怪奇之风。事实上,苏轼相信,文人或艺术家应该首先广泛地模仿学习既有的风格和典范,然后再创造自己的风格,成为一代名家。苏轼早年作诗之时,就从盛唐诗人如李白(701—762)、杜甫(712—770)和韦应物(约 737—791),以及更近一些的欧阳修那里寻求灵感。① 在书法和绘画上也是如此,苏轼强调继承和传承前人成就的重要性。②

苏轼对文学和艺术传统的尊重,以及他对多种文化形式的精通,使他获得了有史以来最伟大的"文人"之一的名声。"文人"之名似乎暗示着苏轼的活动仅仅与文学艺术有关,使研究者倾向于将苏轼视为文学家和艺术家,而非哲学家。然而,苏轼最亲近的人,包括其弟苏辙(1039—1112)对他的理解则并不相同。在为苏轼所作的墓志铭中,苏辙希望读者认同其兄对于"文"的贡献,但苏轼的"文"不能狭义地理解为文学创作,它也不能以任何特定的思想学派来定义。在苏辙的描述中,苏轼天纵奇才,能够将广博的士人之学融入一个一致的学术体系,以此揭示上古失传之学。苏轼能够实现这一切的原因,在于他成功地发现了潜藏在自然世界与人类社会之中的真理,并通过他的"文"将之

82

---

① 傅君劢(Michael A. Fuller):《通往东坡之路》(*Road to East Slope*),第 63—77 页。

② 艾朗诺:《言、像、行》(*Word*,*Image*,*and Deed*),第 261—309 页。

展现出来。①

诚然,苏轼经常以一个通晓作为统一性(unity)和同一性(oneness)的法则的"道"的形象自居。例如,在解《易》时,苏轼不断强调经典所揭示的,乃是世间种种迹象与变化都有唯一的源头。对苏轼来说,这是理解上古之成就的关键。圣人通过经典,告诉人们三代的完美秩序是对统一性(unity)、一致性(coherence)和整体性(comprehensiveness)的遵从,尽管其制度和文化上的创新是根据自身所处的特定环境和历史条件创造的。这并不意味着圣人将一套社会的规范性标准强加于人,使人人所思所行趋于一致。与古文的主流观点相反,苏轼并不认为社会的整齐划一应当通过政治力量自上而下贯彻。因为真正的"道"不能以言语表达,也不能被转化为一套固定的教条。只有那些克服了私利和私欲,因而能够以无遮无碍、不偏不倚的态度自发合宜地应对外物的人,才能够掌握统一性的真理。只有这样,他们才能够达到与万事万物的统一。先觉之人可以选择通过各种各样的文化形式表达他们对于"道"的理解,比如散文、诗歌、书法、绘画、音乐等等。在这些各不相同的文化形式及其各自独立的传统背后,蕴藏的是关于统一、创造和变革的普遍法

83

---

① 苏辙:《亡兄子瞻端明墓志铭》,《苏辙集》,第 1126—1127 页。另参见包弼德:《"斯文"》,第 257—258 页。

则。进行这些文化创造本身，就是实现自我与世界的统一的过程。①

自欧阳修以后的古文运动，无论其进展和方向如何，都始终抱有这样的信念，即便在多元占据主导的时代，上古理想秩序中那种统一性与同一性，仍然可以通过"文"得以复兴。在苏轼的领导下，文化主义者对"道"的实践达到高峰。然而，对一些人来说，苏轼的主张是破坏性的，不仅因为它对佛道抱持宽容的态度，也因为它过分强调"文"对于士人的意义，而这对于"道"也许是无关紧要甚至有害的。这就是道学的观点。

南宋道学及其竞争者

苏轼以个人通过"文"来实践"道"的观念，挑战了王安石的国家主义观念。但要想精通于"文"，无论是文学还是艺术，都需要具有极高文化素养的人来拓展传统知识的广度。这并不适用于所有人。被朱熹视为道学宗主的周敦颐（1017—1073）、二程、张载（1020—1077）等人提出了另一种方法，仍然将实现"道"的责任赋予个人，但不依靠他们对"文"的熟练掌握。

84

————————

① 包弼德：《"斯文"》，第 254—299 页。另参见包弼德：《苏轼与文化》（Su Shih and Culture）。

这些思想家和其他同代人的区别在于，他们关于道德和自我修养的主张，以联结自然世界与人类社会秩序为目标。他们相信理想的秩序自三代以后便不复存在，孟子之后，甚至没有人真正理解这一秩序。结果，不仅三代的真意失传，连其形式也一并不存，三代的制度诸如封建和井田，被帝国的制度取代，与理想秩序的法则背道而驰。张载和他的学生相信，要恢复理想的秩序，就要重建三代的制度。① 但在二程看来，较之师法三代的制度形式，更为重要的是用自己的心去理解圣人的用意。②

南宋时期，朱熹创造性地将北宋道学家之学融会为一个一致的道学体系，它为后世重新定义了士人之学。从一开始朱熹就清楚王安石和苏轼的为学方法与自己截然不同，因此他花费大量精力反驳这两种学说。其不同之处的核心，在于三代理想秩序的内涵：

因语荆公，陆子静云："他当时不合于法度上理会。"语之云："法度如何不理会？ 只是他所理会非三代法度耳。"③

陆九渊在很多方面都是朱熹的论敌，他批评王安石过于注重法度，这一说法显然延续了十一世纪以来区分观念与形式的

---

① 王昌伟：《民胞物与》(We Are One Family)。
② 包弼德：《作为文人的程颐》(Cheng Yi as a Literatus)。
③ 黎靖德编：《朱子语类》卷 130，第 3098 页。

传统，相信在进行政治改革之时，培养和阐发正确的观念要比进行制度改革更为重要。的确，从陆九渊的政治生涯中也可以看出，他对于制度改革并不热衷。① 相反，朱熹部分地继承了张载对于制度改革的关心，设计了一系列制度和实践，对于帝国晚期的社会有着深远的影响。这些制度包括书院、乡约和家礼等等。然而，这些并不是三代制度的复制品。因此，当朱熹批评王安石背离了三代法度时，他并不是说应该一味模仿三代制度，相反，他认为王安石的失败在于没有正确地理解制度背后真正的法则。举例而言，即便是朱熹的朋友，也分辨不清王安石的青苗法和朱熹的社仓有何区别——二者都是一种帮助农民借贷的乡村信用体系——而朱熹则解释说，王安石的青苗法本质上是国家主义的，牺牲民众利益以实现富国，而他自己的社仓则建立在地方的主动性和人的同情心上，鼓励地方社会的互帮互助。②

朱熹的社会体系是他的道德哲学中不可分割的一部分，他相信万事万物都本体论地互相联系，和谐一致。裴德生（Willard Peterson）将"理"——朱熹哲学和道学的核心概念——翻译为"一致性"（coherence）而不是常用的"法则"（principle），是相当准确的。③ 在这种观点下，上古是一个天地运行之中伟大的一致性在人类社会里同样得到实现的时代。那时，所有的

86

---

① 韩明士（Robert Hymes）：《陆九渊》（Lu Chiu-yüan）。
② 万志英（Richard von Glahn）：《社群与福利》（Community and Welfare）。
③ 裴德生：《理的另一种解读》（Another Look at Li）。

制度都为实现人与人之间的互助和团结而建立,由此实现了社会的和谐。同样地,所有的知识和技艺也都由圣王为实现这一目标而创设。不幸的是,到了周朝末年,黄金时代走向尾声,再也没有新的圣王出现。在三代之后,是孔子之教为人们指明新的方向:失去了圣王的指引,如今人们需要学着运用自己与生俱来的能力,去发现万事万物内在与外在的有机联系。也就是说,要复兴三代的理想秩序,人们必须通过"学"使自己成为圣人。[①]

一个人应当学习什么才能成为圣人? 早在 1050 年,程颐就已经提出了道学的基本原则。他认为,孔子最优秀的学生颜渊所希望学习的,并不是对经典的死记硬背,也不是文学创作——这两者都是科举的主要内容。相反,真正的"学"要求人们修养道德自我,以完全实现天赋的、内在的善。[②] 因此,在道学之中,任何无助于恢复三代理想秩序与实现社会和谐的学术追求都是毫无价值的。不过,这并不意味着道学不鼓励人们获取知识。事实上,朱熹本人是宋代最为博学的士人之一。它的真实意义在于,任何对知识的追求,都必须具有道德的维度。金永植已经指出,朱熹对于自然界的具体知识有相当广博的讨论,包括天文历法、音律、地理等等,他相信古代的圣人掌握这些领域的全部真知。在朱熹看来,对知识的追求乃是"格物"的实践,通过格物人们可以真正地理解世界的一致性,实现道德的秩序。朱熹不

---

① 包弼德:《历史上的理学》,第 168—170 页。
② 程颐:《颜子所好何学论》,《二程集》文集卷 8,第 577—578 页。

断强调在探索具体知识领域之前掌握"本领"的重要性，所谓"本领"，也就是对道德的追求。换句话说，他不认为具体的知识是外在于普遍性的"道"之外的独立学术门类。①

　　同样，在史学领域，朱熹也坚持认为理解普遍和永恒的道德法则比起仅仅掌握人名和年月更为重要。如果一个人能够完全地掌握"道"，他就能够像孔子那样，如其所是地呈现历史事件，就可以展现其中的道德内涵。朱熹提出这样的主张，是因为，正如谢康伦（Conrad Schirokauer）所指出的，在朱熹看来，历史既是描述性的也是说明性的。以正确的方式撰写和学习历史，历史就能够在任何环境下为人们提供指导。然而，以错误的方式学习历史，会导致灾难性的结果，使邪恶和奸猾的动机浮出水面。朱熹非常重视历史，但它的价值仍然在于为个人的道德修养提供有用的教训。②

　　对于文学与创作，朱熹采取了一种整体化的理解方式，将文学写作置于他的整体学术体系之中，用以理解和传达"道"。朱熹大致遵循周敦颐著名的"文以载道"之说，这一点可见于他对曾巩之学的评价之中：

88　　　　南丰文却近质。他初亦只是学为文，却因学文，渐见些子道

---

　　①　金永植：《朱熹的自然哲学》（*Natural Philosophy of Chu Hsi*），第245—294页。

　　②　谢康伦：《朱熹的历史观》（Chu Hsi's Senses of History）。

理。故文字依傍道理做，不为空言。只是关键紧要处，也说得宽缓不分明。缘他见处不彻，本无根本工夫，所以如此。①

　　朱熹认为，尽管曾巩通过学"文"成功地掌握了真理的某些方面，但他没能够完整地理解真理，因为他将主要精力投入到文学写作而不是道德修养上。朱熹的潜台词是，"文"可以作为理解"道"的手段，但如果完全依赖于学"文"，只能得到对真理的片面浅薄的理解。不仅如此，"文"也存在着潜在的颠覆性，特别是当人们没有采取严肃的态度为普遍的善而学"文"之时。这就是苏轼之学的危害。朱熹认为苏轼是一个出色的作家，他成功地通过轻薄之辞，使士人群体接受了他对"道"的曲解。这一错误，部分源于苏轼将"文"视为一种独立于道德修养的文化事业。只有理解了真正的道德价值之人，才能够创作正确的"文"，文化追求只有为道德追求服务时，才具有真正的价值。②

　　十二世纪，也有其他士人并不单以道德追求为第一要务。朱熹的密友吕祖谦（1137—1181）就是其中之一，他以融合伦理与制度、历史、经世和文学的教学方法而闻名。③ 正如魏希德（Hilde De Weerdt）在她关于吕祖谦作品和根据其讲稿编纂的科

---

①　黎靖德编：《朱子语类》卷 139，第 3313—3314 页。
②　包弼德：《朱熹对士人之学的重新定义》（Chu Hsi's Redefinition of Literati Learning）。
③　田浩（Hoyt C. Tillman）：《朱熹的思维世界》（Confucian Discourse and Chu Hsi's Ascendancy），第 83—103 页。

举参考书的研究中指出，吕祖谦试图将二程之学与以功利为导向的经世之学相结合，经世之学在浙东学者中非常流行。吕祖谦与朱熹一样，相信三代理想的秩序要通过遵循道学重新发现的普遍、永恒的道德原则来实现。后世王朝弃道德而从私欲，因此不符合理想的秩序。同样，吕祖谦也认为要恢复三代的秩序，需要以正确的"学"教育士人。但在何为正确的"学"以及道学在其中的角色上，吕祖谦与朱熹有所分歧。吕祖谦以道学的思想解释和评价历史事件，但他并不认为将道德哲学置于首位是实现理想秩序的最佳途径。相反，他认为，要实现理想的秩序，应当认真学习历史和制度的沿革。①

　　在吕祖谦兼容并包的学术体系之下包含着这样的观念，即上古理想的秩序实质上是政治秩序，尽管也有道德意味。因此，道德哲学、经世之学、制度史和文学都应当作为学习的内容，以便学生应对科举考试，而他们将通过科举成为未来的官吏，从而帮助国家重建理想的秩序。

　　其他一些士人与吕祖谦抱持相同的观念，相信上古的理想秩序本质上是一种政治秩序，这其中就包括陈亮（1143—1194）。尽管陈亮认可汉唐的辉煌，因此不赞同朱熹鄙夷汉唐君主皆出于私欲行事的观点，但他仍然认同上古时期通过完全实现"道"而达到的成就是无与伦比的。但他的"道"与朱熹的"道"并不相

①　魏希德：《义旨之争》（*Competition over Content*），第141—150页。

同。陈亮的"道"具有功利主义的性质，它的实现与否取决于政权是否关心民众的实际利益。[①]

　　浙东学派的另一重要学者叶适（1150—1223）对于汉唐抱有不同的看法。事实上，叶适比朱熹更为激进地否定汉唐的成就。叶适对三代之后的负面评价不仅限于君主，也扩展到了孔子之后几乎所有主要思想家，甚至包括曾子、子思和孟子，尽管在道学话语中，他们忠实地传承了孔子的思想。叶适认为，这些后代的思想家背离了孔子强调实践，以及通过人的感官理解可知事物的主张。相反，他们致力于探求一个不可知的领域，为后代学者（叶适暗指道学家）树立了追求虚妄之学的恶劣榜样。叶适进一步指出，上古圣王及其臣下所理解的教育是非常广博的，致力于教养拥有不同天赋和德性的人们，使之为国家与人民各尽其才。这与道学的为学方法迥然相异，道学家指导学生追求狭隘不必要的道德知识，而忽视所有其他形式的有用的知识。因此，叶适作为老师，鼓励他的学生根据各人的兴趣和才能，学习广泛意义上的士人之学，包括经学、历史、文学和经世之学，这样他们就能够全面掌握"学"的内容，并应用于世间千头万绪的事务。[②]

　　话虽如此，我们还是可以清楚看出叶适的教学体系中最核心的关切。魏希德准确地指出，即便在叶适早年仍然尊信朱熹和道学之时，他就已经对"道"的概念有了非常不同的理解。"对

---

　　① 田浩：《功利主义儒家》(*Utilitarian Confucianism*)，第 153—168 页。
　　② 罗文：《叶适的生平与思想》(*Life and Thought of Yeh Shih*)，第 162—175 页。

叶适来说，'道'在终极意义上是政治治理之'道'，为了实现它，历史学习和政治分析作为对永恒事物的研究，应当成为道德哲学的重要补充。"① 显然，对于所有浙东学派的重要思想家来说，这一点都能成立。浙东学派的理论在唐仲友（1136—1188）的《帝王经世图谱》中得到了最清晰的展现。它试图揭示从诸多经典之中得出的总体性法则，由此展现圣王之"道"。宇宙、伦理、历史和具体的行政事务，都被融入一个一致的知识体系，它将最终导向一种关于善治的宏大理论。② 可以看到，浙东学派关于士人之学的认识，尽管看起来比道学更为兼容并包，但实际上仍然并不承认任何特定的学术形式拥有独立的学科地位。

　　从十一世纪的古文运动到十二、十三世纪道学成为士人之学的主流，宋代思想文化界出现了一些影响深远且常常是互相竞争的关于上古三代的认识。矛盾的中心，在于士人应当学习什么，怎样学习，才能复兴上古的理想秩序。然而在这些不同的观点之中，仍然存在一个普遍的共识："学"的目标在于实践古代圣人之"道"。此外，"道"常常被理解为至高的真理之中统一性、一致性和同一性的体现。因此，士人之学要想具有任何价值，就必须是一个整体的体系，所有门类的知识都可以被统合进其中，为理解和实现唯一的普遍的"道"而服务。

　　这并不是说，专门的知识在宋代没有任何地位。相反，传统

---

① 魏希德：《义旨之争》，第 105—106 页。
② 刘连开：《唐仲友的史学思想》。

的知识类型和它们相应的专门之学在宋代持续发展和繁荣,有 92
时也吸引了士人阶层的兴趣。然而,一般而言,在专业人才和士
人之间存在鲜明的鸿沟。专业人士倾向于将知识的讨论限于彼
此分离的领域内,并无兴趣将它们与其他类型的知识融合起来,
形成一个一致的体系。相反,大多数士人倾向于以一种整体的
视角理解知识,强调它们对于一个整体的学术体系的必要性。①
当所讨论的知识在传统上属于士人之学的重要内容时,这一点
就尤为明显,例如经学、文学、历史和经世之学。

然而也有一些人认为特定的士人之学应当成为独立的事
业,比如诗歌。严羽(约 1180—1235)就是其中之一,他的作品在
他活着的时候并不为人所知,但在李梦阳的时代,却有着极大的
影响力。

严羽对诗歌传统的重估

严羽的生平经历几乎湮没无闻,清人编纂关于他的首部详
细传记时,甚至不超过四百个字。严羽祖籍陕西,但生长于福建
北部的邵武。据说他的祖先之一严武是著名的唐代政治家,也
是杜甫的好友,其家在唐朝末年迁至福建。这些说法是否属实

① 一个很好的例子是医学,参见郭志松(Asaf Goldschmidt):《中药的演进》
(*Evolution of Chinese Medicine*),第 42—68 页。

已不可知，但我们可以确知的是，在严羽生活的年代，他的家族似乎比较兴盛，几代之中有不少人著有文集。严羽从未参加过科举考试，但他有足够的声名，能够与一些当世著名诗人交游，比如戴复古（生于 1167 年）。① 严羽一生曾多次在邻近的地区游历，其原因已不可考，最终他回到故乡度过余生。②

　　严羽本人如此默默无闻，而他的《沧浪诗话》却在十五到十七世纪拥有数量庞大的读者，这引起了文学史家的强烈兴趣。《沧浪诗话》对于帝制中国晚期思想世界的影响相当深远，仅仅通过文学的角度去理解它是不足够的。要理解《沧浪诗话》在明代的巨大影响力，我们需要将严羽的诗歌理论置于宋代思想氛围之中。大体来说，严羽哀叹宋代的诗歌远逊于唐代，因为唐代以诗取士，使得唐诗的内容更为丰富精深。③ 这显然意在针对宋代逐渐削减诗歌在科举中的重要性的做法，这也使得诗歌在士人生活中占据的地位逐渐下降。④

　　林理彰（Richard John Lynn）在研究明清诗歌理论及严羽的影响时指出，尽管众所周知《沧浪诗话》借鉴了许多禅宗的语汇，但严羽在讨论诗歌时所使用的词汇和叙述方式，在一些地方仍

---

　　① 关于戴复古的诗歌的简要讨论，参见孙康宜、宇文所安（Stephen Owen）编：《剑桥中国文学史》（*Cambridge History of Chinese Literature*），卷 1，第 490—493 页。

　　② 陈伯海：《严羽和〈沧浪诗话〉》，第 21—33 页。李锐清：《〈沧浪诗话〉的诗歌理论研究》，第 1—27 页。

　　③ 严羽：《沧浪诗话校释》，第 147 页。

　　④ 对宋代科举中诗歌与经学的争论，参见祝尚书：《宋代科举与文学考论》，第190—209 页。

然与道学家讨论道德时十分类似。在严羽思考学习传统对于诗人寻求灵感的意义时,这一点显得尤为突出。为了证明宋代诗歌艺术的衰落,严羽列举了从汉到盛唐的著名诗人名单,认为他们向后人展现了真正的诗歌是什么样的。要成为伟大的诗人,需要从历史中选取最优秀的诗人作为典范,而不能师法二流诗人。这种诗歌谱系也许能让读者联想到道学对圣学传统的定义。[①] 严羽这样写道:

> 夫学诗者以识为主:入门须正,立志须高;以汉、魏、晋、盛唐为师,不作开元、天宝以下人物。若自退屈,即有下劣诗魔入其肺腑之间;由立志之不高也。……先须熟读《楚词》,朝夕讽咏,以为之本;及读《古诗十九首》,乐府四篇,李陵、苏武,汉、魏五言皆须熟读,即以李、杜二集枕藉观之,如今人之治经,然后博取盛唐名家,酝酿胸中,久之自然悟入。[②]

严羽认为在真正的诗歌之道的传承中存在断裂,这一说法可被视为宋代在各个领域重估士人传统之进程的一部分。当然,严羽回向更近的帝制历史而非上古来建构他的正统传承,是在抵制道学的诗论。和苏轼一样,严羽也相信诗歌创作本身就

---

① 林理彰:《正统与启蒙》(Orthodoxy and Enlightenment),尤其是第 219—221 页。

② 严羽:《沧浪诗话校释》,第 1 页。

具有真实的价值,这一价值可以从积淀的传统之中发掘。

但苏轼并不是严羽景仰之人,事实上,严羽反对苏轼的观点,并对于从历史上选取诗歌的典范有着非常不同的理解。在严羽看来,苏轼及其追随者的诗歌理论,以及宋代整体的诗歌理论,都过于强调"理",与唐代的诗歌创作相反,用学理取代了审美。①　因此,宋人没能意识到诗是一种不同类型的文化事业:

> 夫诗有别材,非关书也;诗有别趣,非关理也。然非多读书,多穷理,则不能极其至。所谓不涉理路、不落言筌者,上也。诗者,吟咏情性也。盛唐诸人惟在兴趣,羚羊挂角,无迹可求。故其妙处,透彻玲珑,不可凑泊,如空中之音,相中之色,水中之月,镜中之象,言有尽而意无穷。近代诸公,乃作奇特解会,遂以文字为诗,以才学为诗,以议论为诗。夫岂不工? 终非古人之诗也。盖于一唱三叹之音,有所歉焉。②

当倡言学诗作诗需要与读书穷理不同的才能与目标时,严羽并不是要贬低"学"的重要性,也不是在要求他的读者放弃读

---

①　关于严羽对苏轼及其追随者尤其是黄庭坚(1045—1105)和江西诗派的反对,参见郑文君:《诗歌与变革》(Poetry and Transformation),以及张健:《〈沧浪诗话〉研究》,第104—109页。

②　严羽:《沧浪诗话校释》,第26页。"一唱三叹"典出于《礼记·乐记》,参见《礼记正义》卷37,8a、8b。

书而追求诗艺。读书与穷理无疑是重要的,尤其当一个人希望成为伟大的诗人时。然而,严羽认为诗歌应当作为一种独立的文化事业,具有独立的传统,需要与众不同的路径和目标。① 这也是汉唐时期对诗歌的理解。比如在唐代,诗乃是"学"的一种专门形式。② 严羽认为,宋代学者试图融合不同形式的文化追求形成一个整体化的学的体系,在这个过程中他们牺牲了诗歌的独特性。相反,历史上理想的诗歌典范之所以超凡出众,是因为他们重视诗歌的独特价值。在更为广阔的文学领域之中这一点也是成立的,历史上最好的诗歌都具有与散文相区别的独特精神。③

当时的主流思想,倾向于通过一种特定形式的知识是否可以被统合进一个一致的体系,为某种独一而包罗万象的目标服务,来衡量它的价值和功用,在将诗歌视为拥有独特历史和规则的独立学科时,严羽作出了不同的选择。因此,严羽在当时不被承认为一个严肃的批评家。严羽的理论在明中叶的流行,证明宋代关于整体性的学术体系的信念开始崩溃。然而,这仅仅是大约两百五十年后的事。在接下来的部分中,我们将考察以道学为代表的,将统一性作为"学"的终极目标的信念,如何同时在思想世界中进一步发展。

---

① 林理彰:《才学两极》(The Talent-Learning Polarity)。
② 严羽:《沧浪诗话校释》,第147页。
③ 严羽:《沧浪诗话校释》,第252—253页。

浙东之学与明朝的建立

众所周知，浙东（尤其是金华）学者在元朝末年的活动对于明朝的建立有很大贡献。在十四世纪五十年代明太祖占领浙东之时，他们之中一些最杰出的人才成为了明太祖的谋士和官吏，他们在创设新王朝的制度和法律时起到了重要的作用。我们知道，浙东学派有着功利主义的传统，以对治国的实用价值来衡量知识的有用与否。即使南宋末到元初，朱熹之学被浙东士人广泛接受，成为"学"的正统之后，浙东学者的领袖——其中最著名的要数"金华四先生"（何基[1188—1268]，王柏[1197—1274]，金履祥[1232—1303]和许谦[1270—1337]）——仍然坚持学习和讲授治国的实用事务。他们所采用的方法融合了朱熹的道德哲学和社会价值导向，以及浙东学派的经世、历史和文学。其成果是一种整体性的学术体系，它的目标是激励士人去承担道德责任以通过政治和社会手段改造社会。① 元朝末年，浙东学者开始对法律学习投入特别的关注，强调它在维持社会稳定中的重要意义。② 这使得一些研究者认为，浙东学者为明太祖最终采用的独裁统治提供了思想基础。③

98

---

① 孙克宽：《元代金华学术》。

② 蓝德彰（John D. Langlois）：《蒙古统治下的金华政治思想》（Political Thought in Chin-hua under Mongol Rule）。

③ 可参见达第斯：《儒学与专制》（*Confucianism and Autocracy*），第 183—253 页。

　　然而,道学对"道"的追求已经成为浙东学派的一部分,它不会轻易地向独裁屈服。举例来说,我们可以从浙东学者的文字中看出,尽管他们寻求一个强大的君主(有时具有圣人的特质),他能够集中权力,有效地掌控官僚机构,但他们仍然期待这样的君主听从他们的建议,因为浙东学者相信他们理解了"道"。总而言之,他们希望君主践行道德的自我修养,并以国家层面的立法认可学者在 1340—1350 年代实行的自发性地方改革,他们相信这正是古代道德社会得以实现的方法,它同样可以救今日之弊。①

　　这些浙东学者比如胡翰,对三代以后王朝成就的认识与其他一些士人例如刘基不同,他们对汉唐统治者抱有比其他君主更为正面的态度。然而,他们明确认为,上古应当被作为新王朝的最高典范。② 其中尤其值得注意的是宋濂的观点,他或许是对朱元璋影响最大的人。宋濂是金华浦江县人,早年曾就学于数位著名的金华学者,也遵循着金华学派的诸多思潮。宋濂相信,"学"的目标,在于"复其本心之正",完整地保存本心并付诸实践的能力,是上古圣人的成就。基于这样的理解,宋濂认为六经只是关于本心之学,尽管不同的经典包含着关于自然与人类秩序的不同知识体系,并各有其不同的功能,但它们都指向一个

99

---

　　① 关于主要浙东思想家的讨论,包括刘基、王祎(1323—1374)、宋濂和胡翰(1307—1381),参见达第斯:《儒学与专制》,第 131—181 页。

　　② 达第斯:《儒学与专制》,第 139—140,174—176 页。

共同的原则。① 因此，上古的辉煌，体现在知识的统一性之上，它产生于圣人之心，并将宇宙与人类世界的全部领域彼此联系在一起。

这样的观点并非宋濂独有。在对十四世纪金华的地方认同建构的考察中，包弼德敏锐地观察到：

> 十四世纪中叶，宋濂这样的士人开始认为，纯粹的道学思想有着忽视文学和经世之学的危险，他们钻研金华的学术传统来寻找他们关心的典范，由此提出一个更为广阔的地方传统视野。……但宋濂和他的同代人仍然坚持认为，通过文学、政治或道德来学习，在根本上并无不同：一个人应该并且能够运用所有这些方法，并将它们融会为一个一致的整体。②

认为一切形式的知识和学习方式，都是为了实现统合多样化的世界的宏伟目标，只有圣人具有洞明彻悟的心，能够理解和实现这一目标，这样的观点或许促成了明太祖的独裁统治。明太祖将自己视为可与古代圣王比肩之人（其他人也是如此看待他），因此对此前的王朝不屑一顾，而是回向三代去寻求能够符合他对于独裁君主的理想的治国典范，他希望君主能够掌控宇

---

① 宋濂：《六经论》，《宋濂全集》，第72—73页。
② 包弼德：《帝制中国晚期的"地方转向"与"地方认同"》(The "Localist Turn" and "Local Identity" in Later Imperial China)，引言见第43页。

宙、官僚体系与社会的方方面面。①

　　不过，明太祖并没有完全否定此前的王朝。在元明鼎革之 100
后，明太祖立刻下令废止与元朝有关的胡人文化、语言、姓名和
服饰。明太祖尤其强调要恢复唐代的服饰，这是他通过强调新
王朝的汉族特质来证明其正统性的手段之一。当强调汉族文化
和服饰的优越性与延续性时，明太祖回顾了历史上那些辉煌的
帝国（汉、唐、宋），并指责非汉族政权破坏了汉族帝国的文化
根基。②

　　然而，民族与文化的纯洁性或许并不是明太祖最关心的问
题。通过恢复唐代为不同社会阶层规定不同服饰的制度，明太
祖也毫不留情地批判了元代，它没能维持社会的等级和凝聚
力。③ 这与他对三代的看法一致。明太祖和他的谋士认为，三
代的辉煌，在于它是一个等级社会，通过礼仪与法律使得每一个
人根据其社会地位和角色各得其所，就连那些超自然的事物
（天、地、神、灵）也被纳入这一统一和一致的体系之中。因此，在
明太祖心目中的三代，圣人式的君主统治着世间万物，既包括人
类也包括超自然的事物。由此，潜在的矛盾冲突能够消弭于无

---

　　① 法默：《朱元璋与明初法制》（*Zhu Yuanzhang and Early Ming Legislation*），第
81—83 页。
　　② 其他一些与民族有关的政策包括禁止蒙古人和色目人族内通婚，以将他们同
化。参见姜永琳译：《大明律》（*The Great Ming Code*），第 88 页。
　　③ 《明实录·太祖实录》卷 30，10a。

形,万事万物得以和谐共存。①

　　但对明太祖来说,照搬三代制度并不符合他的期望。相反,
他认为恢复三代理想秩序的关键,在于改变人的心理和行为。
出于这一考虑,一切有用的知识和学问,包括儒释道三教,都应
该被引导来教给民众一套统一的、普遍的法则,从而创造出理想
的秩序,使人的心灵与意志都得到教养,能够抵御邪恶的想法和
有害的欲望。明太祖将他自己视为天下的道德之师,不断向他
的子民发出道德训示。当发现这种方法收效甚微时,明太祖转
向了严厉的刑罚和羞辱示众,可以看到,太祖和他的浙东谋士一
样,在最高层面上仍然将心灵的教化视为社会弊病的最有效解
决方式。②

　　但那种认为道德社会的实现需要通过严刑峻法使人恐惧并
服从的观念,并没有被轻易接受。宁海(邻近金华)人方孝孺
(1357—1402)是宋濂最好的学生,也与金华士人群体十分亲近,
太祖朝末年,他写了一系列文章批评明太祖对严刑峻法的过度
依赖。他认为对刑罚的过度使用会损害民众的责任感,最终导
致刑罚失去效力。更好的方法,是关爱和信任民众,用教育而非
暴力改变他们。③ 方孝孺进一步指出,这就是宋代虽然积贫积

---

① 达第斯:《儒学与专制》,第 196—224 页。
② 达第斯:《儒学与专制》,第 224—253 页。
③ 方孝孺:《深虑论七》,《逊志斋集》卷 2,24a、b。另参见王春南、赵映林:《宋濂方孝孺评传》,第 429—433 页。

弱,仍然可以超越强大的汉唐,取得与周代媲美的辉煌成就的原因。① 宋代君主在提供有利的政治环境方面无疑发挥了重要作用,不过,正是学者们以其"学"使宋代取得如此伟大的成就。②

作为一个忠实的道学家,方孝孺相信宋学在朱熹手中达到了巅峰,但他与朱熹不同,他同时欣赏苏轼的文学成就。③ 事实上,方孝孺在这条道路上走得很远,他认为只有结合程颐、张载、朱熹的道学和欧阳修、苏轼的文学,才能全面地复兴三代之学。方孝孺这一更为兼容并包的为学方法似乎与他的浙东师友相呼应。然而,他坚持认为"道"比"文"更为重要,如果没有对"道"的投入,"文"就会变得毫无用处。④ 三代之人,以"文"来展现"道"。诸子百家也是一样,即便他们的"道"并不是圣人那真实、无所不包的"道"。⑤ 相较而言,当代学者的错误就在于将文学与法律同"道"所包含的道德追求割裂。⑥

在随后的建文朝,方孝孺成为制定新行政体系的思想基础的领导角色,但他在明成祖靖难夺位之后惨遭杀害。为了摆脱篡位者的负面形象,并将自己塑造为上古圣王之道的继承者,明成祖策划了一系列文化工程,其中最重要的就是《四书大全》《五

---

① 方孝孺:《仕学规范序》,《逊志斋集》卷12,12a—14a。
② 方孝孺:《赠郭世渊序》,《逊志斋集》卷14,8b—9a。
③ 方孝孺:《赠卢道信序》,《逊志斋集》卷14,42b—43a。
④ 方孝孺:《送平元亮赵士贤归省序》,《逊志斋集》卷14,26a—27b。
⑤ 方孝孺:《与郑叔度书》,《逊志斋集》卷10,16b—17a。
⑥ 方孝孺:《与赵伯钦书》,《逊志斋集》卷11,7a、b。

经大全》和《性理大全》的编纂。尽管它们成为了科举考试的基本教材，为道学提供了强有力的国家支持，试图将士人驯化为君主的仆从，但这也表明，如今政权需要依靠接受道学的基本主张来获得合法性。经过十四到十五世纪的发展，科举考试通过其内容、模式与标准，不断强化道学的主张，即士人之学不应限于独立的知识领域内，而是要以实现与三代圣人类似的道德-政治目标为追求。以"八股文"为代表的高度模式化的应试文章产生并发展于十五世纪晚期，它要求考生"代圣人立言"，这一现象以及其他形式的知识在科举考场上的边缘化，都对士人之学产生了重要的影响，使之绝对遵从于国家规定的道德形式。①

　　然而，作为一种新的士人写作形式，应试文章的兴起，即便是在体制内也有着不同的声音。翰林学士率先对士人文化提出了新的主张，区分用于应试的"时文"和以古人为典范、被视为更好的文章形式的"古文"。十五世纪晚期，在李东阳的领导下，重建古文的主张吸引了大批拥趸，他们开启了随之而来的全新时代。

李东阳、翰林学士和"古文词"的建构

　　明朝初年通过科举考试控制士人之学的努力在此时遇到了

---

①　艾尔曼：《科举文化史》，第 371—420 页。

阻力。拥有独立思想的学者如吴与弼(1392—1469)和胡居仁
(1434—1484)拒绝参加科举,尽管他们是道学的坚定拥护者。[1]
即便对于那些在科举中取得优异成绩,并在翰林院官居要职的
士人来说,科举文化,尤其是它所强调的"时文",仍然常常被视
为一种并不理想的士人之学和写作形式。[2] 他们所推崇的,乃
是"古文词",而它并不是科举的考察内容。理想的情况下,应试
之学和古文词不应该有本质的区别,正如于 1472 年考取状元并
成为翰林领袖的吴宽(1435—1504)所言:

> 乡校间士人以举子业为事。或为古文词,众辄非笑之曰:
> 是妨其业矣。噫! 彼盖不知其资于场屋者多也。故为古文词而
> 不治经学,于理也必阂;为举子业而不习古作,于文也不扬,二者
> 适相为用者也。[3]

然而从吴宽的观察中可以看出,实际的情况是许多人将"古
文词"视为浪费时间,因为它对科举并无作用。但如果一个人成
功通过了科举,事情又会变得大不相同。进士中的佼佼者通常
会获得翰林学士和庶吉士这类最显要的官职,人们期待他们精
于文学,而普通官员和举子并不会受到这样的期待。时人认为,

---

[1]　陈荣捷:《明初的程朱学派》,第 45—46 页。
[2]　获得翰林院的官职是被任命为一些最显要官职前的必要升迁台阶,包括内阁
大学士、礼部尚书和侍郎、吏部尚书。参见张廷玉等:《明史》卷 3,第 1702 页。
[3]　吴宽:《容庵集序》,《家藏集》卷 43,4b—5a。

应当在不为日常行政职责所累的环境中培养最优秀的人才，这样，假以时日他们就会掌握对精英政治家来说至关重要的知识，使他们不仅能够负责领导官僚机构，也得以影响天下的文化与风俗。在明代人看来，使翰林学士之学与其他人区分开来的正是"古文词"。因此，在明代最初的一百五十年间，文坛领袖绝大多数都是翰林院的官员，尤其是内阁大学士。①

这一区分的源头通常被追溯到 1405 年，在召见被选入翰林院的新科进士时，明成祖清楚地表达了对他们的期待：

> 然当立心远大，不可安于小成。为学必造道德之微，必具体用之全；为文必并驱班、马、韩、欧之间。如此立心，日进不已，未有不成者。……朕不任尔以事，文渊阁古今载籍所萃，尔各食其禄，日就阁中，恣尔玩索，务实得于己，庶国家将来皆得尔用。不可自怠，以孤朕期待之意。②

106　　　　从明成祖的话中可以看出，写作古文只是翰林学士们被期待掌握的"学"的一部分。当明人比较翰林之学与应试之学时，他们常常强调前者的"博"与"古"。有些研究者认为，对翰林学士来说，欧阳修是他们模仿的典范，他为博学和学古奠定了标

---

① 帝制中国晚期翰林学士在政治和文化上的角色，参见艾尔曼：《科举文化史》，第 4—23 页。

② 林尧俞等：《礼部志稿》卷 2,16a。

准。① 但从翰林学者的文章中可以看出,欧阳修并非他们唯一的典范,他们建构了一个"文统",以六经为起始,包括了从汉到宋的文学名家。② 然而,翰林学者的确对欧阳修之学格外偏爱,也因如此,作为十五世纪晚期无可置疑的文坛领袖的内阁大学士李东阳,被时人誉为"今之欧阳修"。③

　　李东阳无疑很看重"博"与"古"的价值,他认为这应当成为所有士人的理想学术形式,而非仅限于翰林官员。④ 尽管如此,李东阳非常清楚,现实中绝大多数普通官员对此并无兴趣,因为他们的仕途完全取决于他们处理日常政务的能力。⑤ 同样值得注意的是,当李东阳回向历史寻求典范时,他对过去的理解超越了欧阳修的视野。比如,在论诗之时,李东阳明显受到严羽的影响,他的《怀麓堂诗话》存在大量对《沧浪诗话》的借鉴。试看以下这段文字:

107

　　诗有别材,非关书也;诗有别趣,非关理也。然非读书之多、明理之至者,则不能作。论诗者无以易此矣。彼小夫贱隶妇人

---

　　① 简锦松:《明代文学批评研究》,第 29—49 页。
　　② 对于谁能够被选入文统无疑引发了激烈的争论,参见黄卓越:《明永乐至嘉靖初诗文观研究》,第 23—37 页。
　　③ 黄绾:《再上西涯先生书》,《石龙集》卷 16,20b。
　　④ 李东阳:《呆斋刘先生集序》,《李东阳集》第 2 册,第 73—75 页。这篇序言是为刘定之(1409—1469)的文集所作,他是 1436 年的状元,曾担任翰林学士,后成为礼部侍郎。
　　⑤ 李东阳:《送张君汝弼知南安诗序》,《李东阳集》第 2 册,第 41—42 页。

女子，真情实意，暗合而偶中，固不待于教。而所谓骚人墨客学士大夫者，疲神思，弊精力，穷壮至老而不能得其妙，正坐是哉。①

　　首二句几乎与《沧浪诗话》中的句子一模一样。李东阳与严羽有着共同的看法，认为诗是一种独特的文学形式，需要与读书穷理无关的特殊的天赋。和严羽一样，他也认同相较于文，诗是一种不同的文学体裁，宋诗因为更近于文，而不如唐诗。② 这也许说明，像严羽一样，李东阳认为士人之学的理想体系不必要求包罗万象，也不必以达到一个单一的、普遍性的真理为最高追求。但对李东阳思想的深入考察，则揭示出截然相反的一面。

　　一些研究者认为，李东阳试图将文学从道学之中解放出来，但与之相反，李东阳和严羽最大的不同，恰恰在于李东阳对道学家的诗作同样欣赏：③

　　晦翁深于古诗，其效汉魏，至字字句句、平侧高下，亦相依仿。命意托兴，则得之《三百篇》者为多。观所著《诗传》，简当精密，殆无遗憾，是可见已。感兴之作，盖以经史事理，播之吟咏，岂可以后世诗家者流例论哉？④

① 李东阳：《怀麓堂诗话》卷1，第9页。
② 李东阳：《怀麓堂诗话》卷1，第4页、第3页、第10页。
③ 廖可斌：《复古派与明代文学思潮》第1册，第137—148页。
④ 李东阳：《怀麓堂诗话》卷1，第7页。

108

在李东阳看来,朱熹的诗及其诗论都可跻身一流,而他之所以能达到这一高度,是因为他不仅仅是一个诗人。同样,在为翰林同僚、私淑朱熹的程敏政(1445—1500)的文集所作序言中,李东阳强调,唯有经史才是真正有价值的文学写作形式。前者建立了"道",后者记录了历史事件。在这两个领域中,朱熹的作品都代表着最高的水准,因为他能够融合这两种写作形式成为一个连贯的文学事业,并以之彰显"道"。①

李东阳对于朱熹文学成就的高度评价,提醒我们重新反思文学在李东阳整体学术体系中的地位。在为他的前辈同僚吴宽的文集所作序言中,李东阳回忆了吴宽如何在应试的同时,读完了历代古文作品,从《左传》《史记》到唐宋文学名家如韩愈、柳宗元、欧阳修和苏轼的文章。从初任职于史局到老居台阁,不论所居何官,吴宽都一心致力于文学写作。读吴宽之文,可以不见其面而了解他的人格、思想与行事。李东阳认为,这是因为诗与文虽然是不同的文学类型,各有其"体",但它们都是一个人的道德的外在体现:

> 言之成章者为文,文之成声者则为诗。诗与文同谓之言,亦各有体,而不相乱。……然言发于心而为行之表,必其中有所养而后能言。盖文之有体,犹行之有节也。若徒为文字之美而行

---

①　李东阳:《篁墩文集序》,《李东阳集》第3册,第55—56页。

不掩焉，则其言不过偶合而幸中。文以古名者，固若是乎哉？①

110　　　因此，只有与作者的素行相一致的文学作品（无论是诗还是文），才有资格被认作为"古"。在李东阳眼中，古代文学的优越之处，就在于它致力于一种更宏伟的目标，而不局限于对作者写作技巧的审美展示。此外，在他为前辈翰林学者陆釴（1439—1489）的文集所作序言中，李东阳认为尽管形式有所区别，但诗与文对于"考得失，施劝戒"都是必不可少的。他进一步强调，陆釴的文章能够实现这些目标，因为他具有优异的品行。在这里，"宏伟的目标"乃是基于伦理道德建立理想的政府。②

　　　简而言之，尽管在诗与文的区别上与严羽抱有相似的看法，尽管认为文学是士人必不可少的追求，精于文学尤其是诗需要特别的才能，李东阳仍然将文学——无论是诗还是文，无论是经还是史——视为追求一种更为宏大和统一的目标——好的（具备道德的）政府的途径，而非一种独立的思想追求。在这一点

111　上，李东阳与严羽分道扬镳。然而，像李东阳这样的文坛领袖，能够注意到严羽那曾经饱受忽视的划分不同类型知识的主张，这一事实无疑表明，明代思想界正在经历一次重要的变革。

　　　现代研究者对李东阳在明代文学史上的地位有不同的看

---

① 　李东阳：《匏翁家藏集序》。在这篇序文中，"文"与"诗"相对时，"文"特指散文，但当它与人的行为联系时，它指代更宽泛意义上的文学写作。

② 　李东阳：《春雨堂稿序》，《李东阳集》第3册，第37—38页。

法。有些人认为李东阳领导了一次全新的文学运动,反对台阁体,并启发了十六世纪早期李梦阳等复古文学领军的出现。[①]另一些人则将李东阳视为台阁体传统的继承者,与李梦阳及其同道所代表的复古运动存在明显的断裂。[②] 更为中立的看法是将李东阳视为一个承前启后的人物,他延续了台阁体的某些特质,同时为其后新的文学主张开启先路。[③] 也有一些人反对延续或断裂这样的概念,而将李东阳与李梦阳的文学主张的差异视为明代文学并行的两条进路。[④] 尽管存在各种不同的看法,但研究者们几乎都同意,李东阳和李梦阳都将"学古"作为他们的文学取径。当然,原先的问题仍然存在,那就是怎样的"古"可以被作为典范?

　　本章在大量依托前人研究的基础上,探究宋代士人如何为了不同的目标选取学古的典范。在寻求历史上的典范之时,明代思想家或许超越了宋人的视野,但他们选取的典范仍然在很大程度上受到宋代话语的影响。从欧阳修时代的古文运动开始,主流的思想就是将士人之学视为一个包罗万象的学术体系,它融合不同类型知识而追求普遍性真理,以实现政治与社会的统一性。在现实中,知识的多样性虽然得到承认,但不同的学派

112

---

　　① 宋佩韦:《明文学史》,第 81 页;廖可斌:《复古派与明代文学思潮》第 1 册,第146—148 页。

　　② 简锦松:《明代文学批评研究》,第 52—83 页。

　　③ 黄卓越:《明永乐至嘉靖初诗文观研究》,第二、三章。

　　④ 叶晔:《明代中央文官制度与文学》。

对于不同知识之间的关系有各自不同的看法。例如，古文思想家在追求"道"的过程中，认为文学是联结所有知识形式的中心。对道学家来说，道德的自我修养高于其他任何智识活动。与之相反，宋元时期浙东学者总体上追求一个包括道德哲学、经世之学、史学和文学的一以贯之的学术体系，以建立完美的政治秩序为目标。然而，从十一世纪到十四世纪，除去一些像严羽这样的边缘人物，从这些差异之中仍然形成了对于上古理想秩序的共识。这一共识认为，如果士人能够致力于统合不同的知识类型，发掘和阐明上古理想的成功法则，就能够复兴上古的秩序。换言之，尽管在现实中需要应对知识的多样性，但总体而言，宋元士人构想了一个理想的场景，在其中所有类型的知识都被统合一致，以实现一个独一的、更为宏大的目标。

明朝的建立将士人的主张融入了国家建设的进程，并创制了一系列"学"的理论、文本与机构，试图将道学重新定义为一种国家正统思想。特别是科举，它试图向士人群体灌输一种"学"的概念，使他们将效力国家与君主作为最高的目标。但应试之学的优先地位即便在体制内部也遭到了质疑。明朝最初的一百五十年间，翰林院的士人之中兴起了一种学的形式，他们认为理想的学术以"古"为特质，因此与当代的应试之学相反。不过，从李东阳的文章中仍然可以看出，最高的学术体系仍然是将经学、史学和文学统合为一贯的、道德的知识体系，以效力国家为最终目标。

113

回到此前的问题,李梦阳的主张究竟是李东阳的延续,还是与之分道扬镳? 接下来的部分将要展现的是作为复古先驱的李梦阳,他的复古主义挑战了本章提到的思想家所维护的知识的统一性,严肃且积极地捍卫知识的多样性。李梦阳将政治与文学视为彼此独立的领域,各自有其不同的纲领、目标和知识类型,需要专门的学习理论和实践。这些内容将在本书第三和第四部分进一步阐述。但首先,我们要考察李梦阳对于自然的认识,从而理解他将世界视为多样、变动不居和不可预测的宇宙论基础。

第二部分

理解天地

第三章　天地之理

阳已回则阴愈剧，人将亨则困益至。故祸败萌而气焰愈炽，117
福祐临而拂乱益深。三代之学，必论天人之际，以消长倚伏，非
斩然而来也。呜呼！《易》备矣，《诗》《书》详焉。今之学者知之
否乎？①

《空同子》中的这一段文字颇有值得注意之处。首先，它认
为经典——其文本承载着三代之学——提供了关于天地运行的
最正确、全面和详细的理解，这与"今之学"截然相反。其次，它
构建了一种自然世界和人类社会的联系。最后，它暗示着这种
联系乃是建立在阴阳间的张力之上，阴阳的运行形成了互相对118
立而又彼此依存的现象。

在这一章接下来的部分里，我们将对上述这些观点进行讨
论，但首先我们要问，李梦阳写下这篇文章时，心中预设的读者
是哪些人？当李梦阳质疑所谓"今之学者"时，他所指的最可能

---

① 李梦阳：《论学上》，《空同集》卷 66，1b。

是那些信奉道学之人。事实上,李梦阳写作《空同子》的主要目标之一,就是讨论并重构道学的主流思想。李梦阳构想了另一种不同的理解天地及其与人类社会关系的理论,他认为这一理论已在经典之中,特别是《易》之中昭然若揭,但三代之后,它逐渐不为人所知。

本章的第一部分要探讨李梦阳对《易》的理解和应用。李梦阳现存的作品中,并无任何形式的经传注解,他所做的仅仅是从经典文本中提取出那些他认为能够揭示"气"的运行变化之下的秘密的内容。李梦阳通过读《易》来阐释他关于"气"的理论,结合"理"的概念,解释自然界的种种现象,既包括"常"也包括"非常"。他将讨论置于由道学提出的"理-气"二元框架之中,尽管他最终推翻了这一框架。

以反道学的眼光重读《易》

在朱熹开创的道学主流传统之中,四书的地位超越了五经。这一趋势在帝制中国晚期的科举考试中得到强化。尽管科举考试的第一部分要求考生根据四书和五经之一写作文章,但考官一般更看重前者。① 李梦阳在讨论四书和《易》的关系时,似乎

---

① 艾尔曼:《科举文化史》,第425—427页。

也接受了这一现状：

> 孟子不谈《易》，以孔门不易言也。……孔子传之参，《大学》不言《易》。参传之思，《中庸》不言《易》。思传之轲，《孟子》不言《易》。以是知孔门不易言。所谓"性与天道，不可得而言也"。①

在这段文字中，李梦阳似乎呼应着朱熹关于《易》太过艰深所以不应轻易传授的观点。② 但我认为，我们可以从另一个角度理解李梦阳的主张：他事实上是在坚持，《易》处理的是较之以四书为基本文本的"孔门"之学更为广阔的知识范畴。要理解这一点，我们需要结合李梦阳关于《易》的其他评论来分析这篇文章。这也有助于我们理解程颐和朱熹对《易》的阐释，它们为明代士人提供了权威的思想依据。

程颐苦心孤诣，试图通过他的注解揭示《易》的微言大义。在他看来，《易》是通往完美的天地秩序和理想的三代世界的大门，通过仔细研读《易》，就可以明白如今的人类社会何以衰退至此，以及如何改变这一状况。程颐的关注点在于教导当时的士人发现"理"的方法，"理"是掌管天地运行的固有法则。他旨在让士人意识到，尽管存在表面上的差异，但人与天下万物在形而上的层面是相统一的，因此他们可以基于这样的理解进行道德

120

---

① 李梦阳：《论学下》，《空同集》卷 66,6b—11a。
② 黎靖德编：《朱子语类》卷 66，第 1623 页。

实践。苏德恺(Kidder Smith)很好地论述了程颐如何通过对卦的注解来探讨差异中的统一性,他也正确地将之与程颐著名的"理一分殊"理论相联系。简而言之,"理一分殊"的理论认为,一种普遍性的法则或者说"理"贯穿了整个现象世界。即便在一些看似截然相反的事物中,比如天与地、男与女,其差别仍然仅仅是同一"理"的不同展现形式。"理"决定了在一个理想的世界中,万事万物都为了形成一个有机联系的天地体系而生生不息,而每一事一物的内部也都是一个完整的体系,生灭往复,周而复始。因此,程颐将"理"定义为"所以然"。①

在一个不够理想的世界里,比如程颐所生活的世界,对"理"的理解变得晦涩不明,人们不再致力于完美无瑕的天地运行秩序,而是出于冲动或私欲而行动,不仅损害了完美的秩序,也使自身同天地之中其他事物疏离,导致统一的天地体系的崩溃。在程颐看来,救弊之法,就是引导士人"学以致圣",通过"格物"艰苦磨砺其心,得以理解统一性与一致性的法则。在士人格物致知,彻底地理解了"理"之后,他就能够明白人的本性仅仅是"理"的一种特别体现,因此人性生而本善。他也能够看到《易》的真正意涵,是超越现象世界中表面的差异而达到事物相互联系的更高层次。②

程颐对《易》的注解是以"义理"解经的一个鲜明例证,他轻

---

① 苏德恺:《程颐与天地》(Ch'eng Yi and Heaven-and-Earth),第 144 页。
② 苏德恺:《程颐与天地》,第 152—160 页。

视具体的卦象结构而重视潜藏于文本之中的义旨。一向十分敬
重程颐的朱熹批评他因为忽视图像的价值而不能理解经典的本
意。在研读《易》时，朱熹试图综合"义理"和"象数"两种流派。
象数派重视解读《易》之中的图像和数字，朱熹认为它不能为道
德行为提供指导，因为象数派的解经往往生硬而难以令人信服，
无法有效地解释人类事务。然而，如果以恰当的方式应用，象数
派的方法也可以揭示出卦象之中精微的结构与联系，从而揭示
出理解经典之中宇宙学内涵的方法。①

　　朱熹相信，《易》最初是为占卜所作，因此他重视象数派的方
法。朱熹认为在伏羲创制八卦之时，并无意于传授道德价值。
相反，他仅仅是用图像来阐明与人类祸福相关的自然的阴阳之
理，使人们可以根据占卜行事。即便在文王和周公撰写卦辞和
爻辞之时，他们的目的也仅仅是阐明卦象的图像和晦涩的内涵。
直到孔子所作的《十翼》，才从卦画之中延伸出道德内涵。也就
是说，朱熹认为尽管人们可以通过读《易》以获取道德指导，但读
者必须牢记，自然之理无所不在，而不局限于人类活动之中。朱
熹承认这很难理解，他也不会试图去说服不能理解这一点
的人。②

　　不过，在朱熹将《易》理解为占卜之书时，他在自然世界和人
类社会之间构建了一种类比关系，由此，"气"的运行与政治和社

122

----

①　朱熹：《易学启蒙序》，《朱熹集》卷76，第3987—3988页。
②　黎靖德编：《朱子语类》卷66，第1622—1626页。

会活动相等同。尽管朱熹认为如今占卜已经不再实用，人们已经转而根据道德的法则来学习，但学《易》以掌握占卜之中的自然之理，仍然是学以为己之途、正心诚意之方。①

尽管朱熹批评程颐忽视象数，但朱熹继承了程颐将潜藏在天地运行之中的"理"与圣人的道德之心联系在一起的做法。从朱熹对经典的解读之中可以发现，其中暗藏着另一个层面的自然世界与人类社会的类比。对朱熹和程颐来说，《易》通过展现自然的"理"同样也是人性的"理"，以及心的认知能力，为读者指出了道德的自我修养的途径。

程朱一派解读《易》的方法，强调它与道德自我修养的联系，而李梦阳则选择了不同的道路。他并不否认从《易》之中可以延伸出道德自我修养的内涵：

123
　　　象与义至精者莫如《颐》。颐，口辅也，养也。《象》曰："君子以慎言语，节饮食。"口之出惟言语，入惟饮食。故其象视他卦独精。养德莫如慎言语，养身莫如节饮食，故其义更精。②

　　第二十七卦《颐》的卦画常被视作"口"的图像化表现。李梦阳遵循着程朱的观点，认为《颐》卦旨在提醒人们"慎言语，节饮

---

　　① 艾周思（Joseph Adler）：《朱熹与占卜》（Chu Hsi and Divination），第 169—205 页，特别是第 188—199 页。
　　② 李梦阳：《论学下》，《空同集》卷 66，10b。

食",这对于人的修德和养生都是至关重要的。但李梦阳并不像程颐那样,认为个人是治国和教育的起点,因此需要"慎言语",或者个人"节饮食"就能够囤积足够的粮食以养民。李梦阳单独讨论《象》,表明他不像朱熹那样试图将之与更为抽象的"养道"相联系,朱熹认为这可以从卦象之中推导出来。[1] 在李梦阳对"颐"卦的解读中,可以发现他其实在谈论两种不同的"养",一种关乎德行,一种关乎肉体。这两种"养"都可以在同一卦之中得到阐发,因为言语和饮食都通过口来实现。在李梦阳的解析中,《颐》卦以其独特的结构,同时展现了两种不同的人类行为。李梦阳并没有将它们结合为一种关于人性或道德的一致的理论。事实上,这也是他理解《易》的总体思路:

> 《易》独言象,象者悬一以会万者也。又一,一者象之所由始也。一以会万,故得象而忘言。万以会一,故得意而忘象。它经言一理则止一理,言一事则止一事。[2]

在这段文字中,李梦阳对《易》提出了两个重要的看法。首先,他认为"象"的创制是为了将万事万物结合为"一",其次,他相信《易》是唯一一部以整体化的方法处理万理万事的经典,其

---

[1] 程颐对"颐"卦的解读,参见程颐:《周易程氏传》,《二程集》,第834页。朱熹对"颐"卦的解读,参见朱熹:《周易本义》,第38—39页。

[2] 李梦阳:《化理上》,《空同集》卷65,3a。

他的经典都只能单独处理一理一事。由此，李梦阳暗示着世间
存在着各不相同的"理"。假如"理"并不唯一，如何去理解它们？
这等于是在追问，在李梦阳心中，"一"意味着什么。从我们对
《颐》卦的讨论可以看出，李梦阳相信《易》是经典之首，它能够涵
125 盖在其他经典之中单独阐释的世间万理万事。我认为，李梦阳
并不打算基于《易》提出一种关于天地或者"学"的普遍性法则。
因此，"一"在李梦阳的语境中，仅仅指代不同的"理"与"事"的
合集。

　　就此，我们可以重新审视本节开头所提到的问题，即李梦阳
如何看待《易》和四书的关系。显然，李梦阳并不认为因为四书
已穷尽了所有的知识，因此人们可以不再学《易》，但他也无意贬
低四书的价值。问题并不在于为经典的重要性排序，相反，李梦
阳的论述重点在于，他相信孔门高弟选择只处理一套固定的问
题，他们并不想在著作中讨论包罗天地与人事的各个方面。李
梦阳以相同的论调指出，除了《易》之外，所有其他的经典都只处
理特定的"理"与"事"，而尽管《易》穷尽了所有的"理"，它也并没
有为读者呈现出一种普遍的、至高无上的"理"。根据李梦阳的
主张，我们可以假定，人类知识是多元的，因此每一种"理"都可
以用适当的方法学习。事实上，这也是李梦阳所选择的方向，在
下一节我们将会看到，李梦阳将由"气"构成的天地视为极为多
元、时而不可预测的。因此，他并不认为存在一种普遍性的、可
以解释天下一切现象的宇宙论。要理解这一点，我们需要将李

梦阳的宇宙论置于其独特的"理-气"关系中理解。

"理-气"理论的再思考

天地万物都由"气"构成的理论已有很长的历史,至少可以追溯到战国时期。① 不过,是宋代道学的解读,塑造了此后士人对它的理解。在《朱子语类》的第一章,朱熹就试图回答关于"理-气"关系的问题。朱熹在稍加犹豫后作出这样的总结,"理"只能通过"气"展现其自身,但如果我们非要弄清何者为先,答案似乎只能是"理"在"气"先。② 由于"理"需要依赖"气"以被人感知,朱熹在他的学术体系中赋予物理世界和社会制度十分重要的地位。不过,总体而言他仍然遵循着程颐的理路,强调"理"的首要地位。③

程朱一系认为"理"具有至高地位的主张,并没有打动那些相信道德行为的关键是修养道德本心而非寻求身外之"理"的人,其代表人物是王阳明。对于那些不屑于从空泛抽象的"理"中寻求共识的人来说,程朱的理路也不具有吸引力,他们认为程朱思想忽略了现实世界的多元性。因此,他们致力于重新定义

---

① 小野泽精一、福永光司、山井涌编:《气的思想》(気の思想)。

② 黎靖德编:《朱子语类》卷1,第1—2页。

③ 程颐对"气"的理解,参见葛瑞汉(A. C. Graham):《两位中国哲人》(*Two Chinese Philosophers*)。

"理"以及它与"气"的关系。明中叶出现了大量通过强调"气"的重要性来挑战程朱理论的思想家，王廷相是其中最激进者之一。[①]

　　总体而言，李梦阳也属于这类思想家，他们试图摆脱程朱正统对"理-气"关系的解释。在《空同子》的开头几章中，李梦阳用"气"的运行来解释自然世界、人类社会和超自然世界之中的各种现象，他认为"气"承载着阴阳和五行的属性。在第一章的开头，李梦阳这样写道：

　　　　或问电雷。空同子曰："吁！胡叩渊于浅人？虽然，窃闻之矣。是阴阳搏击之为也。"
　　　　曰："有鬼神形者，何也？"
　　　　曰："气动之也。气散则散。凡神怪随气之妖祥，亦有人物形者，皆忽然之变也。星之妖，为搀枪、天狗、彗孛等，亦气之生散。唐一行北斗化七豕，是也。"[②]

　　李梦阳在这段文字中表达的一些观点对理解他的宇宙论十

_____

　　① 对王廷相的反程朱理路及其与王阳明思想的区别，参见王昌伟：《理万》(The Principles Are Many)。
　　② 李梦阳：《化理上》，《空同集》卷 65，1a、b。一行的故事参见郑处诲《明皇杂录》，第 44 页，其大略言：一行幼时家贫，常受王姥接济，后得宠于玄宗，王姥之子杀人，王姥向一行求救，于是一行将北斗化为七豕而藏匿。玄宗得知北斗不见，问于一行，一行告诉玄宗此为灾异之警，应大赦天下，玄宗依其言而王姥之子亦得赦免。而后一行放出七豕，使之化为北斗重归天上。

分关键。首先,他将自然现象比如雷电视为由"气"的规律活动所导致的,但这一活动过程是激烈且具有竞争性的,而非和谐的。甚而,超自然的事物也可以用"气"的运行来解释。其次,李梦阳并不否认不规律的活动也会发生。事实上,他认为"气"的运行偏离正常轨道时,怪异之事就会发生,比如神怪获得人形。第三,李梦阳对"星之妖"的描述,也清楚地反映出他对于天人感应论的信从。

张载、二程和朱熹都用"气"来解释天地的运行。相较而言,我们不会在李梦阳的理论中看到在如此多元和不规律的现象世界中,用基于"理"或"气"的理论去解释如何实现理想的统一性或一致性的尝试,而这一点在李梦阳整体的宇宙论中也同样成立。相反,李梦阳致力于展现天地万物在本质上的多元:

> 雨一也,春则生,秋则枯。风一也,春则展,秋则落。雪一也,冬六出则益,春五出则损。水一也,鹅鸭则宜,鸡濡则伤。土一也,夏至则重。炭一也,冬至则重。一物且尔。况殊哉![①]

如果这种差异在同样的事物或现象之中已经如此显著,它在天下万事万物之间只会更加巨大。这并不是说在天地运行之中并无规律可循。但在李梦阳看来,天地运行之理事实上证明

---

① 李梦阳:《化理上》,《空同集》卷 65,3a、b。

了自然世界本质上就是充满差异的。例如：

> 天道以理言，故曰亏盈而益谦。地道以势言，故曰变盈而流
> 谦。鬼神以功用言，故曰害盈而福谦。人道以情言，故曰恶盈而
> 好谦。盈谦以分限言耳，非谓消长升沉也。而俗儒不知类，以日
> 月草木等当之。悲哉！月有亏而无益，草木有益而无亏。若以
> 凋落为亏，则谦者不凋不落邪？[①]

当李梦阳批评那些"俗儒""不知类"时，他是在指出他们倾
向于将事物盈亏之中的差异性视为相对的，并把差异仅仅解释
为是由"气"的周期性升降所导致的。当他们用这种观点去解释
不同事物的变化时，似乎暗示着所有的事物都遵循着同一种
"气"的标准模式运行，即便社会和自然现象千差万别，在他们看
来也并无本质的差异。李梦阳则强调，首先，天地鬼神和人对于
事物盈亏都有不同的反应，因为他们行为的本质是不同的。其
次，自然事物比如月亮和草木，在盈亏消长上属于不同的类型。
因此，它们的变化也要遵循不同的"理"，不能以一种普遍性的变
化理论来解释。

相信自然是极为多元的，不同的事物遵循各自存在的方式，
这一点对理解人类知识具有深刻的影响。如果相信世界是多元

---

①   李梦阳：《化理上》，《空同集》卷 65，2a、b。

的,那同样也会相信人类的知识也应当是多元的,这样才能正确学习各种不同的"理"。李梦阳理解经典的不同功能的思路正是如此。

退一步说,即便我们认同万事万物都可以或多或少地用一种一般的阴阳运行之理来解释,其核心仍然是"争"而不是"和":

或问化权。空同子曰:"阴阳代更必争,而主之者行。如春主生,即恶风凄霜,无损于折萌。如冬主藏,非无晴和之辰,而黄落愈增。故曰化权。权者,谓主之也,有官之义焉。官之者,权也,能推移轻重之也。"[1]

在"阳"占据主导的时期,比如春季,"阴"会试图争夺"阳"的力量,引发一些类似冬季的寒冷天气,比如"恶风凄霜"。同样,在"阴"主导的时期,"阳"也会争夺"阴"的力量。当"阳"胜于"阴",会带来愉快和暖的天气。但这只是一个方面。自然运行的规律,决定了"阴"也会获得属于它的胜利,此时,严酷的天气重新占据主导。因此,当主流的道学思想认为"天理"是普遍的、绝对善的,以滋养生命为原则时,李梦阳却将"善"视为瞬息和相对的。诚然这些变化是可以预测的,因为它们仍然遵循着"气"

131

---

[1]　李梦阳:《化理上》,《空同集》卷 65,3b、4a。

的运行的规律,但"气"的运行有时也会出现反常：

或问海市。李子曰："此处偶有此怪异气耳。夫阴阳五行,
气化不齐,滨海之邦,海错万殊。广之珠,滇之石,北之蛏,南之
鲞,淮之蟹,吴之蛤,能尽究其所来耶？事有不必辩者,以其非急
也。有不能辩者,以其非理也。不必辩,如海市、鸟鼠同穴、象胆
132 四时在四胫①之类是也。不能辩,如豕立人啼②,人死托生之类
是也。人不能自见其脑与背。病之来也,忽而痛,忽而止,忽而
寒,忽而热,自不能知之,而好奇者每每辩其非,急求之理之
外乎？"③

在李梦阳看来,怪异的现象可以被分为两类。第一类只在
自然界发生,与人类无涉,可以不加理会。第二类虽然不能以理
性辩驳,但确实地存在,且与人类有关。但宋代学者拒绝承认这
些反常现象的存在,因此他们的学说存在弊病：

133 宋人不言理外之事,故其失拘而泥。玄鸟生商④,武敏肇

---

① 对此现象的描述,参见段成式：《酉阳杂俎》卷16,第158页。
② 这个故事发生在春秋时期,齐国之士彭生被齐襄公派去刺杀鲁桓公,但当鲁人
想要报仇时,齐襄公将矛头转向彭生,并杀之以平鲁人之怨。一日,当齐襄公出猎之时,
他发现了一头巨大的猪并得知那是彭生。齐襄公不肯相信,并试图射杀它,但猪突然站
立起来并发出人一样的叫声,齐襄公受惊从马车上摔下并受伤。
③ 李梦阳：《化理下》,《空同集》卷65,5b。
④ 传说商的祖先契的母亲食玄鸟之卵而生契。

姬①，尹之空桑②，陈抟之肉抟③，斯于理能推哉？空同子曰："形化后有气化焉。野屋之鼠，醢瓮之鸡，其类已。"④

　　这段文字中的"宋人"无疑是指道学家，在李梦阳看来，他们拒绝承认有些事物是无法解释的，因为它们并不遵循"气"的运行规律。李梦阳严厉批评道学拒不考虑"理"外之事的做法，即便这些怪异之事与人类社会有很大的关系。事实上，李梦阳撰写《空同子》的主要目的，正是希望解释自然世界如何与人类社会相联系，他认为宋代的宇宙论不能很好地解答这个问题。在下一章中，我们将考察李梦阳对此问题作出的解答。

134

---

　　① 传说周的祖先后稷的母亲践巨人之迹而生后稷。
　　② 传说伊尹的母亲在怀孕时溺于洪水，但她变成了一根空桑而生下伊尹。
　　③ 传说陈抟（死于 989 年）从一个巨大的肉球中降生，被一个陈姓渔民发现。"抟"意为将某物揉成球形，这就是陈抟名字的来源。
　　④ 李梦阳：《物理》，《空同集》卷 65，10a。程颐认为最初所有生命都是"气化"，但一旦形成肉体之后，生命就可以"形化"。"形化"会压制"气化"。参见程颢、程颐：《二程集》，《二程遗书》卷 5，第 79 页。李梦阳在这段文字中提到"宋人"时，无疑是在批评程颐及其追随者。另参见黄卓越：《明中后期文学思想研究》，第 43 页。

第四章　宇宙之中的人世

　　在十一世纪，天人感应论在政治论辩中仍然常常被援引，特别是在朝堂之上。然而，它对于理解天人关系的重要意义，却在士人中逐渐失去了吸引力。要理解人类掌握天地精微之理的潜能，一种新的理论取代了它的地位。这种新思想的倡导者反对汉唐天人感应论以帝王为中心的特色，认为任何有心向学之人，无论属于什么社会阶层，都可以通过学习经典之中记载的古代圣人言行达到与"天"的合一。道学通过强调道德自我而取代政治的重要性，将这一思想推至更高的层次。①

　　经过明初激烈的争论商榷之后，明朝政府将道学确立为思想正统。在李梦阳的时代，所有希望入仕为官的学者，必须要精通的是道学，而非汉唐的天人感应论。但我们会看到，李梦阳对此问题的理解，反映出汉唐的思想模式对于挑战道学的权威仍有用处。李梦阳通过拓展他的宇宙论以将人世涵盖为宇宙的一部分，试图消解道学将道德的自我修养置于天人关系中心的做

---

① 侯道儒（Douglas Skonicki）：《宇宙、国家与社会》（Cosmos，State and Society）。

法,这也是他对道学的批判的延续。但这并不意味着李梦阳不关心道德,而是说,他对道德的理解建立在一个截然不同的前提之上。

李梦阳对道德的认识,源于他对天人关系的构想和他的修正式的人性观。前者极大地影响了他对政治尤其是统治的本质的看法,后者则强调"情"的首要地位,并对人际关系提出了一种新的理解。

天人关系的再构建

在李梦阳看来,人体是"气"的具现。依据传统中医理论,李梦阳将人的五脏(心、肝、脾、肺、肾)与五行相联系,以解释五脏各自对应的功能。[①] 但李梦阳在勾勒"气"的运行和人类社会的现实上投入了更多精力。他的论调偶尔会让读者想起道学的天人关系论,例如:

桃杏仁以壳内含生生,故曰仁。孟子曰:"仁,人心也。"又曰:"仁者,人也。"以生生言之也。[②]

---

① 李梦阳:《化理上》,《空同集》卷 65,1b—2a。
② 李梦阳:《物理》,《空同集》卷 65,10a。

137　　　孟子并没有将"仁"的概念与"生"联系在一起，作出这一联系的是朱熹对《孟子》的注解。① 李梦阳遵循朱熹的观点，将"仁"定义为"生"，并认为这一法则也可见于自然界中，从中可以看出，至少在道德领域中，他似乎接受了道学关于自然世界和人类社会相关联的理论。但朱熹对《孟子》此篇的解读，强调自省和教化在达到"仁"的境界中的重要意义，它们都指向"心"的功能。② 然而这是李梦阳不会接受的。相反，他明确认为恶是无可避免的存在，因此需要一种更高的权威来约束它：

　　　群居而和，一君子每盖数小人，阳统阴也。私起而争，一小人每害数君子，阴贼阳也，反复之道也。天地能使阴无哉？在统之有道耳。③

　　　又：

　　　小人多君子少，何也？阳一阴二也。阳生于阴也。小人必坏者邪也？福善祸淫之道也。阳生于阴者，男自女生，其证也。④

---

① 　参见朱熹《四书集注》，第 364 页。
② 　朱熹：《四书集注》，第 364 页。
③ 　李梦阳：《治道》，《空同集》卷 65，15b。
④ 　李梦阳：《化理下》，《空同集》卷 65，8a。

依据主流的气论,李梦阳将"阴"与"恶"、"阳"与"善"联系在 138
一起,但他认为"阳"依赖于"阴"而存在,这进而推导出社会中
"小人多君子少"的观点。李梦阳相信,即便在尧舜时代的理想
社会中,邪恶与被污染的"气"仍然存在,因此没有人是生而为善
的。① 尽管如此,李梦阳仍然坚持,如果政权可以遵循"天道"进
行统治,那么善最终还是会战胜恶。这一点在李梦阳对第十四
卦《大有》的《象》的解读中表现得更为清楚。《大有》之《象》曰:

火在天上,大有。君子以遏恶扬善,顺天休命。②

通过详细阐述天人之间的关系,李梦阳指出,由于天命纯善
无恶,因此圣人的统治无非是原原本本地体现了上天"遏恶扬
善"的意志:

"君子以遏恶扬善,顺天休命。"遏者,止之之义,而扬者,彰
之之名也。火在天上,既无所不照,物无遁形,善恶毕露。使遍
赏罚之,则四海兆民胜罚之邪? 又能尽爵之邪? 故圣人不曰罚,
而曰遏,遏之不遏则罚行。不曰赏,而曰扬,扬之又扬则赏行。
天命有善而无恶。又"火在天上",故曰"顺天"。言有非我者,遏

---

① 李梦阳:《化理下》,《空同集》卷 65,9a。
② 原书英译转引自理雅各(James Legge)译:《易经》(*The Yi King*),第 285 页。

之扬之，吾何心哉？①

　　在道学思想中，天的绝对的善是人所共有的，它构成了人的本性，但李梦阳的观点与此不同。从各段引文中可以归纳出，李梦阳的天人关系理论包含若干不同的层面。第一个层面是自然的，阴阳的功能与运行决定了人的物理属性和内在天性，以及社会的趋向。在这一层面，自然的进程未必都尽如人意。因此，李梦阳认为一个好的政府必须对抗自然以更有效地进行统治：

　　庄周齐物之论，最达天然，亦最害治。使人皆知彭殇孔跖同尽同归，则孰肯自修？或又知清浊混沌，金石销铄，孰彭孰殇，孰孔孰跖，肯自修乎？故曰害治。孔子曰："民可使由之，不可使知之。"②

　　可以注意到，在这条值得玩味的批评中，李梦阳并不是说庄子是错误的。相反，他同意庄子关于"天然"的核心法则的见解。李梦阳所反对的，是向普通人揭示这种精微的知识，因为了解真理反而会阻碍人们践行自我修养，危害统治秩序。显然，李梦阳暗示着天理和善治之间并没有任何联系。甚至可以说，李梦阳将好的政府视为非自然的，它在使事物各得其所的过程中，扭转

---

① 李梦阳：《治道》，《空同集》卷 65，15b。
② 李梦阳：《治道》，《空同集》卷 65，17a。

139

"天"所主导的自然进程。

　　然而在李梦阳的理论中,还有政治-道德的第二个层面。他假定天地间存在一种主宰的力量,可以干预"气"的自然运行,保证即使在"阴"占据主导之时,人类社会仍然能够以适宜的方式继续运行。正是这高于人类的主宰,将政治权力授予人类君主,因此他们可以组建强有力的政府以执行天的意志,减少"阴"带来的危害,实现普遍的善。所谓天的意志,基本上是一种超越"气"的自然运行的神圣力量。

　　因此,对一个受过教育的人来说,最重要的任务就是效命于君主,协助他执行天的意志。为此,当才华横溢的云南学者张含(1479—1565)——他是李梦阳的朋友也是学生——到李梦阳的家乡拜访他并告诉他,自己将居所命名为"优游堂"时,已被迫辞官的李梦阳建议张含重新考虑,尽管他知道张含对出仕并不感兴趣:[1]

　　　　李子曰:"上世君逸,中世民逸。民逸则贤隐,贤隐则官旷,官旷则君劳。是故先王之治天下也,立贤备矣,然犹惧其遗也,于是弓旌有招,蒲轮有迎,夫然后贤者各以其位。……优游者,自如之名而逸之义也。使人自逸,则君无与官。"[2]

---

[1]　张含的生平,参见张兴娟:《明代诗人张含的诗歌观及创作实践初探》。

[2]　李梦阳:《优游堂记》,《空同集》卷49,3b—4a。李梦阳写过不少文章向那些即使还有能力为官,却选择致仕的官员称贺。在这些文章里,他们被认为在道德上优于那些只关心官职和私利之人,也优于那些哪怕老病而无法履职却坚决不肯致仕之人。因此,在李梦阳的叙述中,选择致仕并不意味着拒绝效力于君主,而是一种以道德对抗奸邪官员的态度。参见李梦阳:《送按察使房公序》,《空同集》卷54,4b—6a;《送马布云归序》,《空同集》卷55,12a—13a。

141 在有机会入仕为官时选择享受隐居生活，是一种不负责任的行为，不应提倡。李梦阳认为与国家保持距离的行为毫无价值，有才能的人，应当使自己能够为受命于天的君主所用。但如何才能辨明天的意志？这将我们带入李梦阳理论中具有神秘色彩的第三个层面：

或问风水。空同子曰："有哉？无哉？风气聚则灵异自发。何谓无？富贵可遇而不可求，天之秘，非人之能为也。何谓有？故吉以善获，非善之家，虽遇弗遇矣。"

曰："若是，则废之乎？"

"虽然，曷可废哉？卜其安焉平焉者可矣。"①

142 李梦阳相信天地的运行有时是不可预测和不可理解的，因此他警告人们不要依赖风水追求富贵，决定富贵的是德行而非风水。但这并不是要人们抛弃风水之说，相反，他承认这种知识有时也会对一个人的命运有所影响，因为天地运行与人类活动相互联系。李梦阳的重点在于，"天之秘"及其影响人类社会的方式常常是无法为人所知的，尽管自然有时会给出一些预言式的征兆：

① 李梦阳：《异道》，《空同集》卷 66，18a。

禽鸟先气者也。凡噪聚处则旺而兴。空同子曰:"弘治初,
予盖侍朝焉。每钟鼓鸣,则乌鸦以万数集于龙楼。予退而问诸
长老,曰:此百鸟来朝也。然久矣,朝朝帝帝如此。后正德间不
复见此矣。尝闻献皇帝之国也,舟泊龙江关,乌鸦以万数集江柳
向王舟鸣噪,亦今中兴之应欤? 今人家喜鹊忧鸱,亦气之先欤?
宁陵符生旧称老鸦符家,言环庄树皆鸦。每鸣噪妨人语,今多事
来,鸦亦不之来。"①

    143

这段文字中提到的一些传说需要加以解释。传说盛世之
时,百鸟朝凤,十七世纪的人们将有仁君在位的弘治时代作为善
治的代表。回想李梦阳在弘治时期曾因批评宦官和外戚陷入困
境,被皇帝赦免的经历,不难理解李梦阳为何同样将弘治视为理
想的时代。与之相反,在人们的印象中,正德时代由无能的君主
和腐败的官僚统治,充满了灾难性的事件,比如刘瑾当权和朱宸
濠之乱。李梦阳自己也在正德年间遭遇困厄,显然他对这个时
代极为失望。百鸟不再来朝,在李梦阳看来是"气"的衰退和王
朝衰败的征兆。

这使得李梦阳对明宪宗的评价显得尤为关键。明宪宗朱佑
杬(1476—1519)在大礼议中被他的儿子明世宗(1522—1565 年
在位)追封为皇帝。李梦阳那时并未居官,因此没有参与这一重

---

    ①　李梦阳:《物理》,《空同集》卷 65,11a、b。

144 大事件，但这段引文清楚地表明了他的立场。"中兴"一词通常指王朝几乎覆灭后第二次焕发生机，这个词的使用鲜明地表明，李梦阳认为明世宗追封其父为帝的行为，不仅合法，甚至值得赞赏，因为它可能扭转腐朽的正德统治所造成的衰败趋势。然而，李梦阳如何确信这是必然的？他认为神秘的征兆预示着明宪宗应当得到帝位，这在他真正受追封之前已经出现。那么，为什么明宪宗获得帝位是合法的？李梦阳并没有对此作出解释。不过，如果我们重新考察第三章末尾的引文，李梦阳在其中征引了商周先祖的神秘预兆，以证明宋代学者拒绝承认常理之外的知识是错误的，我们可以发现，李梦阳无疑相信上天对于君主人选的决定，尽管可以通过自然预兆窥探，却仍然是人类无法理解的。

　　一个君主在获得天命之前，必须善于照料人民，这样的传说在经典之中反复出现。一个特别值得注意的例子，是周公对成王的告诫，它被记载在《尚书》中。周公警告天子不能沉溺于奢侈的享受，为了实现上天授予的长久统治，君主必须勤奋治国以获得人民同情的支持，如果不这样做，就等于放弃了天命，他的统治年限也会被削减。① 在这一传统中发展出的统治理论有两种不同的路线。第一种强调天与君主的联系，认为君主有义务服从天的意志，并寻找上天对其统治满意与否的预兆，这种理论

---

① 理雅各译：《书经》(*Shū King*)，第 200—205 页。

部分源于战国时期活跃的阴阳家。据王爱和的研究,其中有四 145
种不同的群体:宗教和自然专家、官僚和地方官吏、军事专家,
以及学者。王爱和认为,无论他们对基于五行的天人感应论的
诸多理论是否有所发明和补益,这四种群体都"把曾由世袭君主
垄断的神圣权力夺取过来,最终改变了君权的性质"。在这一进
程中,君主的本质经历了这样的改变,"由祖先崇拜而获得合法
性的世袭君主,转变为一个官僚国家的领土统治者,他的合法性
源于他对天地的模仿和遵循"。① 汉代时,身为学者与官僚的陆
贾(活跃于约前 206—180)和贾谊(前 201—168)为这一系列理
论增加了道德维度,认为政府的腐朽,责任在于君主。在董仲舒
手中,这一理论进一步道德化。让我们再次引用王爱和的研究:

　　(在董仲舒的理论中)征兆不再代表不同类型的权威,而是
证明了一种单一的永恒的权威,它来自权力的最高来源——天。
董仲舒的前辈陆贾和贾谊,在接受权力转移中存在强力和暴力
的同时,倡导以德治国,与他们不同,董仲舒将暴力从王朝更替
之中彻底抹消,将王朝更替的动力解释为天命的转移。②

　　尽管汉代天人感应论相信君主的首要任务是增加民众的福

　　① 王爱和:《中国古代宇宙观与政治文化》(*Cosmology and Political Culture*),第
77、91 页。
　　② 王爱和:《中国古代宇宙观与政治文化》,第 150 页。

祉，以此取代早期天人感应论强调君主对天地运行的应对的做法，但他们基本上接受君主与天之间存在某种特别的联系，而这是常人无法拥有的。这种说法将君主的地位提升为一种神圣的存在，并为中央集权的帝国体制提供了理论基础。①

这种思想的第二条路线，可以在西汉时期的志怪之作《淮南子》中看到，它的天人关系论并不以君权为中心。《淮南子》由刘安（卒于前 122 年）赞助完成，它代表着边远封国诸侯的声音，对抗朝廷对思想和文化进行中央集权的意图。它提出了一种天人感应理论，否定皇帝垄断了与天的联系，认为任何与"道"合一的人，都可以与天相感应。② 尽管年代和思想前提有着极大的不同，但北宋道学家通过强调个人与天的内在道德联系，接受并重建了这种分权的思想，挑战了帝国将皇帝视为唯一可以建立天人联系之人的观念。在道学思想中，理论上皇帝与其他任何人一样，可以通过积极的道德自我修养成为圣人，并充分实现他的天赋之性。然而，上古以降，没有任何一位君主实现这一点，因此，道德权威与政治合法性遭到割裂。在正统的道学思想中，道德权威属于那些愿意通过学习使自我臻于完美之人，这样的人应当被尊奉为师，即使是拥有政治合法性的君主也应如此。正如狄百瑞所指出，道学关于学"道"的论述与一种关于君主之学的理论相伴而生，在其中道学家将自己描

---

① 王爱和：《中国古代宇宙观与政治文化》，第 191—192 页。
② 王爱和：《中国古代宇宙观与政治文化》，第 190 页。

绘为君主之师。①

　　道学关于皇权的理论是对唐代早期皇帝典范的回应,它大
体上基于汉代天人感应说的延伸,将君主视为"天子",受命于
天,被赋予实现天人和谐的责任与权力。包弼德在对道学政治
理论的讨论中指出,与近代传统上认为道学支持君主专制阻碍
中国民主的观点相反,道学事实上有助于反思皇权的性质并限
制独裁。具体来说,朱熹的道学认为"君主和常人一样,具有相
同的道德和智识潜能,也同样可能堕落",因此"君主是行政体系
的一部分",他应当勉力为学,以保证政府运行的秩序,"他需要
通过学习来掌握整体的情况,选择重臣,并衡量他们的政策导
向"。②

　　李梦阳反对这两种影响深远的皇权理论模式,在此基础上,
他开始重新思考君主在自然世界与人类社会中的地位和角色。
在某种层面上,李梦阳对天人关系的理解,与道学主流思想很
接近:

　　　　天地父母万物,圣人父母万民,其心无一息忘之。……即如
　　父母育婴儿,有一息忘之耶?③

---

①　狄百瑞:《理学正统》(*Neo-Confucian Orthodoxy*)。
②　包弼德:《历史上的理学》,第 133—138 页,引文见 134—135 页。
③　李梦阳:《治道》,《空同集》卷 65,16b—17a。

148　　天地与圣人之间的类比，表明一种自然秩序与人类秩序之间的道德联系。李梦阳在不少地方都论述过君主通过以德治国来遵循天的意志的重要性，因为有德之人必将有福：

　　　德者必福，天人相与之际。……求福不回①，人际天也。介尔退福，天际人也。寿考不忘②，言寿考之求，德如念念在之也？祸福之几，捷于影响，察之乎？察之乎？③

　　在这里李梦阳所思考的，是中国思想中一个关键的问题：有德之人是否必然得福？④ 李梦阳对此给出了积极的答案。事实上，他认为只有那些一心坚持追求德行的人，才能获得天所赐予的福。对于君主而言，李梦阳相信至高的福乃是受命于天而进行统治。因此，他并不认同朱熹关于君主得位是否为福的观点：

149　　　舜禹有天下而不与。⑤ 孟子所谓"若固有之"者。⑥ 注曰：

---

①　这句话改编自《诗经》中的句子，原书英译部分引自理雅各译：《诗经》(*The She King*)，第 293 页。

②　理雅各译：《诗经》，第 206 页。

③　李梦阳：《化理篇下》，《空同集》卷 65，2b—3a。

④　关于"福"的概念在中国思想史上的意义，参见鲍吾刚(Wolfgang Bauer)：《中国与求福》(*China and the Search for Happiness*)。

⑤　原书英译引自刘殿爵译：《论语》(*The Analects*)，8。

⑥　原书英译引自刘殿爵译：《孟子》，7B.6。

"不以位为乐。"非也。乐者对忧之名,不以位乐,以位忧乎? 既若固有,则忧乐具泯,岂必不乐而后为不与哉? 独言舜禹者,以其得天下易也。①

　　朱熹的原话并没有论及祸福的对立,仅仅是进一步论述了圣王之心应当常怀对民众的责任,而非享受其获得的权势地位。相反,李梦阳的主要论点,则是阐释与君位相伴的爵禄,它为君权的合法性提供了基础:

圣人重禄位者,本人情而顺天心也。天之祸福主德;人之恶主利。孔子称舜曰:"故大德必得其位,必得其禄。"又曰:"贫与贱,是人之所恶也。"《书》曰:"我有周,惟其大介赉尔。迪简在王庭。"②是以名位歆之也。《诗》亦曰:"尔公尔侯,逸豫无期。"③圣人岂内好爵而外隐约哉? 民之所好好之,又天以是报德也。故今将乔其官,则高广红黄,梦寐嘉美,星合拱吉,固知天未始不禄之重也。

　　又曰:"期人以名位,不若勉人以德业。"

　　空同子曰:"无其德,无其业。无其业,无其位。无其位,无

150

---

　　①　李梦阳:《治道》,《空同集》卷 65,21a。
　　②　原书英译引自理雅各译:《书经》,第 218—219 页。在这一章中,周公讲述了被周征服的各个国家的臣服,尤其是商朝。
　　③　理雅各译:《诗经》,第 220 页。

其名。即有之,幸耳矣。"①

151　　在这段长篇大论中,李梦阳有意将君主之福与官吏之福混同,因为在他的假定中,追求禄位乃是人之常情。然而,这段论述在讨论皇权的性质上有更为重要的意义。道学关于皇权的主流思想强调皇帝的道德责任而非权势,与之相反,李梦阳为皇帝享有的权势提供了理论基础：皇帝的名位由天决定。这赋予皇帝一种神圣的特质,有时甚至是无法被人理解的：

　　或问："舜入井,以孔出。"空同子曰："既入井,顾安所得孔哉？即有孔,象独不之知邪？"
　　曰："若是,舜胡由出？"
　　曰："神为之也。汉高大风破围,光武六月之冰,宋康王泥马渡河,古来真天子怪异多矣,况舜哉？此等不可知,亦不可穷。"②

152　　这类关于古代帝王在神力的帮助下死里逃生,从而建立或中兴王朝的传说,证明他们受命于天,注定成为帝王。但他们为什么会被上天选中？标准又是什么？当李梦阳坚持"无其德,无

① 李梦阳：《治道》,《空同集》卷65,18b—19a。
② 李梦阳：《化理下》,《空同集》卷65,9a。

其业。无其业,无其位。无其位,无其名。即有之,幸耳矣"时,似乎表明"德"是其中的关键。但有德无位的圣人孔子,又如何解释? 在李梦阳看来,孔子无疑具有成为圣王的素质。孔子最好的学生颜渊,也有成为辅臣的潜质。但李梦阳注意到颜渊的早夭使孔子无比悲痛,感叹"天丧予! 天丧予"。对此,朱熹的注解认为,孔子之所以悲痛,是因为颜渊死后再无可以传道之人。[①] 然而李梦阳认为这仅仅解释了部分原因。在他看来,孔子清楚地意识到颜渊的早夭是来自上天的预兆,意味着他注定不能成为帝王。[②] 较之道学正统阐释中强调颜渊的道德自我修养和对孔子之学的虔诚,李梦阳为孔子和颜渊的关系增添了另一个维度,强调其政治意义,他认为一个理想的政府必须由应得其位的君主和相应的辅佐官员组成。后者的缺位标志着无论一个人多么有才德,他都没有获得统治所需要的天命。

显然,孔子未能获得君位与他的命运而不是德行有关,依李梦阳的主张,命运是神秘而不可知的。有时李梦阳甚至认为,君主只有在拥有超乎常人的长寿之时,才能正确地行仁。尧、舜、禹的时代之所以美好,也是因为这些圣王都享位长久,三人的统治超过两百年。[③] 这一推论思路给予皇帝一种神圣的地位,他与臣民的差距是由天地的力量预先决定的,这一差距无法跨越。

153

---

① 朱熹:《四书集注》,第 124 页。
② 李梦阳:《事势》,《空同集》卷 66,14b—15a。
③ 李梦阳:《治道》,《空同集》卷 65,16a。

这使得李梦阳的思想更接近于汉代的天人感应之说，参见下面这段引文：

> 道理一横一直尔，十字是也，数尽十，理亦尽之矣。王字真草篆隶不变，挺三才而独立也，变之非王也。①

认为汉字是对天地之理的文化模仿，这从古至今都是一种常见的观念。因此，李梦阳通过"王"字讨论王者的特质，给予王者一种常人无法企及的神圣性质。值得注意的是，李梦阳在这一点上其实与董仲舒的观点类似。正如王爱和所指出的：

> 董仲舒将"王"字的三横解释为天地人三才，中间的一竖打通三者而象征着君主。他将王定义为唯一可以实现天人感应之人，因此，"天人感应"是君主独有的能力。②

李梦阳以道学关于"道"和"理"的词汇重复董仲舒的理论，实际上暗中破坏了道学相信所有人无论地位高低都遵循共同的道德规范的假定。从李梦阳讨论禄位的概念的文字中，可以清楚地看出，他所谓的君主之德，并非意味着君主和常人拥有相同的天性，因此应当像常人一样修养道德。事实上李梦阳对这个

154

---

① 李梦阳：《物理》，《空同集》卷 65，9a。
② 王爱和：《中国古代宇宙观与政治文化》，第 190 页。

问题未作讨论,而它是道学皇权理论的核心。李梦阳关心的重
点在于,只要君主能够回应人情("民之所好好之"),他就应当被
视为有德。"情"因此成为了建立人际关系的基础,也在李梦阳
对人性的讨论中占据首要地位。

"情"的重要性

在道学关于伦理的讨论中,核心议题就是"性"与"情"的关
系。李梦阳也讨论过这个问题:

情者性之发也。然训为实,何也? 天下未有不实之情也。
故虚假为不情。①

"情"发于"性",但却是真实的。这种说法意味着可以通过
观察人在不同场合表现出的情感,来知晓他真实的本性。如果
我们接受朱熹认为人性生而为善,即便在情流入恶时依然如此
的观念,就很难同意这一论述。然而,在李梦阳对"性"的理解
中,它具有极为重要的意义。李梦阳对"性"的理解可被分为两
种。第一种是对道学主流思潮中人性本善之说的直接否定:

155

---

① 李梦阳:《论学上》,《空同集》卷 66,6b。

　　或问："人性上人，何也?"空同子曰："阴阳必争也。二气旋
转块圠，以负胜为寒暑，是故晴和之日少而风曀之时多。斯阴阳
之争也，人秉其气，得不上人哉?"①

　　前文已论，李梦阳认为天地秩序是由阴阳相争形成的，同样
的理论也可以被用来解释人类的行为。争斗对人来说是自然
的，因为他们继承了阴阳的好斗本性。值得注意的是，这并没有
将李梦阳的观点导向人性本恶。相反，他相信人性中的阴阳之
争会因阳的胜利而导向善，天地之中也正是如此。这意味着人
性的善恶在不同人之间是不同的，它取决于每个人身上"气"的
分配。我们已经看到，李梦阳认为无法指望天性邪恶的人通过
道德修养自我改变，因此需要一个强有力的政权来规范他们。

　　然而，李梦阳仍然相信，如果每一个人都得到适宜的教育，
社会的道德标准也将得到提升。这让我们看到李梦阳对"性"的
理解的另一方面。在其他例子中，"性"可以被理解为"人性"，每
一个人生而有之，但在指代"气性"或"性格"时：

　　生性难移如草木之蔓之直。故人刚柔之偏，变之为刚善柔
善，有之矣。若欲刚为柔，柔为刚，能之乎?②

---

① 李梦阳：《化理上》，《空同集》卷 65，3b。
② 李梦阳：《物理》，《空同集》卷 65，12b。

不同的人"生性"不同,因此无法将一个刚强的人彻底变为温柔的人,反之亦然,人的生性或多或少是命定的。为了阐释这一点,李梦阳采用了一种道学传统中边缘化的论述,为"气"赋予更为积极的意义:

孟子论好勇好货好色①,朱子曰:"此皆天理之所有而人情之所不能无者。"是言也,非浅儒之所识也。空同子曰:"此道不明于天下。而人遂不复知理欲同行异情之义。是故近里者讳声利;务外者黩货色。讳声利者为寂为约,黩货色者从侈从矜。吁! '君子素其位而行'②,非孔子言邪? 此义惟孔知之,孟知之,朱知之,故曰:非浅儒之所识也。"③

好勇好货好色,或许都是一个人独特的生性。包括"浅儒"(大多数道学家)在内的普通人,往往将这些欲望视为邪恶。尽管不加节制的欲望几乎必然会导致祸端,但朱熹以及在他之前的孔子和孟子,都认为这些欲望与"人情"难以分割,与天理也并不相背。如果得到正确的教养,如孟子对齐宣王所言,这些欲望

---

① 这里指的是《孟子》1B. 3—5,孟子告诉齐宣王,只要他能推翻暴君,救民于水火,实现天下太平,而后使民众也共享对富贵与美满婚姻的欲求,好勇好货好色对君主来说,就不一定是坏事。

② 语出《中庸》,君子应当根据他一贯的地位行事,无论他是富贵还是贫贱。参见杜维明:《中庸》(Centrality and Commonality),第28页。

③ 李梦阳:《论学下》,《空同集》卷66,9a、b。

和对财富权势的追求都可以导向积极的结果。在李梦阳看来，关键在于一方面避免与外在世界的疏离，一方面避免为欲望所诱惑而步入歧途，失去正直之心。只有这样，一个人才能按照其地位作出合宜的举止并造福世界。

这种观念构成了李梦阳认为善恶之分并非绝对的思想基础。善恶的区别，在于人的情感是否以合宜的方式表达：

敬生于爱者厚，生于畏者严，生于德者久，生于尊者暂。爱生于公则遍，生于私则偏，生于真则淡而和，生于伪则秾而乖，生于义则疏而切，生于欲则昵而疑。①

"敬"与"爱"，既可以为善也可以为恶。如果得到合宜的表达，道德法则和恰当的举止就会占据主导，若非如此，占据主导的将是不道德和不恰当的行为：

159　　　　理欲同行而异情。故正则仁，否则姑息。正则义，否则苛刻。正则礼，否则拳踢。正则智，否则诈饰。言正则丝，否则簧。色正则信，否则庄，笑正则时，否则诒。正则载色载笑称焉，否则辑柔尔颜讥焉。凡此皆同行而异情者也。②

①　李梦阳：《论学上》，《空同集》卷66，4a。
②　李梦阳：《论学下》，《空同集》卷66，8a。

　　"理欲同行而异情"之说最早由南宋道学家胡宏(卒于 1161
年)提出,胡宏早朱熹一辈,是传二程之学的中坚,也是朱熹密友
张栻(1133—1180)的老师。有趣的是,李梦阳并不承认胡宏对
他的影响,而是引用朱熹的注解来证明朱熹与自己在理欲关系
上有着相同的看法。不过,尽管朱熹承认胡宏属于二程学派,却
对胡宏的核心观点并不认同,为此特别写过反驳之文。[①] 朱熹
对胡宏的主要批评之处,在于胡宏对天理和人欲关系的理解:

160

　　天理人欲同体而异用,同行而异情,进修君子宜深别焉。[②]

　　胡宏坚持天理和人欲本质上是相同的,由此他和程颐形成
了微妙的对立,程颐对二者有着明确的划分。胡宏认为天理与
人欲只是"性"的不同表达形式,反映出的不是善恶之别,而是情
的好恶之分。[③] 尽管对胡宏思想的深入考察并非本书力所能及
之事,不过仍然可以注意到,胡宏思想的重要性在于,他将以"好
恶"为核心的"情"的概念引入了对人性的讨论。朱熹无疑意识
到了胡宏思想的影响,他不遗余力地试图将天理人性与"气"形
成的人情分开,在朱熹的思想中,天理与人性本质上是相同的本

---

　　① 　朱熹编:《胡子知言疑义》,收于胡宏:《胡宏集》附录 1,第 328—337 页。《知
言》是胡宏的主要哲学著作,但现存的版本经过朱熹和张栻的大量修改,许多内容被删
去,一些被删削的内容保存在了《胡子知言疑义》中。
　　② 　朱熹:《胡子知言疑义》,第 329 页。
　　③ 　朱熹:《胡子知言疑义》,第 330、334 页。

体创造源泉。^① 朱熹的目标很明确：强调表达得当的"情"不过是"理"的外在表现，不应与"理"本身混同。

尽管李梦阳赞赏朱熹"正确地"阐释了孟子的思想，但他将胡宏的理论混入朱熹思想之时，其实通过将"理"和"欲"与"情"的不同表达联系在一起，篡改了朱熹的观点。通过这种方式，李梦阳剥离了朱熹的"理"的神圣性，使之成为人类日用常行的附庸：

> 流行天地间即道，人之日为不悖即理，随发而验之即学。是故摭陈言者腐，立门户者伪，有所主者偏。^②

这段引文中的核心思想似乎在道学议论中也常常可见，但实际上它在李梦阳的理论中所指向的是全然不同的方向。"理"在这里仅仅意味着人类行为的恰当性，与需要哲学基础的本体论无关。我认为，李梦阳提及胡宏的"理欲同行而异情"时，忽略了胡宏之说的前半句，即二者"同体而异用"，原因正在于此。在讨论道德伦理时，其中根本没有所谓"本"的存在，只有具体的人类行为和经验。

因此，李梦阳的道德理论对学者的影响，在于强调人应当注

---

① 谢康伦：《朱熹与胡宏》(Chu Hsi and Hu Hung)，第 480—582 页。田浩：《朱熹的思维世界》，第 33—34 页。侯外庐等：《宋明理学史》，第 295—300 页。
② 李梦阳：《论学上》，《空同集》卷 66,5a。

意以恰当的方式表达"情",而非在天地与人性之中寻求道德的本体论来源。但求学之人如何才能确定自己走在正确的道路上? 李梦阳也为此提供了指导——比如独立、慎言——但与将人性本善故应致力于修养道德、学以致圣作为前提的道学传统不同,李梦阳的为学理论有着不同的目标,要求学者采取不同的路径。① 接下来的四章将考察李梦阳关于"学"的理论。在第四部分中,第七章和第八章聚焦于李梦阳如何将文学写作视为自我表达的一种形式,这一论题已经得到深入研究。但在那之前,第三部分亦即第五章和第六章,将探讨李梦阳思想中一个鲜有研究的方面: 他的政治思想,以及为实现它所需要的"学"。

162

---

① 对行为的指导,参见李梦阳:《论学下》,《空同集》卷 66,6b—11a。

学以致国

第五章　为"学"而设的场所

在第一章中,我们看到了身为北人的李梦阳及其家族如何
成功地利用国家机器向社会上层攀升。第三章和第四章则展现
了李梦阳如何相信一个强有力的政府是凝聚社会使之正常运转
的唯一途径,一位受命于天的君主需要有才干的人帮助他治理
社会。因此,不难理解李梦阳为何会将投身国家系统视为一个
受过教育之人最重要的责任。不过,为了理解政治的本质和功
能,一个人必须接受教育,才能成为称职的官员:

> 人有未学而仕者矣,有初仕而坏者矣。女有未笄而归者矣,有
> 未归而穴窥者矣。瓜果未熟而市鬻之矣,五谷未充而采之食焉矣。①

对李梦阳来说,"学"是成为一名优秀官员的基础。他对"学"
的理解,不仅将为国效力视为教育最根本和最重要的目标之一,
也期望由国家来主导教育方针。此外,要充分了解李梦阳的观

① 李梦阳:《事势》,《空同集》卷 66,12b。

点，我们需要留意他为了切实推动"学"的发展提出了怎样的构想。利用他的职务之便，尤其是在江西提学副使任上，李梦阳为建立或支持旨在教育士人使之进入国家系统的官方学校付出了极大的努力。即使在被迫离官之后，李梦阳仍然在参与民间宗教活动时积极宣扬他的国家主义世界观。通过书写和重新定义那些反映他所认可的民间信仰的祠庙，李梦阳试图影响当世的风俗，特别是强调忠君的美德。作为思想家的李梦阳，也对教育的内容进行了考量，阐明"学"的本质以培养学者为国效力。本章将讨论李梦阳教育构想的制度性方面，而第六章将会考察"学"的内容。

　　1514 年，李梦阳的同乡吕经（1475—1544）因为批评朝廷的奸邪之人而被贬为山西蒲州同知。当他抵达蒲州时，发现当地有一座祭祀泰山的神庙。吕经认为这是不合适的，因为对山川之神的祭祀只能限于当地的行政区域内。因此，蒲州对泰山山神的祭祀被视为"淫祀"。吕经提议将山神庙改为书院，命名为"河中书院"。他为这所新建的书院出资，使它可以开始招收学生，又在学校里设置对大舜（传说蒲州原是舜都），以及对耻食周粟而饿死首阳山的商代忠臣伯夷、叔齐的祭祀。同在书院享受祭祀的还有其他一些先贤：著名的隋代山西学者王通（584—617）和明代大儒薛瑄。两厢则供奉着名宦和乡贤的牌位。据李梦阳记载，当吕经提出建立书院的想法时，他的同僚和当地民众都热情支持。李梦阳称赞吕经知"教本"，并作《河中书院赋》来纪念吕经的功绩。①

167

---

　　① 李梦阳：《河中书院赋（有序）》，《空同集》卷 3,4b—7a。

　　我们将在本章讨论的两种由国家批准设立的场所，都在这个故事中有所涉及：学校和宗教场所。吕经的事例中，原先的神庙是用于民间祀典的场所，不符合国家认可的宗教活动类型，因此它的存废完全取决于当地官员的态度。显然，吕经选择严格遵循国家的政策，将在当地政府管辖范围之外的自然神灵崇拜都判为非法。但仅仅是取缔这类“淫祠”并不足够，还需要提供替代之物，使民间信仰能够转化为与国家意识形态相一致。本章就将讨论李梦阳所提出的一些替代手段。

　　让我们首先将目光聚焦于新建的河中书院内的祭祀。在供奉“名宦”和“乡贤”的神位这点上，它与其他各州县建立的集孔庙与官学双重功能于一身的设施十分类似。事实上，选择舜、伯夷、叔齐、王通和薛瑄作为主要祭祀对象，似乎是一种重建三级统治阶层的有意识尝试：圣王（君）、忠臣和硕学。这也是李梦阳所谓“教本”之义，祭祀的设立，是为了引导书院的学生进入国家学校体系，服从国家正统。

无所不包的官学系统

　　在李梦阳的时代，道学在士人之学中影响力最为强大。道 168学在宋代的兴起，本是对科举之学的反动，当时科举的重点在于文学创作和对经典的死记硬背。作为对科举之学的替代，道学强调通过个人的理解领悟来实现道德自我，由此实现一种完美和统一的秩序。① 南宋时，由朱熹及其支持者重新塑造、主要依靠地方精英资助的书院，成为了传播道学思想的主要阵地。但科举之学与道学的界线，在书院也开始教授应试之学时变得日益模糊。② 更为重要的是，1315 年，元朝政府采用道学的经典注解作为科举考试的标准，这使道学与科举文化进一步融合。不过，一直要到明代才开始定期举行科举，它确保所有希望入仕为官的士人，都必然对道学的自我修养之说烂熟于心。

矛盾的是，道学的教育恰恰鼓励士人在寻求人生价值时不要局限于功名爵禄。事实上，许多人因此相信，显赫的仕宦生涯并不一定是人生的最高成就，无论他们是否参加科举或是入仕为官。在十五世纪到十六世纪早期，存在这样一群士人，他们将四书五经这类科举基础教材视为古代圣人所传下的教导，其内容并非关于如何成为称职的官僚，而是关于如何实现道德的生活。持这样看法的思想家包括朱熹的忠实信徒，比如福建人蔡清（1453—1508），以及一些常被视为阳明学先驱的士人，比如江西人吴与弼和广东人陈献章（1428—1500）。③ 但也有另外一些

169

---

① 包弼德：《朱熹对士人之学的重新定义》(Chu Hsi's Redefinition of Literati Learning)，第 151—187 页。

② 陈雯怡：《由官学到书院》，第 218—227 页。

③ 关于蔡清，参见洪赐圆：《透过清晰的哲学与社会政治的视角》(Through Philosophical and Sociopolitical Lenses Clearly)。关于吴与弼，参见包弼德《历史上的理学》，第 148—150 页。关于陈献章，参见简又文：《陈献章的自然哲学》(Ch'en Hsien-chang's Philosophy of the Natural)。

士人相信,这些经典的内容仅仅与治国理政有关。比如海南人
丘濬(1421—1495),他以增补真德秀的《大学衍义》闻名,其所著
《大学衍义补》将关注点集中于政府治理的具体事务。① 正如本
书引言中所提到的,李梦阳常常被视为道学的反对者,他著名的
论断"宋儒兴而古之文废"也常被引为李梦阳厌恶道学整体思想
的例证。② 诚然,道学主流对文学的轻视是李梦阳所不能认同
的,但在李梦阳的文章中,却也难以忽视他对道学宗师的敬仰和
对道学正统的捍卫:

> 太宗时,鄱阳一老儒诋斥濂洛之学,上己所著书。上览之,
> 大怒,阁臣杨士奇力营救,得不杀。遣人即其家尽焚其所著书。
> 空同子曰:"盛世之君有道哉!《记》曰:'一道德以同俗。'故异言
> 乱政。"③

当正统意识形态遭到挑战时,李梦阳毫不犹豫地要求最高 170
政治权威进行干预,必要的话,甚至可以使用暴力,因为他相信
君主负有"一道德以同俗"的责任。但在赞赏明成祖对"异言"采

---

① 朱鸿林:《丘濬〈大学衍义补〉及其在十六十七世纪的影响》(Ch'iu Chün's Ta-hsüeh yen-i pu and Its Influence in the Sixteenth and Seventeenth Centuries)。李焯然:
《丘濬评传》,第 157—165 页。
② 李梦阳:《论学上》,《空同集》卷 66,4b。例如陈建华:《晚明文学的先驱——李
梦阳》。
③ 李梦阳:《治道》,《空同集》卷 65,20b。

取的严刑峻法时,李梦阳的用意仅仅是维护道学的正统不应被动摇,而非认为人们应当亦步亦趋地遵循道学对经典的诠释。前文论及,李梦阳对朱熹的注解感到不满时,会毫不犹豫地提出自己的见解。对于道学,李梦阳所欣赏的是它对伦理和士人道德修养的强调。1511 至 1512 年,李梦阳在江西提学副使任上积极推进书院建设,这也是道学教育体系的中心。值得注意的是,在李梦阳致仕回到河南之后,他就不再参与这类与书院有关的活动了。这或许是因为与江西和其他南方地区相比,河南并没有兴盛的书院文化。[①] 不过,这也可能是出于另一种原因,即李梦阳相信书院是国家体系的一部分,因此没有官职的士人不应该参与其中。

　　李梦阳在江西推行的与书院相关的举措中,最重要的当数为朱熹重建的白鹿洞书院编纂新志。[②] 书院应当致力于实现怎样的目标? 对这一问题的阐释,见于李梦阳为江西余干县东山书院重建所作的碑文。东山书院最初由赵汝愚(1140—1196)及其从弟赵汝靓(生卒不详)、其子赵崇宪(生卒不详)所建。赵氏属于宋代宗室的一支,但在赵汝愚的祖父时定居余干。东山书院建成后,赵汝愚邀请朱熹来此讲学,朱熹吸引了一大批学生,赵汝靓和赵崇宪也名列其中。在随后的朱熹伪学之禁中,赵汝

171

①　王洪瑞、吴宏岐:《明代河南书院的地域分布》。

②　李梦阳:《白鹿洞书院新志》,收于李梦阳等编:《白鹿洞书院古志五种》,北京:中华书局,1995 年,第 11—146 页。这一现代汇编收录了明清时期五篇不同的志,李梦阳的时代最早。

愚受到牵连,死于回乡途中。此后,朱熹重访东山书院以表达他
对旧友的怀念,他继续在此讲学,并完成了他对《楚辞》的注解。
因此,东山书院成为余干官员与士人证明当地与道学传统的联
系的重要标志。此后的数百年间,它多次被毁而又得到重建。
李梦阳所记载的这次重建,发生在书院毁于 1510 年左右江西地
区的暴乱之后:

> 任公曰:"夫士养于学足矣,奚贵于书院?盖书院者,萃俊而
> 专业者也。夫士群居则杂,杂则志乱,志乱则行荒。故学以养之
> 者大也;书院以萃之者其俊也。俊不萃则业不专,业专则学精,
> 学精则道明,道明则教化行,而人知亲长之义,人知亲长之义,则
> 盗贼可不兵而平也。故书院者,辅学以成俊者也。"①

172

在这里,李梦阳引用了当时官居右副都御史巡抚江西的任
汉(生卒不详)之言,任汉在暴乱后来到余干视察。除任汉之外,
还有两名省级官员参与了东山书院的重建,他们是董朴(1451—
1523)和吴廷举(1463—1528),两人当时都官居江西右参政,而
李梦阳此时任职江西提学副使。因此书院的重建,乃是政府用
以表明秩序已经恢复的手段,而正是这些官员决定了重建工作
的目标。李梦阳认为,适当的教育可以防止这样的社会动乱再

---

① 李梦阳:《东山书院重建碑》,《空同集》卷 42,1b—4a。

次发生,因为书院中的学生可以习得"亲长之义",而他们反过来会影响并领导当地建立一个和谐有序的社会。① 因此,建立书院的目的在于为余干学子提供良好的教育,使他们可以协助国家恢复社会秩序。李梦阳赞同任汉的观点,书院并不是官学体系的替代品,而是它的延伸。在明代制度下,必须经由政府设立的学校才能参加科举,这些学校垄断了生源。但李梦阳认为,这些学校招收了大量的学生,因而它们没有能力为最优秀的学生提供最好的教育。解决的方法,在于建立书院,并以田租为书院提供资金支持。只有这样,最优秀的学生才能免于家计之忧,专注于他们的学业。②

　　东山书院内的礼仪制定,也为李梦阳提供了强调其教育主张的机会:

　　董公曰:"朴闻之,地以主,道以宗。先后者必据,尊卑者必杀。今之祠忠定宜左,朱子右位,皆南向。忠定弟汝靓西向,曹无妄建东向,皆北上。柴强恕元裕位次汝靓,饶双峰鲁次建,明敬斋居仁次元裕,皆东西向,而忠定子崇宪,元裕侄中行,宜不祠。夫朱子者,固道之宗也,然其心必左忠定。忠定者,其先达也,又与其弟主乎地者也。夫无妄者,于朱子见而知之者也。而强恕、双峰、敬斋,则相继起于其后。夫四人者,固以道鸣其乡者

---

① 李梦阳:《东山书院重建碑》,《空同集》卷42,1b—4a。
② 李梦阳:《大梁书院田碑》,《空同集》卷41,11a—13a。

也。今诚欲萃俊专业以明其道,非据先后之绪不可,而祠其父者置其子,斯又尊卑之杀也。"[1]

李梦阳引用董朴的话,再次表明他希望用官方话语来界定何为正确的礼仪。在董朴看来,尽管朱熹是"道"的最佳代表,但最尊贵的位置却应当属于赵汝愚,原因有二:赵汝愚是余干人,因此是"主",而他也是当地的"先达"。我们并不清楚董朴将赵汝愚称为"先达"时究竟意味着什么,这可能是指赵汝愚通过建立书院将道学引入这一地区并邀请朱熹讲学,也可能是指赵汝愚将朱熹推荐入朝,给了朱熹觐见皇帝的机会。总之,在"主"与"先达"的身份之外,李梦阳认为,尊奉赵汝愚还有另一个同样重要的原因,那就是赵汝愚是一位显赫的官员。顺着董朴的话,李梦阳讲述了赵汝愚促使光宗(1189—1194 年在位)退位的功绩,赞赏他在动荡时局中恢复了王朝的稳定。赵汝愚的行为表明,他是一个贫富生死皆不能动其心志的正直之士。李梦阳相信这样的品德在所有受到祭祀的学者身上都有所体现。如果书院的学生能够通过专注于学业来展现这种德行,并在当地移风易俗,那么无需武力就能使社会安定。在这样的叙述中,乡贤的成就、学"道"与礼仪规范都被整合进一个体系,它有助于实现国家的福祉。

175

---

[1] 李梦阳:《东山书院重建碑》,《空同集》卷 42,1b—4a。

李梦阳的国家主义倾向，可以从他亲自将一座庙宇改为书院的事例中更为清楚地看出。他所拆除的神庙本是祭祀衡山山神的场所，尽管原因不明，但衡山在行政上归湖南而非江西管辖，这或许使得李梦阳认定这座神庙属于淫祠。李梦阳并没有将新建的钟陵书院设于神庙原址之上，而是据说听取了一位僧人的建议，将一座佛寺迁至神庙处，再将书院建在佛寺原址上。据僧人所言，神庙所在地过于偏远，而佛寺毗邻县城中一处繁忙的市场，与县学仅一街之隔，位置更为便利，因此在佛寺原址修建书院可以让学生入学更为方便。由此我们再次看到，在李梦阳的构想中，书院乃是官学体系的一部分。①

钟陵书院中设有对周敦颐的祭祀：

> 夫进贤者，故南昌钟陵镇也，割为县。书院称钟陵书院，宜。
> 夫周子者，故南昌尉也，祠则周子，予曰可哉！于是书院立祠祠
> 周子。②

176　　决定在钟陵书院立祠祭祀周敦颐，是因为周敦颐曾在此地为官。显然，不是所有曾经在此为官之人都享有这样的待遇，周敦颐使孔孟之道重光的功绩仍然是他得以享受祭祀的重要因

---

① 李梦阳：《钟陵书院碑》，《空同集》卷 42，4a—5b。
② 李梦阳：《钟陵书院碑》，《空同集》卷 42，4a—5b。

素。① 不过,正如山川神灵祭祀必须符合国家行政区划设置,对著名学者的祭祀也需要与官僚体系相一致。对李梦阳来说,将学道与报国割裂是不可想象的。

在为白鹿洞书院的宗儒祠所作碑文中,李梦阳表达了同样的思想。宗儒祠祭祀着周敦颐、朱熹和十四位在此从学朱熹的儒者。在阐明"宗"的含义时——作为动词它可以意指"尊奉",作为名词它可以意指"起源""宗族"或"顶峰"——李梦阳解释了选取周敦颐和朱熹作为祭祀对象的理由。他引用《汉书》的内容,认为百家争鸣之时,六家显学——儒、道、阴阳、墨、法、名——都追溯并尊奉着不同的"宗"。因此,尽管儒家对"道"的掌握无人能及,当时的思想世界仍然充满多元与混乱,这使得儒家思想在孟子之后逐渐遭到边缘化和破坏。值得庆幸的是,周敦颐和朱熹使"道"重见天日,并重建了儒"宗"。正因如此,李梦阳认为这两位宋代儒学大家理应享受以"宗儒"为名的祭祀。② 177

在这篇碑文中,李梦阳所勾勒的儒家历史与道学主流论调十分相似,他们相信"道"的传承自孟子后中断,是周敦颐接续了千载不传之"道"。但值得注意的是李梦阳论证选择周敦颐和朱熹的合理性的方式。周敦颐和朱熹应当在此受到祭祀,是因为他们都曾在此地为官,钟陵书院正是建立在他们的"过化之

① 李梦阳:《钟陵书院碑》,《空同集》卷 42,4a—5b。
② 李梦阳:《宗儒祠碑》,《空同集》卷 42,5b—7a。

地"。① 我们再一次看到，李梦阳有意将儒学成就与行政体制联系在一起，这样，参与祭拜的学生将会潜移默化地受到这一国家导向的体系的影响。

书院只为那些最优秀的学生而设。与之相对的，是那些尚未能进入县学或乡校的学生。在李梦阳的教育构想中，为这些底层学生安排的学校是社学，据说明太祖本有意推行这一制度，但实际上从未得到落实：

> 社学者，社立一学以教民之子，所以养蒙敛才，视化观治者也。②

178　李梦阳接着哀叹上古理想秩序崩溃之后，官学只在县以上设立，县以下的百姓则无人问津。这导致学生在进入官学接受关于往圣所建立的制度和君臣关系的教育之前，无人教授他们基本的关于孝与敬的知识。显然这种教育体制不尽如人意，违背了上古的理想秩序的法则。明太祖试图恢复上古制度，建立社学，但由于种种现实管理的难题，他意识到这难以实现。

不过，正统（1436—1449）以后，政府又在多地尝试兴建社学。然而这种努力大多付诸东流，因为社学游离在官学系统之

---

① "过化"的字面意义是经过和转化，它常常用以指代地方官员的政绩。
② 李梦阳：《南新二县在城社学碑》，《空同集》卷 42，8a—10a。

外,人们将之视为一种劳役,对此避之唯恐不及。李梦阳认为,对这一问题的解决方法,是将社学纳入官学体系,并规定只有社学学生才能参加官学的入学选拔。[①] 施珊珊(Sarah Schneewind)认为,李梦阳的构想是明中叶一种更为宏大思潮的一部分,其时国家正试图控制社学,而它代表着对明太祖原始设想的背离,太祖本希望让社学脱离地方官僚的掌控。[②]

由此,在李梦阳的设想中,国家具有通过一种由上至下无所不包的学校体系教育士人的责任。在这一体系中,几乎没有道学运动所设想的由地方精英资助和运作的私学存在的空间。但在李梦阳生活的年代,入仕为官的竞争非常激烈,学校体系也无法吸纳所有渴望入学之人。我们已经看到了李梦阳如何在学校体系的背景下构想宗教活动。除了兴办学校之外,李梦阳认为要取缔"淫祠",还需要其他的手段在社会上宣扬以国家为中心的价值观。

179

祭祀中的教化与移风易俗

道学在界定宗教场所和学校的性质和功能方面非常积极。众所周知,一名官员若是道学的坚定信徒,总会坚持所谓的"淫

[①] 李梦阳:《南新二县在城社学碑》,《空同集》卷 42,8a—10a。
[②] 施珊珊:《社学》(Community Schools),第 46 页。

祠"必须被废除。尽管李梦阳的整体思想倾向与道学并不一致，但从本章开头提及的他对吕经的支持和他自己建立钟陵书院的努力都可以看出，李梦阳认同这种严厉的手段。他似乎很少为民间宗教场所作文，不过现存的作品可以表明，李梦阳所支持的，主要是那些可以使信徒铭记君主的仁慈恩泽或者教导信徒忠君爱国的民间宗教活动。

　　河南一座祭祀圣王大禹的神庙就是这样的例子。它的历史已不清楚，但李梦阳为之写作碑记的整修工作，是在 1521 年由河南巡按王溱（生卒不详）领导的，这一年正是嘉靖皇帝登基之年。[①] 同样，这是一个政府试图重新界定民间宗教信仰范围的实例，李梦阳对此也十分赞赏。他也借此机会反思了"王"与"霸"的区别：

180

　　霸之功欢，久之疑。王之功忘，久之思。昔者禹之治水也，导川为陆，易觚为宁；地以之平，天以之成。去巢就庐，而粒而耕。生生至今者，固其功也，所谓万世永赖者也。然问之耕者弗知，粒者弗知，庐者弗知，陆者弗知。故曰：王之功忘。譬之天生物而物忘之，泳者忘其川，栖者忘其枝，民者忘其圣人，非忘之也，不知之也，不知自忘。及其薔也，号呼而祈恤，于是智者则指

---

　　①　"巡按"是一种地方巡查官员，通常在一年的任期中巡视辖区内的各个地区，检查当地的政府活动……他们定期参与省级政策制定，可以直接向皇帝上疏检举不称职的官员、批评不合理的政策或是提出新的政策建议。参见贺凯（Charles O. Hucker）：《中国古代官名辞典》（*A Dictionary of Official Titles in Imperial China*），第 253 页。

之所从来,而庙者兴矣! 河盟津东也,瘛旷肆悍,势犹建瓴;堤堰一决,数郡鱼鳖。于是昏垫之民,匍匐诣庙,稽首号曰:"王在,吾奚溺!"而防丁、堰夫、桩户、草门输筑困苦,则又各诣庙稽首号曰:"王在,吾奚役!"斯所谓思也。故不忘不大,不思不深。深莫如地,大莫如王,王之道也! 伯(霸)者非不功也,然不能使之不忘,而不能使之不疑。何也? 不忘者小,小则近,近则浅,浅则疑,如秦穆赐食善马肉酒是也。[①] 夫天下未闻有庙桓、文者也!故曰:予观禹庙而知王霸之功也。[②]

181

　　文中的"霸"指的是战国时期国力强大却不忠于周天子的诸侯,他们挑战真正的"天子"也就是周王的权威。所谓的霸业或许十分辉煌,却转瞬即逝,对后代人民的福祉并无长久的影响。相反,圣王的功业却能使人民过上和平开化的生活。随着时间的流逝,圣王创设的制度或实现的功业成了人们生活的一部分, 182 而大多数人会逐渐遗忘人们是如何从中受益的。那么,庙的功能是什么? 它能够使人们想起那些人民赖以生存的圣王。而在所有的圣人之中,为何选择禹? 李梦阳指出,圣人各有其最突出的特质:在尧为仁,在舜为孝,在禹为功,在汤为义,在文王为

---

　　① 这是战国时的故事,在不同的上古典籍中有多个略有差异的版本。据说秦穆公有善马被一伙人(有的版本中是蛮夷)杀死并分食,但秦穆公并没有惩罚他们,而是给他们酒,因为食马肉过多而不饮酒会对健康有害。感念于秦穆公的恩惠,这群人都加入了他的军队并击败了晋国,俘虏了晋国国君。

　　② 李梦阳:《禹庙碑》,《空同集》卷41,1b—3a。

忠,在周公为才,在孔子为学。而河南多自然灾害,禹的功绩对此最为合宜,因此应当立庙祭禹。① 李梦阳的文字中,强调的并不是禹的神性,而是他作为君主的政治成就和对人民的恩泽。因此,这篇文章事实上在纪念禹的统治,并呼吁普通民众铭记真正的王者所带来的恩惠。李梦阳提出,政府应时常通过特定的宗教场所来提醒民众铭记历史上某位特定圣王的恩泽,但同一场所也能用于纪念所有的圣王。李梦阳为民间宗教活动赋予了另一层阐释意义:它应当引导人民将对神明的崇拜转向真正的王者。在李梦阳看来,刚刚登基的嘉靖皇帝就是这样的真王:

> 大明十帝转神明,
>
> 天意分明赐太平。
>
> 紫盖复从嘉靖始,
>
> 黄河先为圣人清。②

183   这是李梦阳在 1521 年所作的一系列诗歌中的一首,在同一年他写下了《禹庙碑》以庆贺嘉靖皇帝登基,尽管此时他已被剥夺官职赋闲在家。让我们回想一下,前文提到李梦阳相信真正的君主必定受命于天,而嘉靖皇帝正符合这一条件,常年浑浊的黄河在他登基前忽然转清,这是一种祥瑞,证明嘉靖皇帝无疑具

---

① 李梦阳：《禹庙碑》,《空同集》卷 41,1b—3a。

② 李梦阳：《嘉靖元年歌》其二,《空同集》卷 35,7b—8a。

有神圣的特质。李梦阳进一步宣称,一个太平的时代将从此开始,因为上天降下圣人来统治国家。在这一语境中,李梦阳对禹庙的描述意图在民众之中倡导一种以君主为中心的宗教活动,使人们铭记他们从君主那里获得的恩泽。

如果不能带来忠诚,仅仅感念君主的恩泽是不够的,因此,李梦阳笔下所赞许的另一种民间崇拜是对忠臣的祭祀,也就并非巧合了。在李梦阳的文集中,属于"祠碑"或"祠记"一类的,除了《禹庙碑》之外还有三篇文章。其中一篇是为"双忠祠"所作,它由河南长垣县知县所建,祭祀传说中的两位忠臣,夏代的关龙逢和商代的比干。第二篇记载的也是河南的祠庙,它是为纪念于谦(1398—1457)而建,1449 年于谦在明英宗惨遭蒙古人俘虏的土木堡之变中救国于危难之际,却在英宗重登帝位后遭到杀害。第三篇是关于一座国家建立的纪念霍恩(1470—1512)的祠庙,他曾是河南上蔡县的知县,在一次叛乱中为守卫上蔡而牺牲。李梦阳写作这些文章时,同样已经离官闲居。①

在为霍恩所作的祠碑中,李梦阳提出了一个假设性的问题: 一位低级官僚,比如知县,在这种情况下是否必须为国捐躯? 李梦阳对此的回答是:

¹⁸⁴

---

① 李梦阳:《双忠祠碑》,《少保兵部尚书于公祠重修碑》,《敕赐愍节祠碑》,《空同集》卷 41,3a—5b,8b—11a,卷 43,18a—21a。剩余一篇与忠臣无关的,是《曲江祠亭碑》,《空同集》卷 41。曲江祠位于江西丰城,祭祀三位著名的南宋人朱熹、李义山(1220 年进士)和姚勉(1216—1262),他们都与当地有着各种形式的联系。

　　道莫大于忠,忠莫先于节,节莫贵于义,义莫外乎勇。四者人臣之要经,而君子之大行也。上蔡兼之矣。夫以身徇国,忠也;之死不变,节也;舍生取义,义也;白刃可蹈,勇也。一死而四懿具者,是上蔡之行也。曰:"若是,则中庸不可能者何?"曰:"礼有之矣。君死社稷,卿大夫死职守,吏死封疆,率死战陈。邑虽小,有社稷焉。宰虽卑,受之职矣。四境是治,封疆守焉。兵起拒寇,身固率也。故战陈不死,是谓弗勇;封疆不死,是谓弗义;职不死,谓弗节;社稷不死,谓弗忠。夫上蔡者,一死而四懿具者也。礼有之矣,何也? 中者正诸礼者也,故天下有必死者,以有必礼也。……自教之衰也,民见死而不见义,于是乎不忠,不忠则二心矣,二心则不节,不节则无耻矣,无耻则不勇。于是腼面于平时,而甘心于患难。虎视簸威而鼠窜偷生者不少矣。"①

　　论及"忠"的品德,李梦阳认为从君主、高官、封疆大员和军事统帅这样的顶层统治阶层到知县这样的小官之间并无区别。原因很简单:尽管一个县可能是行政体系的最底层,它仍然是国家体系中不可或缺的一部分,因此对统治阶层的要求同样适用于底层官僚。在李梦阳看来,这一原则也不仅仅局限在官员之中。普通民众同样应当受到教导以理解"忠"的品德,这能够激励忠诚的臣民为国牺牲,不惧死亡。因此,对国家的绝对忠诚

---

　　① 李梦阳:《敕赐愍节祠碑》,《空同集》卷43,18a—21a。

是一种至高无上的原则,它将统治阶层与普通民众紧密联结在一起。

通常,对国家的绝对忠诚和对皇帝的绝对忠诚,很容易在一种传统的政治忠诚叙述之中被融为一体。然而,于谦的事例却凸显了抉择的艰难。当明英宗被蒙古人俘虏时,明廷可以采取强硬的姿态,策划一场反攻试图夺回皇帝,也可以选择另立新君,以免被人质要挟。时任兵部尚书的于谦,力主另立新君,并推景泰帝(1449—1457年在位)登上帝位。据说,当于谦被问及这一措施的合理性时,他援引孟子的话为依据,"民为贵,社稷次之,君为轻"。英宗被释放归国后,明廷面临着同时存在两位皇帝的困境,据说于谦在帮助景泰帝软禁英宗并使自己的儿子取代英宗的儿子成为太子上发挥了重要作用。因此,在英宗通过夺门之变重登帝位后,于谦以叛徒之罪被处死。他充满争议的死亡过程是整个明代讨论不休的话题。许多人相信于谦是被冤枉的,他所受到的惩罚并不合理。另一些人则认为于谦罪有应得,要么是因为他在处理土木堡之变的危局时不忠于君,要么是因为他贪恋权势不肯去职。[①]

我们这里所讨论的于谦祠是在于谦死后由河南百姓自发建立的,他们怀念于谦在当地为官时所作的贡献。在于谦得到平反和哀荣后,人们请求朝廷正式认可对于谦的祭祀,但他们的请

187

---

① 于谦的事迹以及他和两位皇帝的关系,参见德希尔(Ph. de Heer):《家长式天子》(*The Care-taker Emperor*)。

求未获批准。要到三十年后的 1515 年，一些地方官员主动修葺于谦祠时，它才获得了半官方的地位。李梦阳赞赏这些官员为纪念于谦而做的努力，他毫不掩饰对于谦不幸遭遇的同情，于谦的命运展现出的是"为臣不易"。在李梦阳看来，于谦在国家危难之际挺身而出力挽狂澜，无疑是一位忠臣。但棘手的是，如何解释于谦功成后不愿身退，他又是否真的与软禁英宗和更换太子之事有关。"难言乎！难言乎！"李梦阳这样写道，不过他认为于谦的行为是出于良知而非私利，他的言辞能令那些听到或者读到的人都深受感动。此外，正如面临相似困境而为国捐躯的宋代忠臣岳飞（1103—1142）和宗泽（1060—1128）那样，于谦的最终身死成为了他忠诚的证明。因此，李梦阳认为于谦的死不仅值得赞赏，而且不可或缺。[①]

　　在为双忠祠所作碑记中，李梦阳再次探讨了面对困境应当辞官远走还是坚持留任的问题。关龙逢和比干不幸侍奉着中国历史上两位最为残暴昏庸的君主桀与纣。在进谏无果后，两人都不愿抛弃他们的君主离开，尽管明白那会使自己的性命岌岌可危。如李梦阳所言，离开并不是一个真正的选择：

188

　　曰："干于纣无去之义，是矣。志曰：'人臣三谏其君而弗听，则退而待放。'[②]逢何死也？"李子曰："忠臣必君之悟也。斯杀身从之

---

① 李梦阳：《少保兵部尚书于公祠重修碑》，《空同集》卷 41，8b—11a。
② 对这句话的释义可见于一些上古典籍之中，比如《史记》和《楚辞》。

矣。有君而不有身也。传曰:'见危授命。'当是时,暇戚疏计哉?"①

李梦阳用这段对话来解释关龙逄的选择。和比干不同,关龙逄并非宗室,而广为接受的传统君臣观赋予臣子在君主不听从其建议时离开的权利。但李梦阳并不认同这一观点,他认为忠臣始终将君主置于自身利害之上,在必要之时可以为君而死。因此,即便没有血缘纽带带来的义务,臣子仍然必须严格遵循政治忠诚的原则,离官去国是不被允许的。

目前为止我们所讨论过的文本,均可见作者在界定祠庙祭祀的性质和功能时对政治忠诚的强调。对李梦阳来说,这些民间宗教场所的存在意义,都是提醒士人和普通民众不忘君主与国家的恩典,这在上古之后礼崩乐坏的时代显得尤为重要。在他对关龙逄和比干的讨论中,李梦阳也分析了为何周朝末年没有出现这样的忠臣。他得出的结论,是"文弊之",即周朝的社会风气被"文"败坏了。② 这一观点需要进一步的深入考察,它颠覆了我们对通常被视为"文人"的李梦阳之思想倾向的一般理解。在接下来的章节中将会看到,李梦阳对"文"有着独特的理解,这使他在文人事业中为"文"伸张正当地位的同时,发出对其破坏力的警告。下一章将在李梦阳为作育士人为国效力的整体教育构想之中,考察李梦阳的"文"的概念。

189

---

① 李梦阳:《双忠祠碑》,《空同集》卷 41,3a—5b。
② 李梦阳:《双忠祠碑》,《空同集》卷 41,3a—5b。

第六章 "学"的内容

　　1525 年乡试结束后,中第的河南考生们相聚编纂一份名录。不同于按照成绩排序的官方名录,这份非正式的名录按照年龄来排列先后。当这份名录编纂完成,举子们将它献给一位陈姓监察御史以供参考。起先,陈姓监察认为官方的名录已经足够,因此对它的必要性感到怀疑。但举人们这样回答:

　　夫乡党莫如齿。今一旦得意于乡,而直以文之高下名之,又恬然而安之,愚惧人之挟贤也。夫人之伦五,序居其一。故长幼者必不能无者也。今一旦以名之高下而安之,昔也兄之,今也弟之,昔也后之,今也先之,以是而行于乡,愚惧人之无长也。故榜之名,公也,天下之义也。齿之序,私也,人之必情也,似私而实公者也。①

　　陈姓监察闻言十分高兴,夸奖这些举人已经做好了为官的准备,因为如果他们在乡里恃才而骄,在官场上也会傲慢无礼,

---

　　① 李梦阳:《代同榜序齿录序》,《空同集》卷 52,12b—14a。

欺凌同僚制造矛盾。因此,陈姓监察认为:"国家之取士,文也,而用之,则行也名也。"当李梦阳拜访陈姓监察并见到这份私人编纂的名录时,他也得知了这段对话。由此,他对这一问题——如何教育那些有志之士,才能使他们成为称职的官员为国效力?——提出了一种答案。在李梦阳的时代,科举考试和官学系统构成了教育体系。但正如河南举子的名录所显示出的,仅仅拥有通过考试的能力并不足够。在士人成为合格的官员之前,还有其他需要学习的内容和需要具备的素质。李梦阳这样解释道:

> 先王之制礼也,乡党必齿以教让也,长幼必伦以敦逊也。……事有小而关之大者,以其本正也。有近而通之远者,以其始慎也。故正莫先于礼让,慎莫大于厚伦。诸生发轫者也,而不文骄也,不名之竞,而于序焉齿焉图之,它日阶品功业尚可量哉?[①]

192

要成为一名称职的官员,士人必须掌握和践行蕴藏在先王创制的礼仪系统之中的法则。因此,本章将讨论李梦阳如何看待作为"学"的领域之一的"礼"。在前几章中我们也看到,李梦阳以严肃的态度对待"文"可能引发的政治后果,他在讨论"史"

---

① 李梦阳:《代同榜序齿录序》,《空同集》卷52,12b—14a。

时更为清晰地重申了这一观点。在"史"之外，李梦阳探讨了文学的另一种形式——"诗"，对于了解国家治理能力和天下风俗的重要意义。李梦阳对"史"与"诗"抱持着功利的态度，将它们视作为国家更为宏大的目标服务的"学"的对象，后文将会论及这一点。不过，我们首先要考察的是李梦阳对一系列学习内容的看法，无论是希望入仕之人还是在任的官员都必须理解它们，以便更好地辅佐站在国家体系顶点的君主。

统治之术

在李梦阳的统治理论中，天命对于决定谁能够成为高高在上的君主起着至关重要的作用，但君主仍然需要掌握统治之术以保证他的地位不被动摇，同时确保政府能有效运作。因此李梦阳认为，宋代道学家尽管在道德上取得了卓越的成就，却没有真正理解政治的本质：

> 或问："典谟训诰不言权。吕刑轻重诸罚有权。"
>
> 空同子曰："夫权者，权其变以适中者也。故变而后权。夫圣人在位，允执厥中①，又用其中于民矣。何权之言哉？"

---

① 英文原译引自理雅各译：《书经》，第 263 页。

曰："舜不告而娶；唐虞禅；汤武放伐，非权乎？"

曰："夫身或遇之，行之矣。又何言哉？"

曰："孔子每言权，何也？"

曰："高而无位，于是发其微以诏来。且春秋之世，何世矣？"

曰："《孟子》七篇太半言权，何也？"

曰："战国之世，又何世矣？孟子不发其微，天下不以谋数为权乎？吁！大哉！予何敢忘孟氏之功也？孟子不生，孔其熄乎？矧帝王之心传？"

或又问汉儒。

空同子曰："反经无道，无道何权矣？圣人之权，轻重之以适中者也，非反之也。"

问宋儒。

曰："宋儒不知孟子，又安知权？故心帝王之传者必孔孟；心孔孟者必知权，可也。"①

在这段篇幅颇长的问答中，李梦阳回应了两种关于统治的理论。第一种理论一般认为由汉儒奉行，他们强调"权"而忽视"道"。第二种则由宋儒倡导，但李梦阳认为他们曲解了孟子的原意。尽管李梦阳并没有详细阐明汉儒和宋儒的谬误，但在我看来，指责汉儒背离儒家经典之教而背离了"道"时，李梦阳似乎

① 李梦阳：《论学上》，《空同集》卷 66，5b—6a。

是在坚持这样的观点：即便是在环境所限不得不采取权宜之计时，某种共同准则（shared norm）也必须得到遵守。如若不然，"权"就会流于诡诈之术。另一方面，宋儒的不足在于他们只知道坚持普遍的恒常的法则，却不能顾及当下局势的特殊性。

最后，问题可以归结为：李梦阳有多确信这种共同准则能够被君主理解和践行？显然，要理解这种共同准则，君主不能仅仅遵循道学的道德自我修养途径，以激发人所共有的内在的善。李梦阳心目中更为可行的方法，正如我们在第四章所谈到的，乃是满足人民的欲望，只有这样，一位君主才会被视为有德。换句话说，李梦阳将共同准则的基础从共同的本善的人性（这是道学的观点）转向一种对人欲的平民化和正面的理解。

在君主完全理解了"权"之后，他还必须学习处理事务的轻重缓急。李梦阳曾在对汉哀帝（前 6—1 年在位）的评价中阐释了善治的本质：

或问："哀帝屡诛大臣而卒不威，何也？"空同子曰："人主以无为为威。有代天之相，则百官自正，有执法之吏，则百度自贞，君何为哉？故自用者小，侵下者烦。烦小之政，挟之诛戮，则人心离。矧哀非正己之君乎？贾氏曰：廉远地，则堂高。"①

_____

① 李梦阳：《治道》，《空同集》卷 65，15a。最后一句出自《汉书》中贾谊之言，贾谊用这一类比强调君主应该与官员和政务保持一定距离。参见班固：《汉书》卷 48，第 2254 页。

在李梦阳看来,一个合格的君主必须与日常行政事务保持距离,将它们交给以宰相为首的官僚去处理。这是"无为"的美德。"无为"常常与《老子》联系在一起,但它也出现在《论语》中:

> 子曰:"无为而治者,其舜也与? 夫何为哉? 恭己正南面而已矣。"①

朱熹以他惯常的思路解释这段话,强调"德"的首要地位。舜不需要有意去做任何事,是因为他能够以无与伦比的德行教化人民。② 而李梦阳则将"无为"与"威"联系在一起,要实现"无为"并非意味着放弃君主的权威,相反,"无为"是使君主的权威凌驾于所有人之上的关键。通过从日常政务中抽离,君主能够将精力集中于更为重要的事务之上,用人就是其中之一:

> 为政在人,非其人而用之,则不官;取人以身,非其身而取之,则不人。③ 不人而曰世无人,不官而曰世无官,有是理哉?《孟子》曰:"虞不用百里奚而亡,秦穆公用之而霸。"刘基徐达辈,固元生之也,我太祖用之而兴。世无人邪? 有人邪?④

197

---

① 刘殿爵译:《论语》,15.5。
② 朱熹:《四书集注》,第 160 页。
③ 这是对《中庸》记载的孔子之言"为政在人,取人以身"的阐发。对此的讨论,参见杜维明:《中庸》,第 51 页。
④ 李梦阳:《治道》,《空同集》卷 65,19a。

李梦阳对君主提出的建议很简单：不要让日常行政事务占据全部的时间精力，而是要树立一个良好的模范以招致贤才。在道学语境中，树立良好的模范意味着遵循道学之说追求道德的自我修养，而与君主息息相关的是《大学》之中循序渐进的修养路径。这一修养路径建基于宋代以来道学家的阐释，特别是真德秀(1178—1235)，他阐发了一套系统性的教育君主进行道德自我修养的方法。这套方法的本质在于"敬"，它意味着在任何时候都要注意保持恭敬严肃之心。①

强调通过"敬"实现道德自我修养的道学的帝王之学理论，并没有引起李梦阳多少兴趣。在第一章我们讨论过李梦阳1505 年的一份奏章，他在其中称赞明孝宗"法祖宗""敬天地"。但这里所说的"敬"与自我修养无关，也没有那么重要的地位。李梦阳在其中对君主提出的主要建议，是勤察直言，比如他自己的进言。② 在同年另一份代韩文上奏新继位的明武宗的状疏中，李梦阳希望君主"以辨奸为明"，这样他就能识破宦官的奸邪。③ 李梦阳皇权理论的核心，是通过增强君主的判断力以强化其权威。因此，李梦阳的目标是帮助君主权衡不同的时势并增强他掌控政坛各方势力的能力。他认为这是宋儒的理论所不能实现的，他们无法建议或辅佐皇帝使政府和天下各正其位，因

① 狄百瑞：《新儒学正统》，第 75 页。
② 李梦阳：《上孝宗皇帝书稿》，《空同集》卷 39，1a—3b。
③ 李梦阳：《代劾宦官状疏》，《空同集》卷 40，1a—2b。

此他们的"学"存在谬误。

恪守礼仪

理解统治之术对于辅佐君主至关重要。但为此,学者必须首先端正其身。因此,理解和践行礼仪制度之中的法则是极为重要的。在一篇讨论"威仪"的文章中,李梦阳指出,"威仪"作为礼仪的一类,备受古人重视,他们将"威仪"应用于个人举止、教养德行、处理事务、统治和"学"。他认为支持这一论点的证据在于:

> 旁见之六经,远证之三代,仪礼三千,皆欲人制其外以养其中。《书》曰:"思夫人自乱于威仪。"《诗》曰:"颙颙昂昂。"万民之望。而今无知之者,悲夫![1]

"威仪"在经典文本中具有两种不同的意义。第一种指外貌的庄重得体,第二种指礼典中规定的行为准则,如《中庸》所言,"礼仪三百,威仪三千"[2]。李梦阳在行文中有意将二者混同。

---

[1] 李梦阳:《论学下》,《空同集》卷66,9a。《尚书》与《诗经》部分的英文原译主要引自理雅各的英译。但在这里,李梦阳改动了《诗经》原句,原诗作"颙颙卬卬、如圭如璋、令闻令望。岂弟君子、四方为纲"。

[2] 理雅各译:《中庸》(*Doctrine of the Mean*),第286页。

200　　一个人只有恪守经典所载的礼仪规范，才能够以一种庄重可敬的方式为人处世，治国理政。不幸的是，圣人之意已经不传，李梦阳亲身担负起提醒时人在一切事务中学习和践行礼仪的重要性的责任。因此，正如我们在第五章中看到的，李梦阳不遗余力地讨论学校之中祭祀礼仪的安排。他的目的在于培养学生对阶级等差的敬重之心，只有这样，他们才能举止庄重受人尊敬。

　　"礼仪三百，威仪三千"，应当从何处入手？李梦阳认为起点应该是"家"：

> 祀礼，发油然之心者也。崇祖考者，所以广爱敬而交神人也。圣人之意微矣。故遏慢止悖，莫先于祀。严祀立教，莫大于祖考。爱敬者，孝弟之所由生也。今士大夫于祀也忽，故其教废。教废则风偷，风偷则俗恶。故其子孙视其祖考犹秦越也。吁！甚矣圣人之微义篾乎？①

201　　　　在这段文字中，我们再一次看到李梦阳哀叹圣人之意已然不传。他主要批评的，是当时的士大夫遗忘了祀礼的重要性，特别是祭祀祖先的重要性。在第四章我们讨论过，敬爱之情可以有好的影响也可以有坏的影响，这取决于它们是否以合宜的方式表达，因此，礼仪的重要性在于它们可以通过正确的方式唤起

---

　　① 李梦阳：《事势》，《空同集》卷66，14a。

情感,将其导向积极的结果,并矫正当世的风俗。

以"家"为起点矫正社会风俗,在李梦阳看来可以作为士大夫为国效力之途。事实上,李梦阳认为在齐家和治国之间,并没有本质的差别。在为一位董姓官员编纂的族谱作序时,李梦阳赞赏他无论居官与否,都用心维护家族的福祉。当时的士大夫已经遗忘了《大学》和孔子之教,但这位董姓官员是一个例外:

> 自大学教衰也,士不由齐而求之治。是故仕也,有不官政者矣,矧家之能政也。其罢也,有不身谋者矣,矧家之政行也。是以夫子忧焉。曰:"是亦为政,奚其为为政?"①

《大学》与《论语》中的国-家关系可以有两种阐释。其一是假定士人的第一要务是照料自己的家庭并使家庭和睦,在那之后才可关心国家政治。一些明中叶的道学家,比如福建的蔡清,更进一步地认为齐家本身已经足够,一个士人没有必要参与国家层面的政治,除非他得到了这种机会。② 这种论调无疑会使李梦阳怒不可遏。在这篇序言中,他将董姓官员与周公次子君陈相提并论,君陈和其父一样成为了出色的大臣。《尚书·君陈》记载了成王对君陈的训示:

202

---

① 李梦阳:《董氏族谱序》,《空同集》卷 53,12b—14a。所引孔子之言出自《论语》卷 2,第 21 页。

② 洪赐圆:《透过清晰的哲学与社会政治的视角》,第 51—64 页。

　　　王若曰："君陈，惟尔令德孝恭。惟孝友于兄弟，克施有政。命汝尹兹东郊，敬哉！"①

　　君陈受到成王的信赖，受命治理东郊，是因为他有着出众的德行，尤其是"孝"与"友"。通过将董姓官员比于君陈，李梦阳强调了政治对士人家庭的影响。齐家并不仅仅是私人事务，它也为良好的统治提供了基础。君陈是上古时期成功融合二者的杰出典范，李梦阳希望当世士人也能够效仿君陈。

从历史中吸取道德教训

　　李梦阳如何看待国-家关系的另一种阐释方式，体现在他自己的家谱编纂之中。在李梦阳为其家族所编的族谱序言里，他特意留出了一部分记载李氏家族及其姻亲中的女性成员的生平或简要婚姻信息。李梦阳对此给出的理由是，正史之中有外戚传，由于"家国一道"，族谱也应该仿效这一做法。②

　　不过，我们知道家与国实际上并非一道。至少，李梦阳的谱序中有不少女性再嫁的记载，这与国家对女性守贞的提倡无疑

---

　　①　理雅各译：《书经》。
　　②　李梦阳：《族谱·谱序第六》，《空同集》卷38，17a—19b。

是矛盾的。① 事实上，担任江西提学副使期间，李梦阳就曾经上书朝廷要求对一些模范人物给予正式承认，其中大多是恪守孝道或者贞节的女性。② 然而这一差异并没有打消李梦阳将家视为国的一部分的想法。李梦阳记载这些再嫁之事，似乎是出于他对历史——无论是国史还是家谱——应当如何写作的认识。在为周氏族谱所作序言中，李梦阳列出了一些好的族谱应当具备的特质，其中最重要的一点就是可信。③ 在编纂自家族谱时，李梦阳也践行了这一点：

予闻之先辈曰："国有史，家有谱。"嗟乎！ 生死出处之际大矣。要之不离其事实，不然后世何观焉？④

族谱是否基于事实，编纂者是否审慎地处理疑义，将会决定一份族谱是否有价值，能否对记载家族的真实历史有所贡献。诚然，李梦阳在编写族谱时尽可能地呈现了事实，即便那意味着揭露出某些家族成员的短处。例如，当他赞扬母亲治家的俭朴和对穷困之人的慷慨时，也如实记下了她对仆人的严厉。⑤

李梦阳常常将国史与家谱类比，这表明他相信编纂家谱的

---

① 李梦阳：《族谱·外传第五》，《空同集》卷 38，15a—17a。
② 李梦阳：《请表节义本》，《空同集》卷 40，8a—11b。
③ 李梦阳：《周氏族谱序》，《空同集》卷 53，11b—12b。
④ 李梦阳：《族谱·例义第一》，《空同集》卷 38，1a—2a。
⑤ 李梦阳：《族谱·外传第五》，《空同集》卷 38，15a—17a。

法则同样适用于国史。不过在李梦阳心中，对于尽可能如实记载历史的强调，绝不等同于当代历史学家讨论的历史是否能够"客观"的问题。相反，它意在提供一种载体，使之"昭往训来，美恶具列，不劝不惩，不之述也"。① 也就是说，学习历史的目的，并不仅仅是理解过去发生的事实本身，而是从历史中提炼出道德教训，从而为现在和未来提供指导。这一点不仅适用于国史，也适用于方志。在一篇讨论方志的作用的长文中，李梦阳指出，历史本是古代圣人君子所作，用以传达经典之中的微言大义，但他们的政治理想在礼崩乐坏的后世湮没不传：

> 夫志者，史之流也。分例祖诸《禹贡》，属事本之《周礼》，褒贬窃《春秋》之笔。风俗寓同一之制，宫室取大壮之义，歌诗系观风之意。夫史者，备辞迹，昭鉴戒，存往诏来者也。是以分例属事，善恶备列，褒贬见之矣。……夫志者，一郡一邑之书也。史者，天下者也。小故详，大则概。然其义悉于经祖焉。所谓殊途同归者也。②

李梦阳相信，历史应当为政治目的写作，用以彰显蕴藏在经典之中的法则，因此任何背离这一宗旨的历史作品在道德上都是不入流的。《战国策》就是其中之一，李梦阳认为它在君子眼

---

① 李梦阳：《论史答王监察书》，《空同集》卷 62，11b—12b。
② 李梦阳：《作志通论》，《空同集》卷 59，7b—8a。

中"畔经离道"。然而，为什么它却能够一直流传至今？这是因为《战国策》具有四种优点，使它的文字值得欣赏和流传：

李子曰："《策》有四尚，尚一足传，传斯述矣，况四乎？四者何也？录往者迹其事，考世者证其变，攻文者模其辞，好谋者袭其智。袭智者谲，模辞者巧，证变者会，迹事者该。是故述者尚之，君子斥焉。"①

李梦阳列举的四"尚"，虽然使《战国策》得以广泛流传，却也宣扬了违反道德的思想和行为，尤其是其中前两"尚"："巧以贼拙，谲以妨直。"《战国策》所具有的这些特质，证明了历史写作不遵循经典中的道德原则会导致的种种问题。它的成书表明，由圣王统治的黄金时代的完美礼仪、法律和政治体系已经一去不复返。尽管那些支持重版《战国策》的人认为，它可以提醒读者写作历史的正确和错误的方法，但李梦阳始终对士人或许会为其中的错误观点误导而忧心忡忡，他希望那些返于古道之人能够以明智的态度阅读《战国策》。②

正如黄卓越所指出的，明中叶对《战国策》和其他属于"杂学"著作的"重新发现"，显示出道学对知识的垄断开始瓦解。同样值得注意的是，尽管李梦阳倾向于道学正统，选择"君子"的角色而

① 李梦阳：《刻战国策序》，《空同集》卷50，1b—3a。
② 李梦阳：《刻战国策序》，《空同集》卷50，1b—3a。

否定"述者"，但他并没有完全忽视《战国策》。事实上，在序言中李梦阳也承认了《战国策》的价值，它在秦火之后保存了先秦的历史叙述，尽管他对此不无保留。因此，《战国策》可以作为历史文献的补充参考，拓展士人的知识范围。[①] 此外，李梦阳在指责一些人追求文学成就而流于"巧谲"时，他并未轻视对文学的追求，这一点在前文已可见一斑，而在接下去的几章中将会得到更为清楚的呈现。李梦阳所反对的，是一些人以浮华之风写作的倾向，他们不理解写作的强大力量，一旦误用，将导致极大的破坏。

然而，李梦阳利用作序的机会批评《战国策》，一方面固然反映出他对此书的忧虑，却也体现出李梦阳将历史学视作一种蕴含了宏大和严肃的目的的士人之学。历史不仅仅是过去事件的重新汇集，更为重要的是，它从过去汲取教训，以此为当世建立秩序。在这样一种功利主义的视角下，国家利益再一次成为李梦阳关心的重点。历史，如果要具备任何价值，必须能够帮助士人培养在自身政治环境下践行合宜的道德判断的能力，这样才能实现理想的统治。

"观风"

历史为人们提供来自过去的道德教训，从而帮助人们实现

---

① 黄卓越：《明中后期文学思想研究》，第 38—43 页。李梦阳：《刻战国策序》，《空同集》卷 50，1b—3a。

理想的统治。李梦阳认为,要了解政府治理的优劣,可以通过学习观察"风"来实现,"风"可以被理解为社会的道德风向,借由有德之人的影响力而形成。"风",典出于《论语》"君子之德风,小人之德草,草上之风必偃"。[1] 以下面这段文字为例:

迹者,因乎彰者也。思者,追乎实者也。永者,存乎继者也。激者,本乎风者也。故观人以彰,可以识世。思而永之,政之系也。然不激不著,著无定形,视施以明。显默拔微,斯其致矣。……孔子曰:"邦无道,其默足以容。"世之不幸,莫大于使人默。予故曰:观人以彰,可以识世。……世不可使人默,亦不可使人不默,何也?溺于显,则廉耻之道丧。廉耻丧,则政坏。政坏则风不激。故风者,生于政者也。政视其施,思而永之,必实焉。彰此,激扬之先也。[2]

这段文字节选自李梦阳为纪念啸台重建而作的碑记,啸台是河南一处古迹,与三国隐士孙登(生卒不详)有关。孙登不曾出仕为官,也没有任何令人瞩目的成就,但直到明代他都为人铭记,以至于当御史许完(1505 年进士)来到此地时,他仿佛还能看到孙登在台上长啸。因此,许完下令重建啸台,并建祠纪念孙登。

---

[1] 原书英译转引自刘殿爵译:《论语》,12.19。
[2] 李梦阳:《啸台重修碑》,《空同集》卷 41,6a—8a。

要论声名地位，孙登是个毫不起眼的人物，但他是一位才华横溢的正直之士。他的"默"是生于乱世的结果。在三国时代，汲汲追求名利是寡廉鲜耻的表现，最终将导致政治的败坏。在表彰孙登这样的"默"者时，许完清楚地意识到，首要的目的是发掘历史上的名人而为当下提供道德榜样。这也是李梦阳所谓激扬其风之义，在他看来，许完之举乃是善治的标志。

"风"在政府树立的典范中变得清晰可感时，就能够积极地引导民众的行为。当民众的行为得到引导，形成一种普遍的模式或者倾向时，一种社会风俗就此形成。要使政府良好地履行它的职责，官员尤其是地方长官，必须了解当地风俗，"风"、政府和风俗因此互相联系。正如李梦阳在为纪念谭缵（1517 年进士）巡察的诗集所作序言中写道：

《观风河洛》者，为巡按谭子而作也。观风者何？其职也。河洛者，方也。谭子之莅我邦也，度而能贞，肃而有明。潜洞臧否，旁烛冤幽。见之苟真，飚激山屹，利害罔移也。于是君子佩爱，小人服威，吏惮而缩，民恃而舒。然声迹泯焉。坐竟日默如也。斯何也？天下有大通焉，观是也。有大几焉，风是也。① 风

---

① "几"是一个无法直译的哲学概念，在新儒学关于自我修养的语境中，它可以指代一种幽微的精神活动或者一种内在于人的属性，先于外显的思想感情而存在。这里，李梦阳似乎用"几"指代更广泛意义上的社会倾向，它基于特定的人类境况产生，但无法被探查。

以几动,几以观通,是故无遁情焉。情者,风之所由生也。巡 ²¹¹
按者,以观为职者也。即情以察几,缘几以广通,因通以求职,
鲜不获也。故君子谓谭子善为政,虽于天下可也,河洛先之
矣。是年也,谭子实监河南,试大梁士,试而中者十有四人也。
十四人者相语曰:"我监公何以大通于几?"空同子曰:"士读
《易》乎? 观之为道,人己之道也。然君子观则先己,故曰知风
之自,自我始之也。其有职也,则戒之曰尔惟风,儆之曰巫风、
淫风、乱风。^① 言其观贵己也。夫谭子者,懋于德者也。德而
风,故其动几。动而通,故其观无遁情。是故以执则贞,以用则
明。潜之则洞,旁之则烛,爱孚威行,吏缩而民舒也。斯何也? ²¹²
德者所以为风者也,情者所以流德者也。几动于微,通成于广,
职斯获之矣。故君子谓谭子善为政。"然河洛也,厥方狭矣。诸
士曰:"古者陈诗以观,而后风之美恶见也。我监公声迹泯而其
德大通于几,不谓天下之材乎?"于是赋《观风河洛》云。河洛者,
狭之也,冀太师采之献诸天子。^② 空同子曰:"民诗采以察俗,士
诗采以察政。二者途殊而归同矣。故有政斯有俗,有俗斯
有风。"^③

²¹³

----

　　① 典出《尚书》中的一篇,伊尹向年轻的天子教导祖先的德行。"风"在这里指一
种行为或风尚,"巫风"指"恒舞于宫,酣歌于室","淫风"指"殉于货色,恒于游畋","乱
风"指"侮圣言,逆忠直,远耆德,比顽童"。英文原译参见理雅各译:《书经》,第92页。
　　② 这里,李梦阳指的是古代采集诗歌献给天子的制度,太师是其中最高级别的官
员,负责在将诗献给天子之前作最后的修订汇编。
　　③ 李梦阳:《观风河洛序》,《空同集》卷51,10b—12a。

尽管"观风"主要是巡按的职责，但李梦阳认为它的重要性绝不仅限于某一地区，而是适用于整个政府体系。在这篇序言中，他拓展了"风"的含义。要完全理解他的观点，我们需要联系其他为表彰巡按谭缵的功绩所作的文章。

1528 年夏，谭缵与两名省级官员一起，造访了风穴山上的一座亭子。从这里眺望山下的美景，谭缵询问其他官员观察到了什么。一位官员回答"时"，显示他理解古人做出重要决定的方式。另一位官员的回答是"土"，显示他注意到了当地的地形地貌和农业活动。谭缵表扬两人对自己职责的理解，但他更关心的是"观风"。当被问及其义时，谭缵并没有给出答案，因此两名官员只得向李梦阳寻求解答。和谭缵一样，李梦阳也肯定了两人对自身职责的理解，但他告诉两人，"观风"比"观时"和"观土"更为重要：

夫天下之气，必有为之先者，而鼓之则莫神于风。故飔飔乎莫知所从，飒飒乎莫知其被，溜溜乎莫知其终也。其德巽，故其入深。其几微，故入物而物不自知。其行疾徐，故其入不齐。其变也乖和殊，故物有瘠腴纯驳，性随之矣。性发情逸，淳浇是效，而俗随之矣。俗沿习成，美恶相安，而政随之矣。是故先王知风之神也，于是节八音以行八风，然患其乖也，于是使陈诗观焉。诗者，风之所由形也。故观其诗以知其政，观其政以知其俗，观其俗以知其性，观其性以知其风。于是彰美而瘅恶，湔浇而培淳,迪纯以铲其驳,而后化可行也。①

　　两名官员对李梦阳的解答很满意,他们请求谭缵将这座亭子命名为"观风亭",并要求李梦阳为之作记。这两段与谭缵有关的文字对照来看,展现出"风"的复杂内涵。在李梦阳看来,"风"是一种神秘的力量,它由"气"产生,通过"气"的运行,为万事万物赋予不同的"性"。事物不同的"性"通过"情"体现出来,它们共同构成"俗"。当政府能够正确引导原本善恶并存的"俗",并使事物各安其所,就能够实现社会的和谐。因此,"观风"对于成功的统治是必不可少的。但要从何入手? 人应当从自身开始,警惕第一段文字中提及的三种恶风,即"巫风、淫风、乱风"的危害。这样做之后,君子方能为民众树立道德典范,并影响他人,正如风吹草偃。使好的"风"运行的一种方法是"八音",一如先王之教。但"风"可能会改变,因此政府也可能偏离原有的计划,导致风俗衰败。因此先王命令官员从各地采集诗歌以观风,这样他们就可以掌握风俗的变化和治理的情况。诗之可学,在于它是"风"的体现。在此,李梦阳遵循了传统的观念,强调诗的功利意义,它的另一佐证在于,《诗经》中也包含一类以"风"为名的诗,即"国风"。

　　从李梦阳对"观风"的讨论中可以引申出"学"的两个方面,

①　李梦阳:《观风亭记》,《空同集》卷49,7a—9a。

纵贯对自身和世界的考察。致力于避免三种不好的行为，和不断提醒君子的道德责任和影响天下的能力，都包含批判性的自省。在表面上，这与主流道学的道德自我修养方法相类似，但它们有两处重要的不同。第一个不同之处在于，尽管强调自省的重要性，但李梦阳并不假定人性普遍为善，因此并非任何人都可以通过彻底的自省成为圣人。前述引文清楚地指出，李梦阳认为人性各不相同，可以为善也可以为恶，因此人性不能作为道德的来源。第二个不同之处是"学"的目标。在李梦阳的"观风"理论中，自省的目的是培养现任或者未来的官员，使他们能够良好地履行职责。李梦阳无意提出一种道德修养的理论，去教育普通人成为圣人。

　　"观风"的另一个方面是通过观诗了解世界。在此，诗不是作为一种文学形式，而是作为一种观察和了解政府治理和社会风俗的手段得到强调，它能够完善国家的统治。李梦阳坚信，无论对于学者还是常人，诗都是内在情感的真实外向流露，这一点将在第八章得到更为深入的讨论。在此我们只需要注意到，正是出于这一理由，刘健认为学诗并不重要的看法引起了李梦阳的极度不满。在李梦阳看来，诗歌的重要性在于，它为国家提供了考察官员称职与否和天下治理情况的窗口。

　　正如李梦阳虽然以功利的眼光看待历史，但同时并不否认在从历史中学习道德教训之外，编纂历史仍然是一种散文创作的艺术，为获得治国理政的有用信息而学诗，同样并不意味着一个好的诗人应该一心使他的思想与国家的方针保持一致，事实上，这样只会写出糟糕的诗作。正确的做法，应当是意识到诗歌创作是一种由其自身规则主导的艺术形式，具有独特的知识体系，需要付出艰苦努力才能成为名家。接下来的两章，将讨论李梦阳如何将"文"和"诗"视为两种彼此独立的文学形式，它们不是为了服务于国家，而是为了表达作者的自我。

第四部分

表达自我

第七章　文

李梦阳为一名商人的诗集《缶音》所作序言常常为人征引，
在其中他批评宋代学者将阐发哲理视为作诗的主要目的，而非
通过诗的音律表达个人情感，这导致了真正的诗的消亡，因此李
梦阳认为，真正的诗只存在于唐代以前：

> 诗至唐，古调亡矣，然自有唐调可歌咏，高者犹足被管弦。
> 宋人主理不主调，于是唐调亦亡。黄、陈师法杜甫，号大家，今其
> 词艰涩，不香色流动，如入神庙，坐土木骸，即冠服与人等，谓之
> 人可乎？夫诗比兴错杂，假物以神变者也。难言不测之妙，感触
> 突发，流动情思，故其气柔厚，其声悠扬，其言切而不迫，故歌之
> 者心畅而闻之者动也。宋人主理，作理语，于是薄风云月露，一
> 切铲去不为。又作诗话教人，人不复知诗矣。诗何尝无理，若专
> 作理语，何不作文而诗为邪？[1]

---

① 李梦阳：《缶音序》，《空同集》卷 52,4b—5b。

这篇序言可以说是李梦阳在文学批评上最为重要的文章，我们将在后文对它进行更为深入的分析。在这里值得注意的是，李梦阳并不是说"理"在文学创作中没有任何价值，而是认为"文"比"诗"更适合说理。这让我们看到，李梦阳试图在"文"和"诗"之间作出区分，而他自己的作品绝大多数都可以归于这两类。①

尽管李梦阳有时会将这两种文学形式统称为"文"，但正如上述引文所示，他也会用"文"特指散文，用"诗"特指诗歌。毫无疑问，"文"与"诗"对于自我表达都具有重要的价值，但它们的表达方式并不相同。李梦阳认为，"文"更适合阐明观点，而"诗"更适合抒发情感。

这一区别涉及人类心理活动的两个不同方面：智识与审美。李海燕在考察近代中国关于爱的讨论时，极具洞见地重新评价了晚明的"情之狂热"以及它与十九世纪情感主义（sentimentalism）和五四浪漫主义（May Fourth romanticism）的关系。她注意到，我们在阅读晚明士人关于"情"的讨论时，常常代入读者自身将理性与情感明确区分的现代划分方式，因此，我们难以意识到晚明士人其实很少采用这种具有启蒙色彩的二分法。晚明"天理"与"人欲"的对立，绝不意味着对当时业已存在的政治、社会和文

221

---

① 在李梦阳现存的六十六卷文集中，只有三卷属于"赋"，其他都属于"诗"或者"文"。没有证据表明李梦阳曾经写过"词"或"曲"。在李梦阳看来，赋是一种特殊的诗，因此诗的理论同样适用于赋。参见朱怡菁：《李梦阳词赋研究》。

化秩序的道德基础进行彻底的挑战。①

　　尽管理性和情感的关系在启蒙时代的欧洲和明代中国确实存在不同的表现形式和发展路径，但在李梦阳身上我们可以看到，明中叶的士人已经敏锐察觉到理性与情感这两种精神活动之间存在的紧张关系，因为用以诠释二者关系的宋代权威理论正在分崩离析。和他所批评的宋代学者不同，李梦阳反对将审美与智识混为一谈。在他看来，二者构成了人类活动中彼此分离的两个领域，它们要求各不相同的学习方法和文学形式。本章及下一章将详细考察李梦阳有关这两种文学类型的理论，以及它们与人类活动中智识和审美领域的联系。我们也会探讨李梦阳本人在"文"与"诗"两方面的代表作品，以此展现他如何将自己的理论应用于文学创作之中。

　　在下面这段广为流传的引文中，李梦阳言辞激烈地写下了他对宋学之兴起以及它对文学的危害的看法：

　　　宋儒兴而古之文废矣。非宋儒废之也，文者自废之也。古之文文其人，如其人便了，如画焉，似而已矣。是故贤者不讳过，愚者不窃美。而今之文文其人，无美恶皆欲合道，传志其甚矣。是故考实则无人，抽华则无文，故曰：宋儒兴而古之文废。或问："何谓?"空同子曰："嗟! 宋儒言理不烂然欤? 童稚能谈焉。

①　李海燕：《心灵革命》(*Revolution of the Heart*)，第25—38页。

渠尚知性行有不必合邪？"①

　　现代学者常常引用这段文字，尤其是第一句，来证明李梦阳对宋学核心概念"理"的反感。然而，细读文本则会发现，李梦阳并不是要反对宋学的全部，他仅仅是认为宋学所关注的"理"，只是人类知识和经验的一个方面。宋代学者最大的错误在于，将这一部分知识当作普遍的真理，并要求所有人都遵循它。换句话说，李梦阳并不否认理学在宽泛的士人之学中占有一席之地，但他拒绝赋予它高于其他知识的地位，更不必说承认它是通往一切智识活动所汇集而成的普遍真理的唯一道路。

　　根据李梦阳对"文"和"诗"的区分，用"文"来讲论理学是合理且恰当的。问题在于，有些人毫无保留地接纳了宋代学者的主张，将"文"视为载道的工具，剥夺了它的独立地位和独特性质。为了纠正这一偏见，李梦阳提出恢复古代的写作方式，在他看来，古代的写作方式建立在现实主义的理想之上，对写作对象进行精确而全面的刻画。但一个有志成为文学名家的士人，要怎样才能掌握古代的散文写作方式，并真正实现它的价值？李梦阳尝试对这个问题作出解答，首先要寻求古代可供模仿的文学典范，接着说明这些典范为何值得效仿，最后通过他自己的文章，展现这一点如何实现。

---

　　① 李梦阳：《论学上》，《空同集》卷 66,4b—5a。

寻求典范

在本书引言中我们提到，"文必秦汉，诗必盛唐"的口号，自十七世纪以来就常常被与"前七子"尤其是李梦阳联系在一起。李梦阳的确曾经倡导恢复古代的写作典范，但在他的现存文字中，全然无法找到对特定典范的精确描述。那么，李梦阳所倡导的，究竟是什么？

李梦阳常常借由历史应当如何书写来阐发他的散文理论。例如，在第六章简略提到的李梦阳写给王监察的信中，他围绕作史展开讨论，并列举了一些可供仿效的文学典范和应当避免的反面案例：

仆尝思作史之义，昭往训来，美恶具列，不劝不惩，不之述也。其文贵约而该，约则览者易遍，该则首末弗遗。古史莫如《书》《春秋》，孔子删修，篇寡而字严。左氏继之，辞义精详。迁、固博采，简帙省缩。以上五史，读者刻日可了，其册可挟而行，可箱而徙。后之作者，本乏三长，窃名效芳，辄附笔削，义非指南，辞殊禁脔，传叙繁芜，事无断落。范晔《后汉》，亦知史不贵繁，然剟精铲采，着力字句之间，故其言枯体晦，文之削者也。盖不知古史文约而意完，非故省之言之妙耳。下逮《三国》、南北诸史，远不及晔，漫浪难观。《晋书》本出群手，体制混杂，俗雅错莽。欧阳人虽名世，《唐书》新靡加故，今之识者，购故而废新。《五代

224

225

史》成一家言是矣，然古史如画笔，形神具出，览者踊跃，卓如见之，欧无是也。至于宋元二史，第据文移，一概抄誊，辞义两蔑，其书各逾百帙，观者无所启发，展卷思睡矣。得其书者，往往束之高阁。仆谓诸史，他犹可耳。晋宋元三史，必修之书也。若宿学硕儒，才敌马班，后汉而下，种种笔削，诚万世弗刊之典。或惮其难，止取三史，约而精之，亦弘文之嘉运，昭代之景勋。管豹井天，私蓄素矣。幸公有问，辄吐布以闻伏，俟大君子教焉。①

226　　这封信的开头对历史写作进行了一种工具性的诠释：从历史事件中吸取道德教训。但接下来的是一段关于历史应当如何被书写的长论，它与学习历史的政治和道德目的无关。换句话说，李梦阳似乎认为历史学包含着两个方面：其一是"义"，即从历史叙述中提炼出的政治和道德观念；其二是"文"，即叙述的形式，它属于散文的范畴。② 正因如此，李梦阳激烈反对"文主理而已矣，何必法也"这样的说法。③ 不同于主流道学的拥护者将"文"视为表达道德观点的工具，李梦阳坚持认为"文"本身就具有真正的价值，在士人之学中应当占有一席之地，因此，它不应被视为一种无关紧要的工具。但也不同于一些宋代古文家认为"文"是天地之理的展现，因此它必然包罗万象，李梦阳认为"文"

---

① 李梦阳：《论史答王监察书》，《空同集》卷 62，11b—12b。
② 黄卓越：《明中后期文学思想研究》，第 41—43 页。
③ 李梦阳：《答周子书》，《空同集》卷 62，13a—14b。

在士人之学中的意义是有界限的。在他看来,写作出色的"文"
对"义"不一定有直接影响。正如我们一次又一次看到的,在李
梦阳看来,试图构建一个普遍性的"学"的体系,意味着忽略不同
知识领域之间的实际差异,这是他所反对的。从信中李梦阳对
历史书写的讨论中可以看出,显然他认为"文"是一个独立的实
体,它应当获得独立于"义"但与之同等的重视。227

　　关于历史书写中的"文",李梦阳列举了五种汉代及以前的
权威史书作为典范——《尚书》《春秋》《左传》《史记》和《汉书》。
是什么使它们出类拔萃?要回答这个问题,我们可以反过来问,
李梦阳为何认为《后汉书》及其后的正史都走上了错误的道路。
在他看来,后代的史书要么是过于吝惜文字,形成了艰深晦涩的
文风,比如范晔的《后汉书》,要么是过于冗长杂乱,比如其余的
正史,尤其是《晋书》《宋史》和《元史》。

　　相比之下,上述五部古代史书的优越之处在于,它们的散文
风格能够使读者全面地了解历史事件,却不至于用无意义的细
节和冗长的叙述使人展卷思睡。但李梦阳并不是在说作者应该
采取一种折中的风格,既不过分简洁也不过分冗长。事实上,长
度本身不是重点,他承认不同的文本需要不同的处理方式。尽
管李梦阳在这封信里指出,史书应当"文约而意完",但他在其他
地方论述了更为重要的条件:

　　昔人谓文至《檀弓》极,迁《史》序骊姬云云,《檀弓》第曰"公

安骊姬"，约而该，故其文极。如此论文，天下无文矣。夫文者，随事变化，错理以成章者也。不必约，太约伤肉；不必该，太该伤骨。夫经史体殊，经主约，史主该，譬之画者，形容之也，贵意象具，且如"非骊姬食不甘味，寝不安枕"之类是也。经者，文之要者也，曰"安"而食寝备矣。自《檀弓》文极之论兴，而天下好古之士惑。于是惟约之务，为湔洗，为聱牙，为剿剟，使观者知所事而不知所以事，无由仿佛其形容。西京之后，作者无闻矣。①

　　李梦阳通过对比《礼记·檀弓》的作者和司马迁关于同一历史事件的不同叙述，想要表达的重点在于，"经"和"史"具有不同的写作目的，因此它们的写作风格也必然有所差异。经的性质要求简洁，而史要求的是全面。我们并不清楚李梦阳如何将这一逻辑应用于《尚书》和《春秋》，以及经的意味稍逊的《左传》，他在前述信中将它们作为史书的典范，而它们本身又属于公认的经。暂且不论这一矛盾之处，在李梦阳的论述中似乎暗藏着这样的逻辑，经和史是为了传达不同类型的知识而作，因此将分析经典文本的法则套用到历史书写上只会是方枘圆凿，然而"好古之士"大多如此。

　　西汉及以前的作者的优越之处在于，他们对"文"的多样性

---

① 李梦阳：《论学上》，《空同集》卷 66，1a—2a。

本质有着更好的理解，"随事变化，错理以成章"。和东汉之后的学者不同，古代作者并不试图追求一种普适的作文方式，因此他们能够根据特定的目的来运用恰当的文学形式。从李梦阳对那些追慕古道但错误地认为"文"造极于《檀弓》之人的批评中可以看出，李梦阳倡导的是一种更为多样和灵活的散文写作方式。师法古代并不仅仅意味着从不同的古代作品中归纳出一种可供模仿的普适风格，而是要理解古代作者如何运用不同的写作方式实现不同的写作目标。

　　不过，对多样和灵活的写作方式的追求，也不意味着无条件接受自由的表达和风格，因此李梦阳将他对散文写作的讨论限于经和史之中。李梦阳认为，散文的首要目的是简洁明了地阐发观点与洞见，而不是卖弄文字。在此，有必要回顾一下李梦阳为《战国策》重刻所作的序言，他在其中批评《战国策》的作者过分强调辞令，导致巧谲之弊。它所带来的恶果，是周的衰败：

　　或问："周何以有战国也？"

　　李子曰："文祸之也。先王以礼之必文也，制辞焉，出乎迩，加乎远，通乎其事，达诸其政，广之天下益矣，于是重辞焉。流之春秋，号曰辞令，其末也弊，巧谲相射，遂为战国。"

　　曰："读其书者，诚文焉可矣，不驳驳入之乎？"

　　李子曰："嗟！予曷知哉？予曷知哉？反古之道者，忠焉，质焉，或可矣。"①

　　一种解读这段对话的方式，是将李梦阳视为一位主流道学家，认为不担负道德使命的"文"是有害的。但李梦阳显然并不是道学家，他所关注的是"文"本身，创作"文"的某种方式是否与"文"的适宜范围相一致。如李梦阳所言，《战国策》的问题在于，它只呈现出战国时代最为黑暗的一面，野心家运用雄辩和游说迷惑包括君主在内的听众，他们背离了将言辞用于精确完整地传达政治信息的先王之道。《战国策》记载了战国时期的史事，因此它是有价值的，但它同样保存了那些野心勃勃的雄辩之士的诡诈言辞，他们都为曾经繁盛的周朝的覆灭推波助澜。因此，除非读者能够在阅读《战国策》时牢记写作中"忠"和"质"的美德，不然他就很可能被《战国策》误导，因为它的文字过分矫饰、危险却充满诱惑力。但如果一个人能够心怀"忠"和"质"，阅读和学习《战国策》之"文"也会有所助益，因为《战国策》确实有它的可取之处。

　　上述观点反映出李梦阳对"文"的力量有着敏锐的认识，在《战国策》的例子中，它特别指向散文写作。一个好的作者必须能够理解古代的作文之道，它具有"忠"和"质"的特点，如此方能追求至高的散文写作标准。不幸的是，如今的文章在李梦阳看

---

① 李梦阳：《刻战国策序》，《空同集》卷50，1b—3a。

来已经背离了古道，这也就是所谓的"古之文以行，今之文以葩"。①

李梦阳试图在他自己的文章中践行这样的创作主张。在他留存至今的散文作品中，我们很少看到李梦阳直白地表达他的情感或者审美倾向，同样也找不到任何一篇文章称得上为论辩而论辩。我们所能看到的李梦阳，是一位事实的记录者，他所追求的是呈现对其写作对象的客观描述，无论那是人物、绘画、建筑、古迹还是事件。同时，李梦阳也是一位思想家，他基于自己的人生经历，用不同的写作形式阐发关于天地、政治、历史、文学以及其他各类议题的看法。李梦阳在这些文章中，一方面观察和记录，一方面反思和推理。这些文章共同呈现出的，是一位致力于忠实地描述事与物，同时进行大量思考的作者形象。接下来，我们将以李梦阳的一些作品为例，展现他如何在写作中践行自己的理论。

作者之为观察者、记录者与思想者

1511 年，李梦阳担任江西提学副使时，将重修著名的白鹿洞书院作为他的首要任务，甚至亲自为其编写新志。他在《重修

---

① 李梦阳：《六箴·文六》，《空同集》卷 61,2b。

白鹿洞书院志》的序言中写道，书院的现存记录全都杂乱繁冗，因此他要编纂一份新志：

> 于是取而笔削之，删繁以章义，提纲以表巨，分注以收细，拾遗以定乱，使比事有则，立言有例。①

显然，李梦阳试图在编纂过程中将他的理论付诸实践。方志作为一种特殊的历史书写形式，其谋篇布局和内容都应当简洁但全面，就白鹿洞书院志而言，它应当囊括书院的历史、自然地理、建筑环境、经济基础、历史人物和与之相关的文学作品，以及保存在书院里的书籍器物。但在书院本身已经得到重建的情况下，为何对其历史的记录仍然具有重要意义？对此，一个可能的答案是，历史可以为读者提供有助于应对当下问题的道德教训。这一点无疑隐含在李梦阳的历史观念里，然而，李梦阳实际提供的答案却并不仅限于此：

> 志成，门人问曰："窃闻之，志者，史之流也。夫史者，述往以诏来，比辞以该事，所以示鉴垂戒者也。是以古之圣贤，道有不行，则托史以寓志，故孔子退而《春秋》作，朱子遁而《纲目》修，皆伤道之不明不行焉耳。"李子曰："夫若是者，予岂敢哉？予岂敢

---

① 李梦阳：《重修白鹿洞书院志序》，收于李梦阳等编：《白鹿洞书院古志五种》，第13页。这一现代汇编收录了明清时期五篇不同的志，李梦阳的时代最早。

哉？予为斯志，亦直使其晦者晰，脱者补，遗者备，乱者统耳矣。亦又欲坠者可举，散失者可缀，紊者可理，缺者可完，圮者可复耳矣。或乃游昭道之地，览兴亡之本，详创继颠末之因，养之者具，观程有要，日用有需，而乃犹不务实也，又或鲜情饰誉以干禄，附贤躐而罔厚利，则斯洞也，特终南之捷径①焉矣。呜呼！斯则予伤哉！斯则道之不明不行也哉！"②

234

在此，我们应该特别注意到，李梦阳十分抗拒将他与孔子、朱熹相提并论。在一个层面上，李梦阳是为了表达自己的谦逊，认为自己的作品无法与孔子和朱熹的作品相媲美。但在另一个层面上，李梦阳事实上认为，尽管历史应当用以彰显"道"的存在并倡导良好的政治和道德，但写作本身不该受限于这些功利的目的。换句话说，尽管李梦阳同意历史书写——在这里是书院志——承担着为读者提供道德教训的责任，但作者的任务并不是将道德教训强行灌输给读者，相反，只有以最为真实客观的方式记叙历史，才能使读者清楚地认识到他们所要学习的历史教训。

的确，通读《重修白鹿洞书院志》，可以发现李梦阳的确尽可能忠实地记录了书院的诸多史实细节。在其他历史类作品比如传记和墓志铭中，李梦阳同样常常致力于使读者相信，他践行了

235

---

① "终南捷径"典出唐代一些人用隐居谋求声名，希望被举荐为官的投机做法。
② 李梦阳：《重修白鹿洞书院志序》。

自己所提出的主张。尽管李梦阳仍然会对他的写作对象进行道德评判，但读者能够感到，他在尽其所能地如实叙述，宛如一位坚持现实主义理念的画家。即便是在编纂族谱、记录自己的祖先和家族成员生平时，李梦阳同样毫不讳言他们的缺点。①

　　游记最能突出李梦阳对文学现实主义的钟情。在他最为著名的作品之一《游庐山记》中，李梦阳生动地描绘了他游览白鹿洞书院时所见的诸多胜景，他就像一位导游，以其充满画面感的描写和清晰的游览线路带领读者欣赏庐山风光。更为重要的是，这篇游记有两个值得注意的特点，体现出李梦阳作为观察者和记录者的心态。首先，他将每一处风景名胜都与历史人物精确联系起来，这为他的叙述赋予了时间的深度。比如，他会告诉读者，此处路旁有两块石碑，一块刻于南宋年间，字迹已模糊难辨，另一块则是由元代的吕师中（生卒不详）所刻。读者也会了解到，著名的茶圣陆羽（773—804）曾试过谷帘湖的水，北宋诗人黄庭坚曾在圆通寺居住，而朱熹曾造访过折桂寺。②

236　　其次，结合他的亲身游历，李梦阳澄清了一些对真正的白鹿洞的常见误解，白鹿洞地处偏远，常人难以到达：

　　　　李白、朱子皆莫之至，而人遂亦莫知其洞所，顾辄以书院旁

---

① 当然，我们不能毫无保留地接受李梦阳关于客观性的主张。李梦阳编纂族谱的方式，很容易使读者认为李梦阳自己所在的一支对整个家族有着最重要的贡献，而其他各支的家族成员往往品格卑劣，有时给家族造成危害。

② 李梦阳：《游庐山记》，《空同集》卷48，1b—5a。

鹿眠场者当之，可恨也。斯虽略见于王祎游记，然渠亦得之传
闻，又以寻真观列之白鹿洞后，误矣。①

　　在这篇游记中，李梦阳展现了他通过具体证据来佐证观察
结果的写作方法。李梦阳恪尽职守地扮演着忠实的观察者和记
录者的角色，声称他是唯一一个亲自造访此地之人，而其他人都
仅仅是自认为已经抵达。

　　总而言之，《游庐山记》的写作口吻既亲切而又疏离。亲切
之处在于，李梦阳在描绘周边环境时采用了一种近距离观察的
写作手法，而疏离之处在于，他坚持着自己作为观察者和记录者
的角色，绝不在描绘风景中掺杂个人的感情和想法。特别提到
这一点，是因为游记写作的传统常常是将作者的思想审美和感
情融入他们游历的空间。举例来说，著名唐代文人柳宗元
(773—819)在贬谪永州时写下了一系列游记，正如陈幼石指出，
"柳宗元在多次游览永州名胜后，留下了大量散文和诗歌，它们
不仅生动地描绘了柳宗元眼中所见之景，更表达了他心中的所
思所感"。②

　　这种游记写作传统以前所未有的方式占据了十六世纪晚期
到十七世纪早期文人的想象空间。正如麦克道尔（Stephen

237

---

　　①　李梦阳：《游庐山记》，《空同集》卷 48，1b—5a。
　　②　陈幼石：《古文中的形与意》(*Images and Ideas in Chinese Classical Prose*)，第
82 页。

McDowall)在他对钱谦益（1582—1664）关于游览黄山的作品及
其思想背景的研究中指出，晚明文学艺术中对风景的鉴赏，反映
出很多江南士人感到他们的身份认同受到积极模仿士人生活方
式和品位的商人的威胁。麦克道尔认为，游记为士人提供了重
新定义自我和重申文化优越地位的机会。它让读者意识到，只
有真正的鉴赏家才能欣赏风景名胜中的历史和文化底蕴，了解
它们在受过教育的人眼中才具有的深刻内涵，而那些漫不经心
或粗鄙的旅行者则做不到这一点。在这些游记里，作者沉浸在
景观以及与之相联系的文化传统中，在欣赏风景之美、思虑死生
之事，以及精神和宗教性的了悟之中生发的情感，都通过作者与
景观亲密无间的接触得以传达。①　与之类似的是徐霞客
（1587—1641）的游记，出身南直隶的徐霞客是著名的旅行作家，
他的游记以日记的形式编集，致力于展现他周游天下时对所见
风景生发的个人情感。②　然而，与晚明江南士人不同，李梦阳从
不用游记抒发审美体验与个人情感，尽管在敏锐地观察周边环
境并利用高超的文学技巧描绘它们这一点上，他与柳宗元和晚
明士人并无不同。

　　然而，李梦阳在同一地点所作的诗歌，写作方式与之大不相
同。例如，他在《庐山秋夕》中写道：

---

　　①　麦克道尔：《钱谦益的黄山之思》（*Qian Qianyi's Reflections on Yellow Mountain*）。
　　②　汪居廉（Julian Ward）：《徐霞客》（*Xu Xiake*）。

山壑寒气早,日夕风色紧。

火流桂将歇,霜至蕙草陨。

蟋蟀集涧馆,禾黍被疆畛。

感物忧自攒,排遣情诇忍。

年徂身与衰,时弃世所哂。

踌躇夜不寐,起坐万念轸。

崖倾月西流,嶂曙松犹隐。

嗷嗷露猿啼,行行采芳菌。①

如果说写作散文时的李梦阳是一位客观的观察者和记录者,写作诗歌时的李梦阳则是一个感性的人,所见的风景轻而易举地激发他对身边景物与个人命运的无限感慨。作为诗人的李梦阳仿佛与风景浑然一体,而非与之疏离。

不过,在以历史的思维致力于在游记中忠实记录事实的李梦阳之外,还存在着以哲学的思维撰写论辩之文阐发关于政治、文化、思想等诸多议题的看法的李梦阳。与作为观察者和记录者,与描写对象保持距离的李梦阳相反,作为思想者的李梦阳追求将他的思想主体投入讨论议题之中。我们已经见过李梦阳如何通过"书"和"序"阐发观点,接下来我们将要看到的是另一种类型的论辩之文,在李梦阳的文集中它们被归为"杂文",那就

① 《空同集》卷13,8b。我们将会在下一章更为详细地讨论李梦阳的诗作。

是"对"。

李梦阳文集中的三篇"对"或许会让读者联想到一些先秦的哲学著作，特别是《庄子》。在这类作品中，常常会有两个或虚构或实有的人物以问答形式对谈，而作者就借此表达其哲学观点。在《马对》中，李梦阳用"秦子"和"郁郅子"这两个人物构建了一组对话。①《马对》的开头是一段稍显冗长的叙述，讲述了秦子坠马伤腿，郁郅子患了风寒，两人在京城成为邻居的经过，这段文字与讨论主题并无直接关联。但接下来，两人关于秦子的伤展开了一段出乎意料的对话。秦子自言他是南方人，对马知之甚少，因此若要出行，他总是借用其他人的马。因为不熟悉所骑之马的特点和脾气，他才会从马上摔下。秦子的话引起了郁郅子的一连串问题：

> 郁郅子曰："异哉言也。且子能尽习天下之马乎？"
>
> 曰："不能。"
>
> "能尽解其良恶而后假乎？"
>
> 曰："不能。"
>
> 曰："二者既不能矣，子能终身弃马乎？"
>
> 曰："又不能。"

---

① "郁郅子"是作者本人的化身。在另一篇文章里，李梦阳在康海和段炅（1505 年进士）之间构建了一段对话，内容是关于郁郅子的病，文章的语气表明作者正是用"郁郅子"代指自己。参见李梦阳：《郁郅子解》，《空同集》卷 61，11a—12b。另一佐证在于，"郁郅"正是李梦阳家乡庆阳的旧名。

曰："子堕马何伤？"

曰："伤足。"

曰："幸若是。向使伤藏络、挟胿、磕脑、抉眦、毁齿，子尚能即起邪？殆哉殆哉！"

秦子闻之，誉慴无人色。咕咕语曰："奈何？先生幸以教之！"[①]

接着，郁郅子在对话中长篇大论地讲述了相马之术，他引用了著名的伯乐相马的故事，用以说明要完全掌握关于马的知识所需要经历的阶段。要培养和发掘千里马，依赖于以下三个因素：创生万物的"天"，养育万物的"地"，以及相马者。相马者决定了一匹千里马是能够尽展其天赋，还是像寻常的马一样老死于槽枥之间。

熟悉伯乐相马这一故事的读者会立刻意识到，李梦阳之文有意呼应韩愈那篇类似主题的名作。[②] 的确，其中一些句子，如"千里马常有，而伯乐不常有"，甚至是直接引用自韩愈的文章。韩愈和李梦阳都是用伯乐相马的故事强调明君应当慧眼识才，选贤任能。但李梦阳较之韩愈更进一步，他认为仅仅赏识和培养贤才还不足够，君主必须给予他们最为合适的职位，以使他们各尽其才。

241

[①]　李梦阳：《马对》，《空同集》卷 61，9a—11a。

[②]　韩愈：《杂说》，《韩昌黎文集校注》卷 1，第 20 页。

　　韩愈的名作与李梦阳的《马对》之间，另一处重要差别在于叙述风格。韩愈的文章从始至终都采用第三人称论述，而李梦阳的"对"不仅包含对话，还记叙了对话发生的背景。在对话结束后，李梦阳转而采用第三人称视角叙述，告诉读者秦子未能获得一展其才的官职，他最终决定接受一个学职的任命，往教于楚下邑，临行前他向郁郅子道别。在此，叙述再次转为对话形式，郁郅子将秦子的命运比作不获赏识而沦为常马的千里马。与韩愈平铺直叙的风格相比，李梦阳将说理融入对个人经历的描写，并将叙述者塑造为一位《庄子》中那样的智者。读者可以推知，李梦阳想必会对秦子的不幸深有感触，因为他和秦子一样，空有才能却不受君主赏识。诚然，李梦阳要想为自己的不幸遭遇鸣不平是相当容易的，但他在文中采用的叙述方式，却将个人的苦闷转为理性的论辩，似乎作者化身为郁郅子，成为了一位哲人和教师，用他的亲身经历教导读者人生的道理。

　　李梦阳在写给家人或者密友的文章中，相应地表达了一些情感，但就算在这些文章里，他仍然保持着疏离的语气。举例来说，李梦阳为亡妻所作的墓志铭中，深情地写下了对她的怀念：

　　李子哭语人曰："妻亡而予然后知吾妻也。"
　　人曰："何也？"
　　李子曰："往予学若官，不问家事，今事不问不举矣。留宾酒食，称宾至。今不至矣。即至，弗称矣。往予不见器处用之具，

今器弃挪,弗收矣,然又善碎损。往醯酱盐豉弗乏也,今不继旧
矣。鸡鸭羊豕时食,今食弗时,瘦矣。妻在,内无嘻嘻,门予出即
夜弗启也。门今启,内嘻嘻矣。予往不识衣垢,今不命之浣,不
浣矣。缝剪描刺,妻不假手,不袭巧,咸足师。今无足师者矣,然
又假手人。往予有古今之忼,难友言而言之妻,今入而无与言
者。故曰:妻亡而予然后知吾妻也。"①

　　这段感人肺腑的自陈生动地描绘了李梦阳的悼亡之情,但
采用的第三人称视角("李子")以及对话的形式,使它看起来更
像是作者对悲痛之情的解释而非自身情感的流露。这种叙述方
式淡化了对妻子的怀恋,并将作者的强烈情感转变为理性的
辨析。

　　本章我们分析的例证表明,在李梦阳看来,"文"是一种工
具,可以用来记录作者的观察,也可以阐发作者经历和思考中的
哲理。在李梦阳的文章中鲜少出现的,是通过与外界的交会,使
喜怒哀乐清晰可感的审美和情感的自我。下一章将要讨论的
是,李梦阳为何认为"诗"更适合承担表现个人审美与情感的角
色,以及他如何在创作中证明他的理论。

_____

① 　李梦阳:《封宜人亡妻左氏墓志铭》,《空同集》卷45,6b—9b。

第八章 诗

244　　徽州商人余育(生卒不详)是李梦阳的友人,也是一位诗人,自号"潜虬山人"。在一篇为余育所作的文章里,李梦阳生动地讲述了余育如何诚实地经商,拒绝向强权低头。他同样描绘了余育作为文人的一面,强调他对学诗的热情:

　　　山人商宋、梁时,犹学宋人诗。会李子客梁,谓之曰:"宋无诗。"山人于是遂弃宋而学唐。已问唐所无,曰:"唐无赋哉!"问汉,曰:"无骚哉!"山人于是则又究心赋、骚于唐汉之上。①

245　　我们再一次看到,李梦阳用对话的形式将自己塑造为一位向热心的学生提供建议的智者。此处我们讨论的文学类型,是"诗"以及其他韵文,它们是李梦阳复古思想的最佳体现。受李梦阳现存作品数量所限,我们无法对他的赋和骚体诗进行系统性的研究,尽管李梦阳尚有三十五篇赋存世。② 因此,本章的讨

---

① 李梦阳:《潜虬山人记》,《空同集》卷 48,9b—11b。
② 李梦阳关于赋的理论和创作,参见朱怡菁:《李梦阳辞赋研究》。

论重点将会放在李梦阳的诗作上。

　　与李梦阳其他思想主张相比，他的诗歌理论已经得到了相对深入的研究，在此不必一一赘述前人的成果。我们所要做的，是将对李梦阳诗歌理论和实践的研究，置于前文所勾勒出的李梦阳整体思想架构之中，包括他关于天地、人性、政治、历史、礼仪和散文的理论。本章主要探讨的问题有二：首先，如果宋诗不足为训，学诗之人应当向何处寻求典范，这些典范又为何值得效仿？其次，李梦阳如何将他的诗歌理论应用于创作实践之中？

宋诗之弊与补救之法

　　倘若正如李梦阳所言，有宋一代全无好诗，有志于诗的学子就应当回向更古老的时代寻求值得效仿的典范。但要从这些典范身上学习的究竟是什么？为了回答这个问题，我们要将目光投向李梦阳对诗学最为重要的贡献，同时也是最具争议的观点。李梦阳的主张如此强有力却又如此难以理解，即便是他的密友也是复古运动的另一重要领袖何景明，也无法接受。何景明的抗拒引起了李梦阳激烈的反驳，两人的论辩留存在他们的往来书信之中，双方都坚持自己的看法不肯让步。关于这次论辩的研究已经相当深入，但对其主要论点稍作回顾，将有助于我们的理解。①

　　李梦阳与何景明的论辩发生在 1515 年。② 李梦阳致何景明的第一封信已经失传，但显然，信中的措辞相当自负，这使得何景明回信捍卫自己在诗歌领域的独立地位。对此，李梦阳又写了两封信重申他的论点。李梦阳现存的三封信以及他与何景明的论辩，是明代文学史上的重要话题。③ 廖可斌对后世学者关于这次论辩的理解作了很好的总结。有些学者，比如钱谦益，认为两人并不存在实质性的争议，但他们都要维护自己的名声，这才是矛盾所在。另一些学者认为他们的分歧源于对不同诗风的偏爱。据说李梦阳偏爱更为凝练、克制、高雅的诗风，而何景明倾向于更为清晰、明快的诗风。但一种更具影响力的解读，则认为李梦阳强调严格遵循古代写作风格的重要性，而何景明坚持变革的不可避免。④ 这一观点主导了中国文学教科书对前七子的复古主义尤其是李梦阳的解读。它是一种影响极为深远的曲解，不少知名学者比如郭绍虞，花了许多时间试图纠正它，却收效甚微。⑤

　　诚然，一些李梦阳自己面对批评的辩护之词，如果从具体语

---

　　① 一些可供参考的研究，马茂元：《略谈明七子的文学思想与李何的论争》；横田辉俊：《明代文论的发展》（明代文學論の展開），第一部分；简锦松：《李何诗论研究》；廖可斌：《复古派与明代文学思潮》；白润德：《伟大的再造》，第 388—427 页。
　　② 李何往来书信的系年，参见白润德：《伟大的再造》，第 388 页注释 1。
　　③ 三封书信的英文原译，参见白润德：《伟大的再造》，第 401—415 页。
　　④ 廖可斌：《复古派与明代文学思潮》，卷 1，第 218—219 页。
　　⑤ 郭绍虞：《中国文学批评史》，第 297—304 页。

境中抽离,看起来也确实会有倡导盲目仿古之嫌,以下面这段引
文为例:

247

> 短仆者必曰:"李某岂善文者,但能守古而尺尺寸寸之
> 耳。……"古之工,如倕、如班,堂非不殊,户非同也,至其为方
> 也、圆也,弗能舍规矩。何也? 规矩者,法也。仆之尺尺而寸寸
> 之者,固法也。①

其中,作诗与工匠的类比意味深长。即便能工巧匠如倕和
公输班,在建筑风格上有所不同,他们仍都必须遵循某些固定的
法则。李梦阳认为,他的使命就是揭示诗的固定法则,它曾体现
在古代伟大诗人的作品之中,但如今已湮没不传,普天之下,古
往今来,所有的作者都必须"尺尺而寸寸"地遵循这套法则。因
此,李梦阳严厉批评何景明,因为何景明相信学古仅仅意味着师
法历史上伟大诗人的思想,而不是遵循他们的创作法则。正如
白润德清楚地指出,何景明主张"通过认真地学习古代优秀诗
作,一个人就可以学到如何表达自己的情感和主张,而其形式可
能与古人截然不同"。与之相对,在李梦阳看来,学古就意味着
学习古代的形式:"李梦阳认为,师法古代名篇并以这种形式写

248

---

① 李梦阳:《驳何氏论文书》,《空同集》卷 62,6b—10a。英文原译引自白润德:
《伟大的再造》,第 409 页,姓名译法改为汉语拼音。

作的意义在于，形式与人类经验中蕴藏的法则是和谐一致的。"①

　　李梦阳的主张，如果草率地抽离具体语境来看，确实给人留下他顽固反对创新并要求诗人亦步亦趋地模仿古代诗风的印象。理解李梦阳主张的关键，在于理解"法"的含义。而要理解"法"的含义，我们需要回到最初的问题，即李梦阳为何认为宋诗属于二流之作。在此，有必要回顾一下第七章开头的引文。李梦阳对宋诗的不满，主要在于宋代诗人倾向于忽视诗本身的特质，而强调诗应当讨论普遍性的规律和法则，而在李梦阳看来，最适合讨论这些主题的文学形式应当是散文。但诗的特质究竟是什么？从前述引文可见，关键在于"调"，李梦阳认为这正是宋诗所缺乏的。一些学者认为，"调"指的是在诗歌创作中，富有技巧地将音韵属性和语言属性相结合而实现的一种完美状态。②但在诗的种种属性中，存在着一些更为本质的东西，李梦阳在为林俊(1452—1527)的诗集所作序言中指出了这一点：

　　　　李子读莆林公之诗，喟然而叹曰："嗟乎！予于是知诗之观人也。"石峰陈子曰："夫邪也不端言乎？弱不健言乎？躁不冲言乎？怨不平言乎？显不隐言乎？人乌乎观也？"李子曰："是之谓

---

① 白润德：《伟大的再造》，第 417 页。
② 陈国球：《明代复古派唐诗论研究》，第 26 页。

言也,而非所谓诗也。夫诗者,人之鉴者也。夫人动之志,必著之言,言斯永,永斯声,声斯律。律和而应,声永而节。言弗睽志,发之以章,而后诗生焉。故诗者,非徒言者也。是故端言者未必端心,健言者未必健气,平言者未必平调,冲言者未心冲思,隐言者未必隐情。谛情探调,研思察气,以是观心,无庾人矣。故曰:诗者人之鉴也。"①

　　作诗,并不仅仅是将心念形诸字词。更为本质的是,它是一种将字词转化为与乐曲相和谐的歌词的艺术。宋诗之弊,就在于它舍弃了诗的音乐性。在李梦阳看来,只有通过吟诵,诗才能获得激发诗人及其听众情感的力量。绝大多数宋诗,纵使出自名家之手,比如黄庭坚和陈师道,都是以无法被吟诵的方式写成的,因此它们失去了诗最为宝贵的特质。

　　根据这一思路,挽救这些糟糕诗作的方法,就是恢复宋代以前将诗作为音乐而不仅仅是文本的创作方法。如果吟诵是诗的精髓所在,自然,诗歌理论最重要的任务,也就是区别好的音乐和坏的音乐。简锦松也指出,尽管李梦阳诗歌理论中的"法"可以指代指导诗歌整体结构安排的一般性法则,但实际上,它更为具体地指代"音度"的规则。也就是说,当李梦阳强调严格遵循

----

　　① 李梦阳:《林公诗序》,《空同集》卷51,3b—5a。

诗歌创作之"法"时，他所强调的是诗歌的音乐特质而非文字结构。①

　　尽管如此，人们仍然可以反驳说，好的诗人应该能够打破固有的音韵规则，自由地探索诗歌的音度。但李梦阳不会认同这一观点，因为在他对"法"的理解中，正确的音乐表达源于自然，不受人力左右。与他对政治的看法（见本书第三部分）相反，在李梦阳看来，诗歌创作中，"正确"就意味着"自然"。② 在一篇关于字音的文章中，这一点得到了最为清晰的阐述。在讨论一些字，比如"东"和"冬"，"青"和"清"的读音时，李梦阳指出，"反切"的原则决定了这几组字应当有不同的发音。③ 但无论是在李梦阳的时代，还是在今天的普通话中，它们的发音都是一样的。另一方面，像"虞"和"模"，"麻"和"遮"这几组字，李梦阳却认为它们应该有一样的读音。它们的实际读音不同，是由人为错误导致的，但一些人却反过来责怪音韵规律的不一贯。李梦阳认为这十分荒谬，因为规律是由自然决定的：

----

　　① 简锦松：《明代文学批评研究》，第 229—232 页。简锦松：《李何诗论研究》，第152—166 页。

　　② 山口久和认为，明代文学复古主义包括李梦阳在内，关于在自然的基础上建立诗歌规范的观念，与程朱理学建立伦理和社会规范的方式十分相近。参见山口久和：《明代复古派诗说的思想意义》（明代復古派詩説の思想の意義）。尽管笔者赞同李梦阳的诗论的确受到他的"自然"概念的影响，但他的"自然"概念和规范与程朱学者有很大不同。

　　③ 反切是一种字音注解体系，采用第一个字的辅音和第二个字的元音来标注一个字的发音。比如，可以用"七住反"标注"取"的读音。

韵母子相生，五音互之，自然而成声。智不能加，愚不能损。……今人因前人云四声出于沈氏，遂不复根究便立训教人，不知兹韵其来已远，沈特校定之耳。①

文中，李梦阳借助沈约的音学来说明一个重要的主张：虽然沈约常常被视为正确音韵规则的发明者，但他所做的，实际上只是通过鉴别和修正错误而将这一规则标准化。李梦阳通过指出正确的音韵表达由来已久，驳斥了过去认为这一规则是由某个伟大的历史人物发明的观点。被认为是由伟大的历史人物创造出的规则，实际上只是人类发现的自然现象。不仅"法"是如此，诗歌创作中其他规则也是如此。诗人作诗之时必须遵循"法"，因为它不是某人所发明之物，而是从音韵表达的自然规律中发现和总结出的规则。

李梦阳如何能够确定"法"的正确性？这个问题可以等同于，李梦阳如何能够断言，遵循"法"是自然的，反之则是非自然的？对此，李梦阳并没有提供详细的或者系统性的技术解释，而是用感应的理论来证明他的观点。李梦阳似乎相信，一个诗人的作品是否与"法"和谐一致，取决于读者和听众能否在诗歌被吟咏时，产生共鸣和情感反应。归根结底，李梦阳真正关心的，是情感的自我是否能得到真实的展现。他认为一个好的诗人，

———————

① 李梦阳：《论学上》，《空同集》卷 66,3a。

必须确保他的诗句在吟诵时能够自由地表达他的感情，并触动听众。但诗歌感动人心的力量究竟源自何处？在为林俊的诗集所作序言中，李梦阳指出，人心是诗歌创作的核心，下面这段引文给出了更为详细的阐释：

　　情者，动乎遇者也。……故遇者物也，物者情也。情动则会心，会则契神，契则音所谓随寓而发者也。……故天下无不根之萌，君子无不根之情。忧乐潜之中而后感触应之外，故遇者因乎情，诗者形乎遇。①

　　"物"（包括外在的事物与事件）是一个诱因，它能够激发人们心中的情感。一旦情感萌发于心，君子自然希望通过"音"来表达感情，而诗通过文字为"音"补充了意涵，使歌咏成为可能。在这一过程中，诗歌的精神（情感）与形式（音律与文字）自然呼应，融合为和谐一致的整体。宋诗所缺乏的，正是真实的情感和相应的音律，这使得宋诗枯燥乏味。

　　在为一位武官举办的重阳宴会上所作诗集的序言中，李梦阳阐释了诗歌与情感的联系：

　　诗可以观，岂不信哉！夫天下百虑而一致，故人不必同，同

───────────

①　李梦阳：《梅月先生诗序》，《空同集》卷 51，6a—7a。

于心；言不必同，同于情。故心者所为欢者也，情者所为言者也。是故科有文武，位有崇卑，时有钝利，运有通塞。后先长少，人之序也；行藏显晦，天之畀也。是故其为言也，直宛区，忧乐殊。同境而异途，均感而各应之矣。至其情则无不同也。何也？出诸心者一也，故曰："诗可以观。"①

在这篇序言中，李梦阳试图解释这部诗集的诗作，何以出自不同背景和阶层的作者之手。他用"同"和"一"的概念，强调诗这一文学类型所具有的某些特质，使得任何人都可以与之联系，无论其背景、地位、财力如何。好诗总是人们真实的"情"的表露，它由"心"的活动而产生，诗中的"同"和"一"正是源出于此。② 但当李梦阳使用这些概念时，并不意味着他和宋代学者一样，相信人类世界本质上是统一的。相反，正如我们在第三章和第四章中所看到的，李梦阳认为自然世界和人类社会在起源和本质上都是多样的，和谐的秩序只能通过政治力量实现。

在个人层面上，诗确实为人们提供了一个彼此联系和情感共鸣的平台。然而，这并不意味着一个受过教育之人的终极目标，是通过个性化的表达，发现诗歌中统一性的本质来源。如第二章所论，这正是苏轼的主张。相反，正如廖可斌所指出的，李

254

---

① 李梦阳：《叙九日宴集》，《空同集》卷 59，12b—13a。
② 侯雅文：《李梦阳的诗学与和同文化思想》，第 90—100 页。

梦阳相信尽管情感的种子存在于每一个人的心中，但因为各人的表达方式根据其人生经历不同而各有差别，他们所创作的诗歌因此也必然是各不相同的。[①] 故而，"同"和"一"的概念在李梦阳的诗歌理论中，代表的是一个共同的情感平台，而不是如宋人心目中那种统一性的理想状态。

弗吕基格(Peter Flueckiger)在他最近关于十八世纪日本诗歌的研究中，指出诗在日本"古学"运动中占据着极为重要的地位。这场运动发生的背景，乃是武士阶层主导的价值体系与政治社会秩序遭到高速城市化和商业化的挑战。人们需要新的定义和谐社会的方式，而"古学"倡导者相信，可以向古代中国或日本寻求答案，因为具有完美秩序的理想社会曾经存在于斯。在荻生徂徕(1666—1728)看来，古道本质上是政治和文化的，而非如朱熹所言是形而上的。因此，他特别注意描绘人类情感的本质，以及诗歌作为一种工具，如何在表达情感的同时，将之与社会规范相适应。弗吕基格令人信服地指出："荻生徂徕所构想的统一性，是多元之中的统一，需要承认人类不同品性的存在(无论是在圣人的创造中，还是在普通人之中)与维护'道'的实践方向对应联系。"[②]

荻生徂徕深受明代复古运动，特别是诗人李攀龙和王世贞的影响，而他们又曾受到李梦阳的影响，因此，我们可以在荻生

---

① 廖可斌：《复古派与明代文学思潮》卷1，第184页。
② 弗吕基格：《想象和谐》(*Imagining Harmony*)，第112页。

徂徕和李梦阳之间发现不少思想上的相似之处。与荻生徂徕一样，"情"的理论为李梦阳提供了人与人之间交流的基本平台。此一平台能够承认人格的多样性，却不需要把个人怪异离群的行为合理化。就形式而言，李梦阳的理论同样试图解释诗歌体裁的多样性。为了说明这一点，可以参考李梦阳自己的学诗经历：①

　　李子曰："曹县盖有王叔武②云。其言曰：夫诗者，天地自然之音也。今途咢而巷讴，劳呻而康吟，一唱而群和者，其真也，斯之谓风也。孔子曰：'礼失而求之野。'今真诗乃在民间，而文人学子顾往往为韵言，谓之诗。" 256

　　在这段对话中，王叔武似乎援引了一种平民主义的观点来批评文人学子歪曲了诗歌的本质，他们用"韵言"取代了真正的诗所具有的"天地自然之音"。李梦阳反对王叔武的观点，他指出北方的民歌已经充满了金元遗留的"胡"音。但王叔武坚持认为，即便是"胡"音，也好过那些文人学子之作：

　　王子曰："真者，音之发而情之原也。古者国异风，即其俗成声。今之俗既历胡，乃其曲乌得而不胡也？故真者，音之发而情

---

①　接下来的两段引文出自李梦阳《诗集自序》，《空同集》序言，1a—6b。
②　王叔武，名崇文，是李梦阳在户部的同僚，也是进士同年。

之原也，非雅俗之辩也。且子之聆之也，亦其谱而声者也，不有率然而谣、勃然而讹者乎？莫知所从来，而长短疾徐，无弗谐焉，斯谁使之也？"

李子闻之，矍然而兴曰："大哉！汉以来不复闻此矣。"

257 王子曰："诗有六义，比兴要焉。夫文人学子比兴寡而直率多，何也？出于情寡而工于词多也。夫途巷蠢蠢之夫，固无文也，乃其讴也，咢也，呻也，吟也，行呫而坐歌，食咄而寤嗟，此唱而彼和，无不有比焉兴焉，无非其情焉。斯足以观义矣。故曰：诗者，天地自然之音也。"

李子曰："虽然，子之论者，风耳。夫雅、颂不出文人学子手乎？"

王子曰："是音也，不见于世久矣。虽有作者，微矣。"

李子于是怃然失己，洒然醒也。于是废唐近体诸篇，而为李、杜歌行。王子曰："斯驰骋之技也。"李子于是为六朝诗。王子曰："斯绮丽之余也。"于是诗为晋、魏，曰："比辞而属义，斯谓有意。"于是为赋、骚，曰："异其意而袭其言，斯谓有蹊。"于是为琴操、古歌诗。曰："似矣，然糟粕也。"于是为四言，入风出雅，曰："近之矣，然无所用之矣。子其休矣。"

李子闻之，暗然无以难也。自录其诗，藏箧笥中，今二十年258 矣。乃有刻而布者，李子闻之，惧且惭。曰："予之诗，非真也。王子所谓文人学子韵言耳，出之情寡而工之词多者也。"然又弘治、正德间诗耳，故自题曰《弘德集》。每自欲改之以求其真，然今老矣。曾子曰："时有所弗及。"学之谓哉。

　　李梦阳最终接受了王叔武的观点，日本学者吉川幸次郎因此认为，明中叶复古运动的一个重要方面，就是它对平民文学的欣赏，而这主要是因为复古运动的领军人物，尤其是李梦阳，都出身于平民家庭。[①] 李梦阳对平民文学的欣赏究竟是不是出于阶级自觉还有待商榷，但显而易见的是，李梦阳并没有通过与文人学子之诗保持距离来坚持平民主义的立场。相反，他希望通过对诗歌的重新理解，以一种巧妙的方式吸引文人学子。

　　现在，我们应该已经熟悉了李梦阳把诗歌情感与音韵特质联系起来的逻辑。值得注意的是他讲述自己学习经历的方式。一些学者认为这篇序言作于李梦阳晚年，那时李梦阳对自己从前追求的鼓励盲目模仿的复古主义感到后悔和不满。[②] 但另一些学者给出了更具说服力的证据，表明李梦阳是在回忆他二十多年前的心理转变，正是在这一转变之后，他开始投入复古主义的追求。[③] 诚然，正如明代戏剧家李开先认为的，与其将李梦阳在这篇序言中的文字视为悔恨之言，它更应该被视作李梦阳自信的外在表现。尽管这篇序言的语气谦逊，但李梦阳实际上在

259

---

　　① 吉川幸次郎：《李梦阳的一个侧面》（李夢陽の一側面）。松村昂认为，李梦阳赞赏平民的诗歌是因为他对当时士人阶层将"礼"重新引入政治秩序的能力感到失望。参见松村昂：《李梦阳诗论》（李夢陽詩論）。
　　② 郭绍虞编：《中国历代文论选》，第三册第57—58页。
　　③ 廖可斌：《复古派与明代文学思潮》，第199—202页。

告诉读者,他有能力在"风"和"雅"两种风格间转换自如。①

　　笔者以为,李开先的解读是正确的,特别是考虑到李梦阳在文章末尾哀叹他已经没有足够的时间来纠正当时的错误风气。这等于是说,经过二十年的不断学习之后,李梦阳认为他已经掌握了真正的诗的要义,并能够将诗的精髓注入他所掌握的各种诗歌体裁之中。因此,这并非是呼吁文人学子放弃作诗而让位于平民,也不意味着真正的诗歌体裁只能见于《诗经》,而汉代以后产生的各种体裁都毫无价值。相反,李梦阳认为诗歌体裁的多样性是诗歌的自然发展结果,每一种体裁都具有值得流传的内在价值。随着时间推移,诗歌在平庸文人的手中逐渐沦为了毫无意义的文字游戏,因此当务之急,是通过学习最好的诗作以"求其真"。即使对于李梦阳格外怀疑的六朝诗风,这一点也同样成立:

　　说者谓文气与世运相盛衰,六朝偏安故其文藻以弱。又谓六书之法至晋遂亡。而李杜二子往往推重鲍谢,用其全句甚多;梁武帝谓逸少书如龙跃虎卧,历代宝之,永以为训。此又何说也?今百年化成人士,咸于六朝之文是习是尚,其在南都为尤盛。予所知者,顾华玉、升之、元瑞皆是也。南都本六朝地,习而

---

　　①　李开先:《李崆峒传》,《李中麓闲居集》,《文集》卷 10,51b。另参见简锦松:《明代文学批评研究》,第 206—208 页。

尚之固宜。庭实齐人也,亦不免,何也? 大抵六朝之调凄宛,故其弊靡;其字俊逸,故其弊媚……。夫沂流而上,不能不犯险者,势使然也。兹欲游艺于骚雅籀颉之间,其不能越是以往,明矣。[①]

六朝诗风如此盛行,以至于北方作家(边贡)也学此法,这促使李梦阳提出一种理论来解释这一现象。尽管这一特定的文学风格是"弱"的,学此风格也"不能不犯险",李梦阳还是认为,最优秀的诗人,比如鲍照和谢灵运,能够克服其"弱"而彰显其特质,他们的成就值得效仿,即使对于李梦阳所崇拜的李白和杜甫这样伟大的诗人来说也是如此。李梦阳对六朝诗风的论述清楚地表明,他相信这一时代的诗歌中存在真正的价值,如果一个人有志于复兴古代诗学,就不应该忽视六朝诗歌。同样的论述也适用于李梦阳在自己的文集序言中提到的其他时代的诗歌体裁。简而言之,李梦阳坚信,一种诗歌体裁的存在,无论与其他体裁相比有多么薄弱,都值得严肃对待,因为它的内在品质是那个时代历史环境的真实反映。有志于成为一流的诗人,都必须尽其所能在创作中全面地学习不同诗歌体裁并巧妙展现它们的价值,正如李梦阳自己所做的那样。

但到了明代,所有流传下来的诗歌体裁都已经走过了漫长

----

① 李梦阳:《章园饯会诗引》,《空同集》卷 56,11b—13a。

的发展历程,要去哪里寻找某一体裁中最好的作品? 从李梦阳
认为宋代无好诗,唐代无佳赋,汉代无骚体的观点来看,似乎他
认为一种诗歌体裁中最好的作品总是产生于它初创的时代。郭
绍虞认为,李梦阳以"第一义"为标准,认为一种特定文体中的后
出之作总是不如前作。① 对李梦阳的观点人们可以各抒己见,
因为他自己并没有提供确切的解释。或许他所给出的只是一般
性的观察结论,越接近一种新体裁初创的时代,就越有可能找到
反映作者真实情感的作品。随着时间的流逝,特定的诗歌体裁
在学者手中变为僵化模板的趋势愈演愈烈,最终它们沦为毫无
感情的字词的排列组合。但尽管有这种趋势存在,偶尔仍会出
现一些天才的诗人,他们能够克服这种危险的倾向,并灵活运用
任何一种诗歌体裁,无论新旧,因为他们理解诗歌之中音韵和自
我表达之间的联系。因此,正如简锦松所言,虽然李梦阳对前出
之作有着明显的偏爱,但他并没有忽视任何一种现存的体裁。
相反,他确定了将每一个时代的诗歌体裁推至巅峰的诗人典范,
这些诗人及其作品是有志于学诗之人应当模仿的对象。②

古往今来,这种伟大的诗人都十分罕见,而李梦阳坚信,如
今的诗歌已经为过多的文本干预所污染,将情感的自然流露从
诗歌中剥离。但情况并非毫无希望,因为那些有志于跻身伟大
诗人之流的文人学子,仍然可以学习平民百姓如何通过歌咏表

---

① 郭绍虞:《中国文学批评史》,第 341—342 页。
② 简锦松:《李何诗论研究》,第 131—149 页。

达情感来学习作诗。在可以被宽泛归入"乐府"的古代民歌之中,李梦阳有意识地努力将他的理论付诸实践。

在模仿中寻找真实的自我

"乐府"的定义在中国文学史上一直是一个充满争议的问题。① 在此,我们将遵循李梦阳在他的诗集序言中给出的定义,即"乐府"包括"琴操古歌诗"。尽管名称和风格各有不同,但这些诗都具有一个共同的特点:它们都以一种模仿民歌的形式写作。"乐府"在李梦阳的诗作中占据重要的地位。作为本书最主要参考文献的李梦阳文集之中,有 120 首乐府。这使得李梦阳成为那个时代最为高产的乐府作家。②

李梦阳以及其他复古主义同人或许并非明中叶第一批关注乐府之人。为乐府重新进入明代士人视野铺平了道路的,似乎当属创作了一系列乐府的文坛领袖李东阳。③ 但李东阳倡导以"质而不俚"的风格创作乐府,他的作品题材主要是历史。④ 因

264

①　关于"乐府"的讨论和它的范围,参见王易:《乐府通论》,第 43—86 页。英文研究参见比勒尔(Anne Birrell):《汉代乐府》(*Popular Songs and Ballads of Han China*)。

②　李梦阳的乐府作品收于《空同集》卷 6—8。

③　王辉斌:《唐后乐府诗史》,第 289—293 页。

④　李东阳:《拟古乐府引》,《李东阳集》卷 1,第 1 页。黄卓越:《明中后期文学思想研究》,第 63 页。

此,他削弱了乐府之中的俚俗元素,将乐府变为士人的艺术。这
与他的后学李梦阳所倡导的乐府截然不同,李梦阳的乐府描绘
了普通百姓的生活、经历和情感。例如:

冬十一月,
阻舟徐汊。
朔风北来,
雨雪纷下。
禽鸟冻寂,
洲村肃夜。
缆夫来言,
衣单腹饿。
波流洄洄,
促船难驾。
我心凄恻,
羽翼侊假。①

265　　　冬夜严寒,诗人被困于荒野之中,以对周围环境的描写展开
诗篇。与李梦阳在游记中采用的客观疏离的态度不同,在这里
诗人与环境有着密切的互动,寒冷的天气与船夫的苦难触动了

①　李梦阳:《雨雪曲》,《空同集》卷6,8b—9a。

他的情感。在整首诗的叙述之中,作者自我的呈现都体现着其诗歌理论"遇者物也,物者情也。情动则会心,会则契神"。①

在一些乐府中,李梦阳试图模仿普通百姓的声音。在这些作品中我们看到,诗人舍弃了士人的视角,代之以平凡农夫或者弃妇的口吻。②　以《叫天歌》为例:

弯弓兮带刀,

彼谁者子逍遥?

牵我妻放火,

我言官府怒我。(一解)

彼逍遥者谁子?

出门杀人,

骑马城市。

"汝何人?"

"谁教汝骑马?"(二解)

持刃来,

持刃来,

彼杀我父兄。

我今遇之,

必杀此伦。

① 李梦阳:《梅月先生诗序》,《空同集》卷 51,6a—7a。
② 黄卓越:《明中后期文学思想研究》,第 61—83 页。

彼答言：

"奉黄榜招安。"

嗟嗟！

奈何奈何！（三解）

彼不有官，

饥官赈之，

出有马骑。

我有租有猺有役苦楚。

胡不彼而？（四解）①

　　在此，诗人以一个受到投降叛军和傲慢官吏欺压的普通百姓视角写作，生动地描绘了百姓遭受的苦难。纵观全诗，诗人的自我隐而不显，却并未缺席。在诗序中，李梦阳解释了他作此诗的缘由："叫天歌者，抚民之所作也。余闻而悲焉，撮其词而比之音。"②

　　尽管诗人选择采用一种民歌式的风格，并保留了原始叙述者的口吻，但他的介入是显而易见的。他选择写下这首诗正是因为它能够引起人们的悲愁。可以注意到，诗人对诗的情感回应并非是在阅读时，而是在聆听时产生。在李梦阳看来，这种歌咏者与听众之间的联系，构成了真正的诗歌的基础。当然，我们

---

　① 李梦阳：《叫天歌》，《空同集》卷 8，8b。
　② 李梦阳：《叫天歌》，《空同集》卷 8，8b。

可以将李梦阳这类主题的诗作视为士人对失语者的同情,正如一些学者所认为的那样。① 诚然,我们在第六章提到,李梦阳明确指出,收集民歌可以服务于政治目的,它有助于揭示和理解一个地区的风俗,并由此找到最合适的统治方法。不过笔者以为,对李梦阳来说更为根本的关注点在于,帮助学诗之人通过学习民歌表达感情的方式,找到自己真实的声音。著名的《郭公谣》或许是这一目标的最佳展现:

> 赤云日东江水西,
> 榛墟树孤禽来啼。
> 语音哀切行且啄,
> 惨怛若诉闻者凄。
> 静察细忖不可辩,
> 似呼郭公兼其妻。
> 一呼郭公两呼婆,
> 各家栽禾,
> 栽到田塍,
> 谁教捡取螺?
> 公要螺炙,
> 婆要摄客。

268

---

① 郭平安:《李梦阳研究》,第 144 页。

摄得客来，

新妇偷食。

公欲骂妇，

婆则嗔妇，

头插金，

行带银。

郭公唇干口燥救不得，

哀鸣绕枝天色黑。①

269 　　这首诗展现了一户普通农家日常生活中的一个片段。尽管诗人以第三人称视角描绘了导致郭公之妻和新妇之间矛盾的经济困窘，但作为一个看不见的观察者，诗人本身对这一事件既不能置身事外也不能无动于衷。显然，鸟啼与农家的困苦引起了诗人的情感共鸣，这使他尽可能原原本本地记录下了诗句：

　　李子曰："世尝谓删后无诗。无者，谓雅耳。风自谣口出，孰得而无之哉？今录其民谣一篇，使人知真诗果在民间。於乎！非子期，孰知洋洋峨峨哉？"②

　　因此，《郭公谣》是为了证明李梦阳这样的观点所作，即真正

---

① 李梦阳：《郭公谣》，《空同集》卷6，2b—3a。
② 李梦阳：《郭公谣》，《空同集》卷6，2b—3a。

的诗歌仍然可以在百姓之中寻得，即使文人学子已经失落了它。
这里所强调的，并不是郭家的实际生活经历，而是诗歌创作如何
将这些经历生动重现以打动人心。李梦阳议论的最后一句，引
用了著名的伯牙和钟子期的故事。据说钟子期能够通过琴声听
出伯牙心中的所思所想（高山或是流水），因此在中国文化传统
中，钟子期被视为伯牙的"知音"。显然，李梦阳用这个典故意在
表明，他也是这样的"知音"，能够了解民歌之中的价值。但最应
该欣赏这种价值的是谁？无疑，李梦阳指的是受过教育的文人
学子。尽管记录民歌有助于伸张普通百姓的悲愁，但李梦阳的
终极目标，仍然是帮助当代的士人重新发现他们真实的声音。
可以注意到，这首诗相当细致地描写了鸟儿的啼鸣，这似乎提醒
人们，人的情感可以被自然的声音唤起，这也是李梦阳诗歌理论
中的核心观点。

　　由于民歌最真实地遵循着自然的声音，因此在李梦阳看来，
记录民歌确保了受到不正确的作诗方法所误，将诗变为文字游
戏的士人，能够欣赏自然的运转及其与情感的联系。根据这种
亲切理解，士人得以反思他们的创作方法，并运用多种多样的形
式，写出与《雅》相当的诗歌。因此，李梦阳坚信，记录普通百姓
的歌谣并不需要诗人隐藏自我，相反，自我的在场是发现自我和
表达自我中必不可少的第一步。

　　根据李梦阳的构想，在真正的诗歌于文人学者之中已然失
落的时代，自我与自然的联结需要民歌作为基本媒介。与李东

阳不同,李梦阳认为以最纯正的形式记录民歌本身就具有价值,无需更为精炼优美的文词修饰。在这方面的坚持,使李梦阳被批评为单纯的模仿者,只能写出粗鄙诗句的二流诗人。与此同时,李梦阳对诗人自我、文学形式和自然的关系的分析极为深刻,十六、十七世纪的思想界无法忽略它的存在。这些将在结语部分作进一步的讨论。

结　语

重新理解李梦阳思想遗产的方式

　　我第一次读到李梦阳及前七子，是在大学里一门中国文学史的概论课程上。教科书中的线性叙述，形容李梦阳及其同道中人既是"进步的"，同时也是"保守的"。说他们进步，是因为他们呼吁恢复古代的文学风格，在当时，文气衰弱、词藻浮华的"台阁体"充斥着谄媚皇帝和权贵的宫廷辞令，李梦阳等人的文学主张对它构成了强有力的挑战。说他们保守，是因为在教科书看来，他们倡导对古代写作风格的盲目模仿，因此阻碍了真正具有创造力的时代的到来，在那个时代，文学创作所追求的是个性与创新。

　　再次读到李梦阳时，我正在写一本研究关中士人历史的专著，"关中"在历史和文化上指代今天的陕西。尽管李梦阳的家族已经迁至河南，但其祖籍乃是庆阳，明代属于陕西治下。通过这层关系，李梦阳参加了陕西的乡试，并拔得头筹。乡试的成功

使他获得了参加三年后会试的资格，他也成功考中。尽管李梦
₂₇₂阳祖籍关中，但我没有把他纳入对关中士人的讨论，因为在那本
书中我主要关注的是那些与道学传统有所联系的士人。不过，
前七子之中有三位——李梦阳、康海和王九思都是陕西人这一
点，引起了我的注意。更进一步的考察发现，前七子中有六人都
来自北方，这提示我需要更关注可能影响明中叶复古运动的地
域因素。

细读李梦阳的作品，我最初的猜想得到了印证。在《空同
子》的一个条目、李梦阳为朱应登撰写的墓志铭以及朱安泍为李
梦阳所作的年表中，都提到了身为北人的内阁大学士刘健，他崇
尚经学而贬低诗歌。李梦阳自己的作品以及他人关于李梦阳的
文字中，都反复提及李梦阳与刘健这段轶事，表明南北互动形态
及其对士人之学的领域划分的影响，是李梦阳和许多同时代人
极为关心的问题。因此，我决定在明中叶地域差异与士人之学
分裂的语境之下，研究李梦阳的整体思想体系以及它在后世的
接受情况。

本书对李梦阳思想的讨论主要分为三个部分。关于天地运
行及其对人类社会影响的理论，如何使士人之学适应国家需要
的观点，以及对文学写作是自我表达的一种独立追求的坚持，构
成了李梦阳思想的三大支柱。而最终，是第三点成就了他在后
世的主要形象。在结语部分，我不得不指出，李梦阳关于天地、
伦理和经世之学的构想在两个层面上基本上都是失败的。首

先,它们未能解决南方士人群体的关切,而南方士人群体自十六
世纪末以来,就主导着人们对士人之学的认识。即使是在李梦
阳受到重视并获得大量支持的文学领域,他也遭到了许多激烈
的批评。这一点仍然与明代的地域差异有关,无论这种差异是
现实存在的还是人们建构的认识。其次,尽管李梦阳无疑是挑
战道学关于知识统一性思想的先驱,他要求承认真理的多样性,
以及为了不同的目标,"学"应当具有不同分支的合理性,但他划
分知识领域和"学"的方法与晚明流行的做法格格不入。要说明
这一点,我们需要考察在晚明不同学术领域的主要汇编中,李梦
阳占有怎样的地位。

建立"儒学"共同体与界定其道德关切

十七世纪两部关于明代道学传统的重要著作——南方人周
汝登(1547—1629)作于1605年的《圣学宗传》和北方人孙奇逢
(1585—1675)作于1666年的《理学宗传》,都将李梦阳彻底排除
在外。更值得注意的是,李梦阳甚至也完全没有出现在十七世
纪陕西和河南学者的类似作品中,而他与陕西和河南都有地域
联系。[①] 李梦阳在南人与北人编纂的道学史中全部缺位,大概

①　参见冯从吾等:《关学编(附续编)》,汤斌:《洛学编》。

会让人怀疑，他并未参与讨论那些对哲学感兴趣的士人会重视的议题。但正如我们在前文所见，事实并非如此。相反，李梦阳一生中最后的时光都投入到了《空同子》的写作上，身边熟悉他的人都认为这是为了回应理学所受到的攻击。[①] 因此，李梦阳显然并非不愿和理学进行对话，但他却没能获得知识界的关注。

　　对此，一种原因或许仅仅是李梦阳没有写下足够多的哲学著作。除《空同子》之外，他没有写过任何与道学直接相关的作品。相反，他主要以"文人"的身份闻名。李梦阳在道学汇编作品中遭到忽略，反映出当时的流行做法是将知识类型进行划分，并把每一个人归入不同的学术领域。当然，将道学和文学视为两个彼此独立的领域并非晚明的首创。元末编修《宋史》时分"道学""文苑"和"儒林"三传的做法就是一个例证。然而，编者试图说明，在上古的理想世界里，现今道学所谓的"道"，在政治、教育和百姓日用常行中无处不在，因此作为独立的"学"的模式的道学并不存在。只有到了圣王之教失传，异端邪说遍布天下之际，才有一群先觉之士挺身而出，揭示出真正的"学"的本质。宋代的超群之处，正在于那时诞生了三代之后第一批先觉之士。[②] 在编者们看来，在历史写作中不得不为不同类型的"学"设置独立的章节，事实上标志着他们所生活的世界并不理想。

　　当洪武初年，宋濂和他的金华同乡王祎（1321—1372）被任

---

① 参见朱安浤：《李空同先生年表》，《空同集》附录 1，3a—15a。
② 脱脱：《宋史》卷 427，第 12709—12710 页。

命编修《元史》时,他们只为元代学术保留了"儒学"一门,因为他们相信"文"和"经义"对于"道"的阐明都是极为重要的。[①] 正如包弼德在他关于金华文化传统建构的研究中指出,尽管一直以来士人面对的是一个离散的世界,但在整合"学"的不同领域时,追求包容和融合似乎是一种更为常见的方式。只有在晚明,对统一性和一致性的要求让位于多样性和碎片化。[②]

　　但李梦阳与晚明士人划分知识领域方式的格格不入,也无法完全解释他为何同时遭到了黄宗羲关于明代儒学的先驱之作《明儒学案》(成书于 1676 年)的忽视。《明儒学案》对李梦阳的忽视值得我们注意,是因为与之前提到的其他著作相比,黄宗羲的《明儒学案》本就意图展现明代思想界的复杂性。尽管《明儒学案》也反映出黄宗羲自身的思想和学派偏见,明显偏向那些在他看来正确代表了阳明学的学派,但它仍然与其他汇编不同,希望读者能够超越道学之中狭义的程朱陆王之分,发现其他可以被置于"儒学"传统之中的思想类型。[③] 因此,我们能在《明儒学案》中找到一些不同寻常的思想家,比如李梦阳的友人王廷相,而周汝登和孙奇逢都将他排除在外。[④] 然而,李梦阳却还是无法在黄宗羲已然扩大的儒学范围之中获得一席之地。就这一现

----

① 宋濂等:《元史》卷 189,第 4313 页。
② 包弼德:《地方转向与地方认同》(The "Localist Turn" and "Local Identity")。
③ 魏伟森(Thomas A. Wilson):《道的谱系》(*Genealogy of the Way*),第 184—192 页。
④ 黄宗羲:《明儒学案》卷 50,1a—6b。

275

象而言,李梦阳缺少哲学著作,以及他一直被视为"文人",或许不足以构成完整的理由,因为《明儒学案》也收录了一些似乎并无可供征引的哲学著作的士人。例如,同为陕西人的周蕙(生卒不详)、李锦(1438—1486)和其他一些人都被包括在内,尽管他们甚至没有留下什么作品。而其他一些被收录的人包括我们在第一章提到过的苏州出版商黄省曾。黄省曾对自己的文学成就十分自豪,但同时哀叹他被阳明学圈子中的同辈仅仅视作一个"文人"。① 显然,这些人被选入《明儒学案》有着其他的原因。

　　许齐雄在对山西学者薛瑄的思想遗产所作的研究中指出,直到明中叶,南方和北方的道学家仍然对他们与传统的关系有着相当不同的认识。在许多南方地区,普遍的观念认为,参与道学传统需要加入一个由师友关系为主导的士人群体,在其中可以清晰地追溯学术传承的脉络,这一点在金华学者中得到尤为清晰的体现。相反,北方道学家如薛瑄,并不认为强调这种人际网络的存在是必要的。他们相信一个人可以通过直接阅读经典和其他现存作品,或者通过接受官学体系中正式的教育,直接掌握圣贤之教,而不必成为某种私人学术网络中的一员。因此,虽然薛瑄和山东的曹端都吸引了不少学生、追随者和仰慕者,但他们并不像南方道学家那样,认为这种网络对于真正学术的传承和道德社会的建立有着极为重要的作用。在他们看来,能够在

---

　　① 黄省曾:《临终自传》,《五岳山人集》卷38,第850—851页。

社会上引领真正学术传承的应当是国家，而不是那些非官方但制度化的学者组织，比如南方流行的书院。[①]

在这个意义上，黄宗羲的《明儒学案》无疑是典型的南方范式。周蕙和李锦能够在其中获得一席之地，是因为黄宗羲能够追溯他们和薛瑄的师承关系。尽管他们并无著作传世，但在一种思想谱系的模式之下，黄宗羲认为两人都接受并传承了薛瑄之学，属于"河东学派"，尽管在黄宗羲之前没有人提到过这个说法，包括薛瑄自己。黄省曾的情况也与之类似，尽管他被许多同辈视为"文人"，但他与王阳明的学术群体有密切联系，而他本人作为王阳明弟子的身份也并无争议。这就是黄宗羲理解的儒学群体的构成方式，它构建了河东学派，也将周蕙、李锦和黄省曾纳入《明儒学案》。就更广泛的意义上说，十六世纪晚期到十七世纪，当类似于《明儒学案》的学术史著作大量涌现之际，这种南方范式也成了勾勒学术源流的主导形式，取代了明初北方学者比如曹端和薛瑄的做法，即使在北方学者的著作中也是如此。这就是李梦阳在南方和北方学者编纂的道学史中都遭到忽视的主要原因之一，他的人际网络无法体现出这类学派特质。而李梦阳也没有像王廷相那样，留下足够的哲学著作，否则也可以在《明儒学案》的"诸儒"一类中获得一席之地，因此，李梦阳在这一领域的贡献很快被人遗忘。

---

① 许齐雄：《北辙》，第40—48页。

这一时期，与《明儒学案》类似的作品大量出现，部分原因是在王阳明对程朱正统的强有力挑战下，思想界不得不寻找新的定义真正的"学"的方式。① 正如我们在第一章所见，阳明学的兴起很大程度上是一个南方的现象。到十六世纪中叶，阳明学吸引了如此众多的追随者，而他们在国家层面上宣传阳明学又是如此成功，以至于北方学者也无法再对阳明学的基本观点视而不见，尽管真正的阳明学追随者在北方仍然很少，即使是黄宗羲也很难找出几个。那么接下来，我们的问题是，如何解释阳明学在南方的盛行？要理解王阳明的哲学观点为何对南方士人尤具吸引力，我们需要将"气"作为一个哲学概念，从其在明代兴起的背景下进行考察。

二十世纪，一些受到马克思主义影响的学者认为，明代存在一种由罗钦顺、王廷相和王夫之（1619—1692）等人倡导的以"气"为核心概念的思想模式，对道学唯心主义提出了一种唯物主义的挑战。② 但要说明代存在一群独立的进步思想家，运用"气"的概念主张唯物主义，无疑是用现代的意识形态偏见主导我们对历史上思想转变的理解。然而，当时的确存在一种新的思潮，试图重新阐释"气"以及它与其他哲学概念的关系。对李梦阳同时代主要思想家的作品的简要分析表明，各个派别的思

---

① 魏伟森：《道的谱系》。
② 例如张岱年：《中国唯物主义思想简史》。

想家都对"气"有着共同的兴趣。①

　　促使明中叶思想家重新思考"气"的意义的主要动机之一，是他们对程朱正统能否为实现统一性提供指导的质疑。即使对罗钦顺来说也是如此，尽管他试图做的，是在这一传统中对道学进行微调。罗钦顺质疑程朱对"理-气"关系的二元论阐释，他认为"理"只是由创生万物的"气"在无穷无尽的循环运行中自然产生的规律。因此，罗钦顺的哲学赋予"气"所创造的物质世界以真实的价值。由此，他强调理解天地与人性时，感官知识的重要性。②

　　对"气"通过其永不停息的变革，成为创造的源泉，创生世间万事万物的强调，并没有使罗钦顺认为，我们应当如其所是地接受事物的多样性和差异。正如金英敏（Youngmin Kim）所注意到的，罗钦顺明确认为，"气"的运行遵循着"理"的自然规律，通过它，看似碎片化的现象世界能够得到统合，达到统一与一致的状态。这种理解"理"的方式，使罗钦顺认为，理想的世界是万事万物都以一致的方式和谐统一的世界，尽管每一种事物都具有自己的特性。实现这一理想世界的关键，在于那些决心进行严格的自我修养之人。这一过程首先要求训练"心"，使它能够有

279

---

　　① 关于"气"在明代思想史上的阐释，详细的讨论可参见王俊彦：《王廷相与明代气学》。
　　② 王俊彦：《王廷相与明代气学》，第302—316页。对罗钦顺哲学思想及其在明代思想史上地位的简要论述，以及现代学者对罗钦顺思想的主要研究回顾，参见卜爱莲（Irene Bloom）译：《困知记》（*Knowledge Painfully Acquired*），第1—47页。

条不紊地考察现象世界多样的展现形式，从中发现终极法则的
统一性。因此，罗钦顺严厉批评所谓的"俗"学，它只顾特性而忽
视了更为基本的东西。①

　　正因如此，尽管罗钦顺并不认同主流程朱理学持有的理气
二元论，但他仍然坚持道学传统，相信道德的自我修养对于实现
统一性与一致性的至高境界是极为重要的。与之类似，罗钦顺
不认同的一些思想家，最著名的如陈献章、湛若水（1466—1560）
和王阳明等，尽管对程朱思想发起挑战，却同样没有完全背离道
学的基本关切，因此他们都与罗钦顺一样，对割裂知识获取与道
德自我修养的所谓"俗学"感到不满。

　　陈献章对俗学的直接回应，是以静坐为主的自我修养方法，
同时他坚持认为永恒的真理就在心中，它超越了作为现象的
"气"。陈献章希望将"学"的重点从获取外界知识重新转向自
我。但罗钦顺注意到这种方法将自我与外界一分为二，是受到
了禅宗的影响。有趣的是，罗钦顺并没有区分对陈献章及其学
生湛若水的批评，尽管湛若水对"气"的理解及其导向的自我修
养方式的认识显然与陈献章有着很大的差异。②

　　和罗钦顺类似，湛若水认为万事万物都是由"气"形成的，而
所谓"理"或者"天理"，无非是与规律相一致的"气"的自然运行。

①　金英敏：《罗钦顺与他的思想背景》（Luo Qinshun and His Intellectual
Context）。
②　金英敏：《罗钦顺与他的思想背景》。

"天理"并不是某种抽象的形而上的概念,而是"气"的正确运行,因此无论何时何地,任何有志于道德自我修养的人都可以体现和理解它。这一点之所以可能,是因为心的意识同样是"气"的产物,可以与万事万物产生共鸣并成为一体。通过强调"气"在创造外部世界和"心"的相应功能中的首要地位,湛若水试图提出一种伦理理论,来解释道德自我如何能够统合碎片化的现象世界。① 在这个意义上,湛若水的理论与罗钦顺极为相似,二者的主要分歧在于对"心"的阐释。简而言之,罗钦顺更为强调"心"的认知能力,它的主要功能是进行智识活动,而湛若水的理论更强调"心"的直觉性,注重"心"在接触外部世界时作出的回应。正因如此,罗钦顺将湛若水归入王阳明的阵营。

然而,从王阳明的观点来看,湛若水没有意识到"心"回应外界的能力本身就是"天理"的体现,这意味着湛若水没能把握统一性的真实内涵。王阳明相信自己发现了实现完美的统一性的真正基础:关键在于受过教育的人通过以消除人欲为目标的自我修养方式,实现全面发展其天赋的道德本心的能力。王阳明不同意罗钦顺等人的观点,因为他们试图通过重新理解"气"的概念,将外界知识凌驾于自我修养之上。不过,"气"在王阳明的哲学体系中仍然扮演着重要的角色。事实上,王阳明理论的核心概念,道德本心所具有的"良知",也可以被看作"气":"夫良

281

---

① 王俊彦:《王廷相与明代气学》,第 335—353 页。金英敏:《重新定义自我与世界的关系》(Redefining the Self's Relation to the World),第 116—171 页。

知，一也。以其妙用而言谓之神，以其流行而言谓之气。"①

在另一些地方，王阳明强调他在讨论"流行"时，所指的是"情"。② 但良知同样是"理"："心即理也。"③

将"情"的概念引入，并将之与"气"的流行对等，使得王阳明学说中道德的形而上来源"良知"，较之程朱之学中相对抽象的"理"更为具体。王阳明学说中的统一性和一致性，可以直观便捷地被人感知，而不必通过罗钦顺之学要求的那种艰苦的智识活动。然而，王阳明仍然与罗钦顺一样，接受一种宽泛意义上的道学观点，相信建立具有完美统一性的道德世界的关键，在于完善自我内在的道德素质。

综上所述，当时主要的思想家对"气"的阐释，凸显出产生于明中叶的一些重要思潮。首先，所谓"俗学"的挑战日益要求道学追随者证明他们基于抽象的"理"的道德知识是真实的。这促使接受道学观点的士人为道德寻找更为坚实可感的基础。与其通过"理"来阐发道德的意涵，对"气"的重新理解，使得明中叶的思想家能够提出一种与现象世界和人类感受有着更紧密联结的道德理论。

其次，所谓"俗学"其实是一种侧重于获取具体知识的学习

---

① 王阳明：《传习录》，《王阳明全集》，第 62 页。
② 王阳明：《传习录》，《王阳明全集》，第 111 页。
③ 王阳明：《传习录》，《王阳明全集》，第 43 页。

方法,它并不假定存在一种普遍性的法则。① 因此,它破坏了道学对统一性、一致性和普遍性的基本认同,明中叶论"气"的道学理论家不得不重申,统一性、一致性和普遍性的理想状态仍然可以实现,只要人们能够致力于修养道德自我,使之与"气"的正常运行模式相一致。

再次,罗钦顺、湛若水和王阳明关于"心"的实质和作用以及它与"理"和"气"的关系的激烈论争,凸显了反思个人作为道德主体的迫切需求。这些论争发生的背景,乃是展现在具体的人类经验和情感的自发表达中的个体性,较之遵守标准的规范更受到时人偏爱。② 同时,遵循道学范式的道德哲学的士人,仍然需要为道德得以证明和实践寻求共同基础。显然,由于个体性的崛起,人性是无所不在的普遍性的"理"的展现,这种传统论断已经显露出它的不足。罗钦顺、湛若水和王阳明的使命,就是重塑自我的观念,使之与具有共同道德前提的观念协同一致,由此避免个体性沦为乖僻。

以后世的眼光来看,在说服士人群体接受其关于自我的哲学主张是解决这一思想危机的正确方案上,王阳明是最为成功的。王阳明的学说不仅使得个人能够以无需任何媒介的方式获得道德自主性和对"道"的知识,也保证了这一自主性是与他人

---

① 金英敏:《罗钦顺与他的思想背景》,第 371—379 页。
② 岛田虔次注意到这一点,并认为这是一种"现代"的思潮,尽管它最终失败了。参见岛田虔次:《中国近代思维的挫折》(中國における近代思惟の挫折)。

283   及世界联结的关键。在王阳明看来，将自我视为道德主体，能够使个人以更直接的方式发挥其主体性，承担起为世界带来统一性与一致性的责任，而不必依赖外界的权威、规定或是标准。即使在朝廷禁止传播与程朱正统相悖的"伪学"——无疑针对阳明学——之后，阳明学仍然蓬勃发展。

不过，阳明学获得的压倒性胜利，很大程度上是一个南方现象。当阳明学在南方广为流传之时，北方道学群体则追随着陕西道学家吕柟(1479—1542)。吕柟在 1508 年会试中拔得头筹，由此走上仕途，担任过地方和中央的一些官职。在山西解州判官任上时，吕柟开始讲学收徒。但使他吸引南方士人的注意，并在全国范围内获得大思想家和教育家名望的，要数他在南京担任一些闲职时的讲学。众所周知，吕柟与王阳明存在分歧，据说他曾从王阳明那里夺走了一半的士人群体。[①] 这或许有夸张的成分，但吕柟对王阳明构成了强有力的挑战则是毋庸置疑的，很多人认为他的学说十分独到。作为一个西北人，吕柟常常被视为山陕道学传统的集大成者，继承了宋代的张载、元代的许衡（继承朱熹之学）和明代的薛瑄的思想。[②]

284   和南方学者一样，吕柟也试图为"理-气"关系寻找一种更为切实的解释。吕柟认为，"理"并不是一个独立于"气"的实体，相

---

①　观察到这一点的是刘宗周，它被记载在黄宗羲《明儒学案》的"师说"部分。
②　关于吕柟在明代道学谱系中的位置，参见许齐雄：《北辙》，第 136—140 页。王昌伟：《中国历史上的关中士人》，第 158—162 页。

反，它只是"气"的恰当和规范化的表达。同样，人性也不是一个独立的实体，而是内在于"气"，"气"则通过情感得以表现。善，即一个人能够以最为恰当和规范的方式表达喜怒哀乐。反之，如果放任情感过分流露，就会变为恶。因此，善与恶之间并无绝对的界限。一个人必须时刻注意，不仅要检查内在的所思所想，也要检查外在的行为举止是否符合礼仪规范。①

吕枏进一步指出，只有圣人能够创制礼仪，因为他们的心与天理一致。而对其他人，即使是子思那样的贤人来说，最好的生活方式就是"守礼"。② 一个更高的道德权威，已经为士人群体规定了纠正行为举止的礼仪规范。

尽管如此，士人仍然可以怀有成为圣人的理想，因为他们被赋予善的"气"：

先生曰："士有五贵。天地之气，生物则均也，独厚于士。是故不为草木鸟兽，为人，一贵；不为夷狄，为中国人，二贵；不为中国人之女，为中国人之男，三贵；不为中国男之农工商贾而为士，四贵；夫为士则上可以为尧、舜、周、孔，下可以为颜、曾、思、孟，五贵。"③

① 王俊彦：《王廷相与明代气学》，第 354—369 页。
② 王俊彦：《王廷相与明代气学》，第 354—369 页。
③ 吕枏：《泾野子内篇》卷 1，第 1 页。

285　　世间万物，包括人类，都是由"气"所创造的，因此具有相同的本源。然而这里的重点却在于物种、民族、性别和阶级的差异。在其他地方，吕柟也提到人和人在"气"的构成上各不相同，拥有完美的"气"的构成并充分实现道德潜质的人是极为罕见的。除了这样的人之外，所有人都必须刻苦学习，努力完善自我。① 在这种宇宙论和伦理观之下，构建起了一种强烈的社会和道德等级感，这与吕柟认为需要一个更高的道德权威为指导世界设计制度和礼仪规则的想法是一致的。

　　吕柟赋予士人阶层的特权具有重要的意义，它决定了吕柟对士人角色的认识：

　　玺问："君子之所乐如何？"先生曰："君子有五乐，皆三乐之绪也。一曰方正自遂，为国作纪；二曰履经奉典，为国作士；三曰廉淑别愿，为国作官；四曰教行政安，为国作民；五曰垂勋昭亲，为国作风。"②

286　　孟子提出"君子有三乐"："父母俱存，兄弟无故，一乐也；仰不愧于天，俯不怍于人，二乐也；得天下英才而教育之，三乐也。"③这些"乐"的来源都是非政治的，与君子的尊严和他作为

---

① 吕柟：《泾野子内篇》卷27，第283—284页。
② 吕柟：《泾野子内篇》卷1，第10页。
③ 刘殿爵译：《孟子》7.20，第185页。

人子与人师的身份有关。而吕枏对"孟子三乐"的扩充,为君子赋予了政治性,强调他对政府和国家的责任。

　　尽管国家在吕枏的思想体系中占据了重要的地位,但他终究坚持道学的基本主张,认为士人若能坚持道德的自我修养之学,就有希望成为圣人,统合天下万物。相反,河南人王廷相是一个另类的学者,他提出了一种激进的主张,否认道学所界定的个体的内在道德属性。王廷相认为,天地在本质上是多样化的。他的理论核心是"元气"的概念,它具有无穷无尽多种多样的"气种",在创生世间万物时给予它们各不相同的特质。由于每一个"气种"都是不同的,因此作为创生源泉的"气"的原始状态也是多样的。王廷相进一步认为,因为"理"无非是"气"的自然运行规律,"气万"故而"理万"。

　　与目前讨论过的其他思想家不同,王廷相并不试图从本体论层面证明万事万物都是彼此联系的,或者证明实现这种统一性的能力乃是人性所固有。在他看来,人性同样易于接受"气"之中恶的方面。因此,他不认为个体是实现统一性和一致性的关键。相反,他期待政治权威通过建立制度来统合危险的多样性世界。出于他对人性的不信任,王廷相认为国家才是确保社会不至分崩离析的关键。①

　　总而言之,到目前为止我们所考察过的思想家,都认为"理"

---

① 　王昌伟:《理万》。

是切实可感的，它要么与"气"本为一体，要么便是"气"的规律性
运行。在剥离"理"的抽象甚至是神秘特性时，明中叶的思想领
袖试图将创造一个理想社会的重点，转向由"气"创生的现象世
界和真实的人类境况。正是在这一方面，李梦阳与当时的思想
主流背道而驰。尽管对于如何寻求共同价值观念存在分歧，十
六世纪早期绝大多数思想领袖提出的"气"的理论，都预设了天
地的运行及其与人类世界的关系既是世俗的也是切实可感的。
相反，正如我们在本书第二部分所看到的，李梦阳的宇宙论则假
定天地不仅是多元的而且无规律可循，它受到人类智识无法理
解的超自然和不可知力量的掌控。

　　此外，天地一直见证着"阴"与"阳"的激烈斗争，如果没有更
高权威的干预，"阴"将会胜过"阳"，导致恶在社会上广泛流行。在
李梦阳的许多文章中，他都强调更高权威的神秘力量。在社会政
治语境中，这种更高的权威存在于君主身上，李梦阳坚信天人感
应的迹象无疑是真实的，却无法被轻易理解，它使君主成为一种
半神圣的存在。这种观点与晚明关于皇权的主流思想尖锐对立。
即使是像内阁大学士张居正那样争议极大，有时被视为"儒表法
里"的人物，即使他推行的改革试图在一种无所不包的帝国权威
之下实行专制统治，他仍然对皇权有着非常不同的看法。① 在对

-----

① 克劳福德（Robert Crawford）：《张居正的儒表法里》（Chang Chü-cheng's Confucian Legalism）。沟口雄三：《中国前近代思想的曲折与发展》（中國前近代思想の屈折と展開），第 250—251 页。

张居正为教育皇帝而编纂的《帝鉴图说》的研究中,林丽江认为, 张居正希望皇帝能够尊重他的老师。通过详细分析《帝鉴图说》 中一些插图所描绘的皇帝形象,林丽江还指出:"张居正心目中 堪称典范的皇帝的正确做法,应当是表现出他的谦逊。"①换句 话说,尽管张居正在讨论皇权的本质上仍然采取一种传统的看 法,即君主受命于天,但他理想中的君主并没有什么神圣之处, 天命也并非神秘不可知。这也是晚明对皇权本质的普遍看法, 因此不难理解,李梦阳构想的半神圣的君主为何在很大程度上 被忽视了。

　　由李梦阳对君主神圣特质的强调,自然可以推导出士人最 重要的任务乃是竭尽所能效命于君主和国家。正如我们在本书 第三部分所看到的,李梦阳为士人设计的学习制度和内容很大 程度上以实现国家计划为目标。正是在这一方面,我们可以看 到李梦阳与北方学者拥有相同的关于政治权威和国家的预设。 尽管对国家的本质以及士人在国家中的角色抱有相当不同的看 法,吕柟和王廷相仍然将为国效力视为学者的最高目标。

　　相反,在南方道学家比如罗钦顺、湛若水和王阳明看来,他 们对"气"的理解可以得出两个结论。其一,道德自我是完美社 会秩序的基石,实现道德自我的关键在于激发"心"的能力,而不 是依赖既定的规范或国家(尽管他们对于"心"的本质和功能有

---

　　① 林丽江:《古代统治形态的创造与转型》(The Creation and Transformation of Ancient Rulership),引自第 342 页。

相当不同的看法）。其次，所有人都拥有相同的"气"，都有能力进行道德行为，构建一个由志同道合的个体通过师友关系联系在一起并可以互相学习的群体，这将为建立道德社会提供基础。这两个主张都使得致力于寻找和建立完美社会秩序的南方学者，认定参与国家体系并非必要。与阳明学密切联系但并非仅限于阳明学的讲学活动的快速发展，带动了士人社团的出现和蓬勃发展，最著名的就是作为社会运动（而非政治派别）的东林。东林运动和晚明其他士人社团都已经得到了深入的研究，在此笔者需要强调的是，他们之中许多人受到道学理想主义的驱动，无论是朱熹之学还是阳明学。在追求理想秩序时，尽管他们也会毫不犹豫地谋求政府中的关键位置，掌控或利用国家机器以实现其目的，包括打压政敌，但他们对非官方的社团投入了更多心力和忠诚。① 这些社团在南方的流行有很多原因，但显然，他们至少部分地受到这种思潮的影响。② 历史学家只发现了很少一些北方士人社团，而其规模也远不及南方。③

　　当然，需要注意的是，并非每一个北方人都是国家主义者，反之亦然。一方面，正如小野和子指出的，尽管张居正本人及其

---

① 艾尔曼：《帝国政治与儒家社团》（Imperial Politics and Confucian Societies）。

② 杨念群在考察他十九世纪所谓"儒学地域化"的起源时，指出道学对国家正统的挑战是一个重要的因素，它导致儒学地方团体在南方的蓬勃发展。在杨念群看来，这种思潮发源于宋代，在晚明达到巅峰。参见杨念群：《儒学地域化的近代形态》，第35—81页。

③ 谢国桢：《明清之际党社运动考》，第140—147页。

对这些民间士人社团的打压获得了具有商人背景的山西官员的
大力支持,张居正仍然是一个具有很强中央集权观念的南方人
(来自湖广)。① 尽管存在例外,但南北士人观点之间的大致分
歧由来已久,至少可以追溯到十三世纪,并延续到明初(参见第
一章)。而上文我们对明中叶主要思想家的考察表明,在李梦阳
的年代,宽泛意义上的南北差异仍然显著。不过,种种迹象表
明,从十六世纪中叶开始,南方话语开始占据道德与政治讨论的
主导地位,北方士人则逐渐边缘化。其中或许包含着李梦阳遭
到忽视的原因之一,因为他以国家为中心的思想并不符合南方
学者(尤其是黄宗羲)的关切,在南方学者心目中,士人群体建立
在不受国家体系制约的道德观念基础上。

经世之学的兴起与士人之学的重新定义

明朝末年,内忧外患,一群主要由江南地区著名的"复社"的
核心成员及其附属社团如"几社"构成的锐意改革的士人,共同
编纂了一部巨著——《皇明经世文编》。他们试图通过强调实用
知识对于处理国家大事和日常政务的首要意义,重新定义士人
之学。它的编纂者有意忽视道学对道德的定义,并盛赞道学的

①　小野和子:《明季党社考》(明季黨社考),第89—101页。

大敌张居正。① 尤其值得注意的是，这一巨著的出现使现代学者认为，十七世纪的中国见证了经世之学的兴起，出于对具体行政事务的热情，道学以"教化"为核心的政治体系逐渐为关注解决实际问题的新取向所取代。②

以后见之明看来，当时确实存在这样一种思想取向的转变，但它的发展并非清晰的线性过程。③ 并且，《皇明经世文编》的主要编纂人之一陈子龙（1608—1647），虽然对道学的哲学思想没有什么兴趣，却也并没有彻底忽视道学与道德修养的联系。④ 因此，与其将经世之学与道学视为两种互斥的士人之学（前者在十六世纪晚期到十七世纪逐渐取代了后者的地位），不如将问题变为：十七世纪思想领袖对"经世"的兴趣如何重新定义了士人之学，而这又如何影响了李梦阳的政治主张在当时的接受情况？

鉴于李梦阳将政治参与和为国效力作为他对士人最主要的建议，人们自然会认为他就政治议题应该写过不少文章，在《皇明经世文编》中占据重要地位。然而，令人惊讶的是，李梦阳只

---

① 例如徐孚远（1599—1665）为陈子龙等编纂的《明经世文编》所作的序言。

② 李纪祥：《经世观念与宋明理学》。

③ 关于从道学到经世之学的转变以及两者间尤其在十七世纪的复杂关系的讨论，参见张灏：《道学经世思想》(On the Ching-shih Ideal in Neo-Confucianism)；张灏：《宋明以来儒家经世思想试释》；墨子刻（Thomas Metzger）：《经世思想》(Ching-shih Thought)；山井涌：《明末清初的经世致用之学》(明末清初における経世致用の学)，第135—150 页；王家俭：《晚明的实学思潮》；余英时：《对十七世纪中国思想转型的阐释》(Toward an Interpretation of the Intellectual Transition in Seventeenth-Century China)；林保淳：《经世思想与文学经世》，第 39—44 页；罗威廉（William Rowe）：《救世》(Saving the World)，第 140—141 页。

④ 陈子龙：《答戴石房》，《安雅堂稿》卷 18，第 1228—1231 页。

有两篇文章被选入其中。一篇是李梦阳于 1505 年上孝宗
(1487—1505 年在位)的奏章,孝宗当时倡导臣民对时政广开言
路(参见第一章)。编纂者的评语表明,他们对李梦阳对宦官和 ²⁹²
外戚的严厉批评格外感兴趣。[1] 这些十七世纪初的士大夫也面
临着相似的问题,不难理解他们会赞赏李梦阳对这些常规官僚
体系之外的擅权者的批评。他们似乎将李梦阳主要视为官僚体
系的代言人,他发现官僚的权威不断遭到这些与皇帝有着私人
关系的特权群体的破坏。

　　除此之外,李梦阳入选的另一篇文章是他关于盐政的奏章,
我们在第一章也有所提及。与李梦阳形成鲜明对比的,是有二
十四篇文章入选的王阳明,而李梦阳的一些密友,比如何景明、
康海、王九思和王廷相,也都有比李梦阳更多的文章被收录。考
虑到李梦阳常常被视为“前七子”的领袖,他在《皇明经世文编》
中的近乎缺位显然需要加以解释。

　　李梦阳倡导一个强有力的国家出于共同利益来管理社会的
主张,促使他相信一个士人自然应当效力于君主和国家。因此,
在李梦阳看来,士人之学也应该为学子能够勤勉且称职地为国
效力提供必要的准备。这也是《皇明经世文编》的编纂者们对士
人之学的看法。总体而言,《皇明经世文编》对“学”的看法倾向
于国家主义,强调作为政府官员而效命于皇帝。[2] 既然二者的

---

[1]　陈子龙等编:《明经世文编》卷 138,第 1372 页 a。
[2]　戴文和:《晚明经世学巨著〈皇明经世文编〉及其相关问题研究》,第 53—61 页。

观点如此相近，为何我们在第三章论及的李梦阳的文章却没有被编纂者选入？答案在于，《皇明经世文编》的编纂者们如何将"经世"视为士人之学的一个分支。

    "经世"一词由来已久，但直到宋代，一些人才开始在著作题名中使用它。宋元时期的一些史实表明，大体上"经世"在当时并未被视为一个专门处理实际政务知识的独立分支，尽管拥有不同思想倾向的思想家们确实十分重视其中所涉及的知识。①而从明中叶开始，不仅以"经世"或"经济"（"经世济民"的缩略）为名的作品大量出现，学者也日益以"经世"作为一种独立于道学或文学的士人之学的独特形式。特别要注意的是它的"独立"，晚明时期"经世"思想一般并不试图取代或融入道学对"道"或文学成就的追求。相反，它侧重于提醒士人，"经世"应当作为"学"的一个独立分支得到重视。与第二章提到的南宋浙东学派关于政治的观点截然不同，"经世"作为一种治国之学，在晚明语境中包含独立的知识体系和治学方法，试图将公共政策的实际经验与哲学和理论阐释分离。偶尔也会有学者试图将公共政策、历史学、经典训诂、道德修养和文学追求融入一个协同一致的学习体系之中。但更为常见的情况是，思想的综合建立在"学"的每一个分支都应当单独进行的前提下。最后，尽管十七世纪的学者仍然使用着"一"这样的词汇来形容知识的理想状

---

    ①   刘连开：《唐仲友的史学思想》。苏振申：《元政书经世大典之研究》。

态,但他们心中所想的更多地是一个范围更加广阔的士人之学,不同的知识分支具有不同的特质和多样的目标,同时和谐共存。①《皇明经世文编》正是这一思路的典型例证:

天下有一定之理,有万变之事。正心诚意之言,亲贤远佞之说,治忽之分,罔不由兹。然义简而直,数语可尽。故集中惟元臣正士,入告我后者,载数十首,以概其余。至于万变之事,代不同制,人各异师,苟非条析讲求,何以规摹得失?②

294

关于"一定之理"的知识,指代经筵传统中的道学及其应用,在经筵中,一个有名望的道学士大夫会被任命为讲师,为皇帝讲授关于道德自我修养的内容。③ 这种知识对《皇明经世文编》的编纂者来说十分重要,他们相信君主的素质会决定政府的素质。但这些原则是很容易解释的,它们相当简单明了。然而,要解释"万变之事"则需要许多不同类型的知识。陈子龙及其同人在"一定之理"与"万变之事"之间作出的区别,说明在他们看来,即使是作为一个学术门类的经世之学,也可以被划分为两种不同的类型:其一是具有伦理倾向的皇权理论,其二是公共政策知识的复杂网络。显然,这两方面被视为经世之学的两个不同分

① 鱼宏亮:《明清之际经世之学研究》,第 67—80 页。
② 陈子龙等编:《明经世文编·凡例》。
③ 狄百瑞:《新儒学正统》,第 28—29 页。

支，拥有不同的前提假设和轻重缓急，而在《皇明经世文编》中，后者占据了更大的篇幅。

不仅如此，编纂者还在文学和经世之学之间作出了区分：

295　　　本朝文士，风云月露，非不斐然，然求之经济，十不一二。至若宋文宪（濂）之精粹，李空同（梦阳）之谅直，王浚川（廷相）之练达，王弇州（世贞）之博识，宁非卓尔之姿、济世之彦哉？罕有通才，未当一概。其他若丘文庄（濬）、霍文敏（韬）、冯文敏（琦）、徐文定（光启），学术渊深，足为世用。一称立言之家，一为实用之准。①

从这段文字中可以看出，编纂者将文学写作视为一种审美追求，与经世治国的实用知识相区别。尽管《皇明经世文编》主要侧重于经世之学，但它的编纂者们同时也是文坛领袖，他们并没有忽视文学追求，而仅仅是认为，在文学技巧之外，大多数文人缺乏解决实际问题的应用知识。即便是其中的佼佼者，从宋濂到王世贞，纵然天赋与品行出类拔萃，其知识却仍然是有限的。然而，在《皇明经世文编》中，编纂者希望凸显有实际政绩的
296　官员，这些人通过解决实际事务的知识而非文学才能获得声名。"立言"与"实用"之间的区别，显示出一种将知识划分为不同领

---

① 陈子龙等编：《明经世文编·凡例》。

域的方法,编纂者们并不认为文学追求和治国理政的实用知识
需要为实现共同的目标而融为一体。

　　编纂者们敬重李梦阳的刚正不阿,正因如此,他们将李梦阳
列入"卓尔之姿""济世之彦"的行列。但除此之外,他们对李梦
阳关于政治改革的方案并不感兴趣。他们也忽视了李梦阳关于
"学"的主张,他强调统治的技艺,并对礼仪、历史和文学写作有
着功利性的看法,而这与晚明经世学者追求公共管理的专业化
知识相背。李梦阳对道学一元论的挑战,使得他对于士人之学
有着相对多样化的理解。他绝大多数文章的主题,都涉及统治
的技艺以及礼仪、历史和文学如何与治理国家相关联。尽管如
此,在他的论述中,关于君权和治理的一般性原则始终高于日常
治理所需的碎片化知识。《皇明经世文编》的编纂者并不认同这
种观念,他们的目的主要是强调公共政策的多种多样的应用性
知识,它们被用于处理"万变之事"而非阐释"一定之理"。这或
许可以解释,为何在李梦阳众多的政论文章中,只有上述两篇得
以选入《皇明经世文编》。因为在这两篇文章里,李梦阳至少试
图分析具体的行政问题,而不是简单地论述理想政治的一般性
原则。

　　就经世之学作为一个独立的"学"的分支的兴起而言,《皇明
经世文编》中呈现的对知识的看法或许标志着当时江南的思潮,
但它的国家中心取向则更为复杂。正如米勒(Harry Miller)指
出,对这些有心改革的士人来说,为国效力的愿望乃是受到士人

297 阶层长期忽视国家事务的愧疚感激发的。换句话说，这部关于经世的鸿篇巨制的编纂，是为了扭转士人缺乏从国家角度看待问题的兴趣的趋势。此外，就算对于那些编纂者来说，为国效力的热情也并非一定高于一切。例如米勒指出："张溥的序言更多地提到的是有志之士的学问，而不是他们效命于君的需要。"① 简而言之，《皇明经世文编》出现在明代重要的历史节点，它为参与国家体系赋予的重要意义显然是一种例外，而非南方士人中普遍思潮的展现。更重要的是，它的编纂者都是江南士人社集的核心成员，表明他们十分重视学者的私人集会。他们并不认为士人创造一个讨论公共事务的私人空间，会构成对国家权力的威胁。

正是在这种倡导士人的非官方公共参与的思潮下，黄宗羲写下了《明夷待访录》。② 如今，这本关于经世治国的著作以对专制的公然抨击和对君主道德甚至政治权威的挑战闻名，以至于狄百瑞将之称为"新儒家自由主义思想"的代表作品。③ 黄宗羲承认，治国理政的实用知识极为重要，但他拒绝承认"学"的首要目标是维护帝国的秩序。只有在这一背景下，我们才能理解晚明士人对李梦阳解决当前政治问题的方案的反对，因为李梦阳的政治理论与晚明将"经世"视为"学"的一个门类的观点格格

---

① 米勒：《国家与士绅》(*State versus Gentry*)，第157—158页，引文见第158页。

② 司徒琳 (Lynn A. Struve)：《历史语境下的黄宗羲》(*Huang Zongxi in Context*)。

③ 狄百瑞：《中国的自由传统》(*Liberal Tradition in China*)，第85页。

不入,而他的国家主义观点也与南方流行的关于"学"的理解相去甚远。

重构文学自我

在《皇明经世文编》之外,十七世纪的南方士人还编纂了一系列重要的文集和诗集,它们深刻地影响了我们对明代文学的认识。《明文海》,一部超过 480 卷、收录约 4 500 首明人诗作的煌煌巨著,由黄宗羲历经二十六年辛劳编成。① 在诗歌方面,钱谦益出版于 1652 年的《列朝诗集》对明代诗人及其诗作提出了最为全面但极具主观色彩的批评。在钱谦益之前,李雯(1607—1647)和宋徵舆(1618—1667)在 1633 年出版了《皇明诗选》。约 1705 年,朱彝尊(1629—1709)出版了《明诗综》。这些文集和诗集都出自南方士人之手,它们合力将李梦阳两种主要的文学创作——散文和诗歌,置于明代文学史的脉络之中。

与在《明儒学案》中遭到彻底忽视的情况不同,李梦阳的作品在《明文海》和黄宗羲的其他文学批评中似乎无处不在,但得到的评价多是负面的。事实上,李梦阳的地位极为重要,以至于黄宗羲抓住一切机会谴责他的文学创作方法对明代文学产生的

① 一些传统观点认为《明文海》最初有 600 卷,但武玉梅在《〈明文海〉诸问题考述》中已经有力地驳斥了这一论点。

不利影响。在《明文海》的早期稿本《明文案》的序言中，黄宗羲
认为，明代散文发展有三个高峰：第一个高峰出现在明初，那时
许多士人隐居而不参加科举考试；第二个高峰出现在十六世纪
中叶，"二三君子"成功地扭转了第一次复古运动的不利影响；而
第三次出现在崇祯年间（1628—1644），第二代复古运动领袖王
世贞和李攀龙的权威崩溃之后，"士之通经学古者"的声音得以
为人所知。① 在此，我们最关心的是第二个阶段。引文中的"二
三君子"指的是后来被称为"唐宋派"的松散士人团体，包括王慎
中（1509—1559）、唐顺之（1507—1560）、归有光（1506—1571）等
人，得名"唐宋派"，是由于人们认为他们推崇被李梦阳及其同人
贬斥的唐宋作家。在他们消除李梦阳的负面影响后，明代散文
才得以繁荣发展。同样地，在第三阶段，也是在王世贞和李攀龙
领导的第二次复古运动被推翻之后，明代士人才能够自由地
写作。

　　为何黄宗羲对复古运动如此反感，他对李梦阳的主要不满
又是什么？黄宗羲是在怎样的思想背景和文学原则下，提出了
这些严厉的批评？《四库全书》关于黄宗羲写作意图的评论揭示
了一些原因：

　　明代文章，自何、李盛行，天下相率为沿袭剽窃之学。逮嘉、

---

① 黄宗羲：《明文案序》，《黄宗羲全集》第 10 册，第 18 页。

隆以后，其弊益甚。宗羲之意，在于扫除摹拟，空所倚傍，以情至
为宗。又欲使一代典章人物，俱借以考见大凡。故虽游戏小说
家言，亦为兼收并采，不免失之泛滥。①

　　黄宗羲强调"情"以及反对模仿的核心，是致力于重新定义　　300
一个作家的自我以及他与作品的联系，他反对李梦阳和其他复
古派领袖所建立的范式。为了克服在他看来是由李梦阳的文学
形式所导致的恶果，黄宗羲坚持认为，一个作家必须有能力通过
"情"来表达自我，只有这样才能打动读者：

　　文以理为主，然而情不至，则亦理之郭廓耳。……古今自有
一种文章不可磨灭，真是"天若有情天亦老"者。② 而世不乏堂
堂之阵，正正之旗，皆以大文目之，顾其中无可以移人之情者，所
谓剙然无物者也。③

　　考虑到黄宗羲的道学背景，他在这段文字中对"理"的强调，
可以被视为将文学追求作为道德修养之附属的尝试。但同时，
他对"情"的强调使他的主张显得更为复杂。这些引文中的
"情"，笔者认为都应解释为"感受"（feelings），但"情"在晚明受　　301

---

① 　纪昀等编：《四库全书总目提要》卷 190，第 1729 页。
② 　语出唐代诗人李贺（790—816）《金铜仙人辞汉歌》。
③ 　黄宗羲：《论文管见》，《黄宗羲全集》第 2 册，第 271 页。

到思想界各方面空前的关注,有些人甚至将它的地位提升至与"理"在道学传统中的地位等同。尽管黄宗羲绝非一心主张"情教"的学者,他从不以牺牲程朱正统所规定的道德法则为代价鼓吹"情",但他仍然身处这一思想氛围之中。①

就散文而言,晚明出现了偏爱"小品"的文学批评新趋势。高化岚(Philip Kafalas)对张岱(1597—1685)《陶庵梦忆》的研究表明,晚明对"小品"一词的使用有着复杂的情况,它可以被用以指代许多不同类型的作品,与现代(五四以后)将"小品"视为一种定义明确的文学类别截然不同。不过,"小品"作为一个文学概念在晚明的流行,的确标志着一种将自我融入散文写作的方式得到了读者更多的欣赏,这种"自我"更多地是个体性的而非集体性的,侧重于审美和情感而非道德和智识,更加自由而非模式化。这一潮流与晚明的哲学取向有着密切联系,创作者和文学批评家都将王阳明的自我和个体性概念重新加工后融入文学创作之中。②

正是晚明对于自我的这一认识的兴起,启发了黄宗羲的散文创作理论,使自我表达成为文学创作中最重要的价值。让我们再次引用《明文案》的序言:

302　　凡情之至者,其文未有不至者也。则天地间街谈巷语、邪许

---

① 司徒琳:《历史语境下的黄宗羲》。
② 高化岚:《清梦》(*In Limpid Dream*),第119—142页。

呻吟，无一非文。而游女、田夫、波臣、戍客，无一非文人也。[①]

文学表达超越了阶层、性别和一切社会性差异，即便是平民百姓，无论男女，也都能够通过"文"表达他们的情感。这种对"文"的平等看法基于"情"创造的共同的基础，它表明人类情感和表达为何以及如何能够通过文学彼此共通。与此同时，任何一个年代，杰出之人都具有强大的精神力量，将他们与平常人区别开来：

从来豪杰之精神，不能无所寓。老、庄之道德，申（不害）、韩之刑名，左、迁之史，郑、服（虔）之经，韩、欧之文，李、杜之诗，下至师旷之音声，郭守敬之律历，王实甫、关汉卿之院本，皆其一生之精神所寓也。[②]

在此，黄宗羲提到了各个领域的豪杰，从伟大的诗人（李白、杜甫）到著名的散文作家（韩愈、欧阳修）以及杰出的剧作家（王实甫、关汉卿），正是他们的个性使他们取得辉煌的成就。通过各自的作品，他们充分表达了独特的"精神"，这使他们成为文学宗师。因此，对黄宗羲来说，文学追求必须考虑到一个人独特的

303

---

①　黄宗羲：《明文案序》，《黄宗羲全集》第 10 册，第 18 页。
②　黄宗羲：《靳熊封诗序》，《黄宗羲全集》第 10 册，第 59 页。

气质和灵魂："无情之辞，外强中干。其神不传，优孟衣冠。"①下
面这段引文也可作为参考：

> 余尝谓文非学者所务，学者固未有不能文者。今见其脱略
> 门面，与欧、曾、《史》《汉》不相似，便谓之不文，此正不可与于斯
> 文者也。濂溪、洛下、紫阳、象山、江门、姚江诸君子之文，方可与
> 欧、曾、《史》《汉》并垂天壤耳。盖不以文为学，而后文始至焉。
> 当何、李为词章之学，姚江与之更唱迭和，既而弃去，何、李而下，
> 叹惜其不成，即知之者，亦谓其不欲以文人自命者，岂知姚江之
> 深于为文者乎？使其逐何、李之学，充其所至，不过如何、李之文
> 而止。今姚江之文果何如！岂何、李之所敢望耶？②

304　　黄宗羲在不少地方提出过，"文"不是学者值得追求之物，而
希望成为优秀作家的学者，应该致力于"学"而非"文"，这篇文章
也反映了这一观点。但正如前文所论，黄宗羲的意思并不是说
文学追求无关紧要。当黄宗羲认为文学与"道"应为一体时，并
不意味着文学只有在服务于实现普遍性的"道"这一单一目标时
才具有价值，也不意味着因为"道"是唯一的，所以能为人所接受
的写作方式也只有一种。相反，在黄宗羲看来，"文"是不可或缺

---

① 黄宗羲：《李杲堂先生墓志铭》，《黄宗羲全集》第 10 册，第 401 页。
② 黄宗羲：《李杲堂文钞序》，《黄宗羲全集》第 10 册，第 26—27 页。

的，它自然产生于一个人的自我之中，其本质凝结于"心"的概念中。要写出好的"文"，一个人必须致力于情感和智识的自我修养。在一篇著名的序言中，黄宗羲探讨了"学"与"文"之间的关系，他对宋元思想图景进行了广泛的考察，囊括道学家、经学家、史学家和文学家。在他看来，这些人能够写出优秀的作品，是因为他们深于自己的"学统"。① 这似乎意味着承认多种"学"的模式的存在。对"情"与"灵"的强调，无疑也鼓励作者展现其个性而非盲目遵从任何宏大的文学理论或创作实践。"自我"的概念及其与"文"的联系，因而与周敦颐著名的"文以载道"所表达的"文"从属于"道"的道德主张大不相同，且其内涵要广泛得多。②

在黄宗羲的理解中，李梦阳（以及何景明）的错误恰恰在于，他们吸引了一代又一代有抱负的文人只顾投身于文学技巧的完善。复古运动的领袖告诉他们，要按部就班地学习古代名家的写作方法和语言，这是唯一正确的可被接受的写作方式。③ 最终，这些文人沉迷于盲目、了无生气、迷失自我地模仿那些所谓古代名作的形式，而无法意识到，优秀的文学应该源于一个人的内心深处。

黄宗羲对李梦阳文学主张的理解，代表了十六世纪中叶以后许多人对复古思想的认识。尤其是在散文领域，李梦阳的文

---

① 黄宗羲：《沈昭子耿岩草序》，《黄宗羲全集》第 10 册，第 56 页。
② 张亨：《试从黄宗羲的思想诠释其文学视界》。
③ 黄宗羲：《庚戌集自序》，《黄宗羲全集》第 10 册，第 8—9 页。

章广受批评，因为它们模仿伟大的文学典范的形式，却缺乏灵魂。正如前文所论，如此批评李梦阳鼓励单纯的模仿，实际上是忽略了李梦阳文学理论的核心内容。让我们简要地重新回顾李梦阳的文学理论和散文创作实践，并与黄宗羲的思想进行对比。

　　首先要记住的是，有时李梦阳在使用"文"这个概念时并没有对散文和诗歌进行严格区分，而当他作出这样的区分时，他的观点有时是至关重要的。例如，李梦阳认为如果一个作者希望讨论"理"，他应该运用的文学形式是散文而非诗歌。在这一论断中暗含着李梦阳强烈的信念，认为诗歌应当主要用于表达个人的情感。另一方面，散文应当用于智识活动，尽可能忠实客观地记录观察的结果。因此，宋学用散文探讨"理"并无不妥。然而，他们试图将"理"的宏大命题无孔不入地插入写作之中，模糊了写作对象的真实面目，这才是谬误所在。作为一个重视客观和精确的散文作家，李梦阳在写作中总是试图与他的写作对象保持一定距离，压抑情感自我。他坚信作者只有通过诗歌，而不是散文或其他诗歌之外的文学形式，才能表现其真实的个性，并被人观察到。

　　显然，李梦阳关于散文应有的写作方式及其功能的看法，与晚明流行的观点——李惠仪称之为重视"自发性"的文学主张（the rhetoric of spontaneity）——大相径庭。不过，在阐述自发性——它能够超越写作中一切类型、差异、传统和层级——时，晚明文人颇具讽刺意味地最终创造出一系列思考和写作的行为

和范式,反而高度强化了分裂感。① 因此,文学创作不符合这套
标准的文人,如李梦阳和其他复古运动领袖,就会受到负面
评价。

　　晚明士人所作出的另一种区分方式是地域分野,它只在李
惠仪关于公安派的"楚风"的讨论中间接被提及,却在本书的讨
论中占据重要篇幅。② 举例来说,在对黄省曾的评价中,黄宗羲
提出钱谦益不喜欢黄省曾,因为他认为黄省曾被李梦阳的"北
学"诱入歧途。黄宗羲并不认同钱谦益的观点,但不是因为他反
对将李梦阳的思想称为"北学",而是因为他认为黄省曾的写作
风格实际上与李梦阳大有不同。③ 换句话说,黄宗羲并不认为 ³⁰⁷
用地域标签来定义李梦阳的思想是错误的,仅仅是认为将黄省
曾与之联系并不妥当。

　　需要再次提醒读者的是,将李梦阳的文学理论和实践贴上
"北人"的标签,是对问题的过分简化。但如果完全忽视晚明士
人所面对的现实和认知中的地域分野,我们也无法完全理解李
梦阳在晚明的接受情况。让我们再以"小品"为例,陆云龙(活跃
于 1628 年)和丁允和(生卒不详)所编纂的著名小品选集《皇明
十六家小品》出版于 1633 年,收录了十六位晚明作家的"小品",

---

①　李惠仪:《晚明文学中自发性的主张》(The Rhetoric of Spontaneity)。
②　李惠仪:《晚明文学中自发性的主张》,第 40—41 页。
③　黄宗羲:《明儒学案》卷 25,4a、b。

其中十五人是南方人，大多数来自富庶的江南地区。① 因此，主要是江南地区的文学品位——更宽泛地说是南方的文学品位——塑造了"自发性"的创作，它最终定义了我们今天所了解的晚明散文。

　　在诗歌领域也同样如此，甚至尤为明显。钱谦益所编的诗选巨著《列朝诗集》也反映了这一心态。但值得注意的是，在明代诗歌的地域化问题上，钱谦益并没有采用一种泾渭分明的南北分野的思路。《列朝诗集》的编纂，更主要地反映出钱谦益对其家乡苏州的诗歌传统的深厚感情，他常常使用"吾吴"一词指代苏州及其传统。苏州无疑不是南方的全部。事实上，钱谦益对"竟陵派"抱有极大的敌意，竟陵派的核心成员钟惺（1574—1624）和谭元春（1586—1637）都是湖广竟陵人。此外，也不是所有苏州诗人都具有钱谦益所定义的"吾吴"传统（典型例证如徐祯卿和王世贞）。同样，并不是所有非苏州人都受到钱谦益的批评，比如他很欣赏公安派，其核心成员包括公安三袁，他们也与湖广有所联系。然而，钱谦益将李梦阳之诗定义为"北学"，反映出地域分野在十七世纪学者心中仍然具有重要地位。钱谦益早年曾十分崇拜李梦阳，后来却对其大加批评。② 正因如此，清初

----

　　① 陆云龙：《皇明十六家小品》。所收录的十六家中唯一来自北方的是陕西人文翔凤（1610 年进士）。其余十五人中，九人来自江南，今属浙江和江苏，四人来自长江中游地区，一人来自江西，一人来自福建。参见尹恭弘：《小品高潮与晚明文化》，第9—10 页。

　　② 周兴陆：《钱谦益与吴中诗学传统》。

著名学者和文学批评家比如朱彝尊和王士祯,会基于他们对地域分野的理解批评钱谦益,也就不足为奇了。下面这段引文出自朱彝尊给王士祯的一封回信:

> 两诵来书,论及明诗之流派,发蒙振滞。总时运之盛衰,备风雅之正变,语语解颐。至云选家通病,往往严于古人而宽于近世,详于东南而略于西北,辄当绅书韦佩,力矫其弊。①

尽管朱彝尊和王士祯讨论的是宽泛意义上的"选家",但批判对象实际上无疑是钱谦益,朱彝尊在后文也有所提及。朱彝尊"力矫其弊"的成果,就是《明诗综》的出版,朱彝尊在其中多处批驳了钱谦益的论断。② 不过,朱彝尊对钱谦益观点的反对或者修正,并不意味着质疑钱谦益给明代诗歌贴上地域标签的做法。他们仅仅是在如何使用这些地域标签上有所区别。钱谦益对苏州传统的归依,并没有在南北之间划出清晰的界线,而朱彝尊的修订却使这一界线更为确定无疑。在前引文中,朱彝尊将西北与东南对立起来,但显然,主要的区别仍然在于南北之间,他在信中接着哀叹了北方诗人及其作品在明代诗歌中的没落(当时南方诗人占据诗人总数的十分之七)。

当然,钱谦益和朱彝尊的观点都建立在一个由来已久的传

309

---

① 朱彝尊:《答刑部王尚书论明诗书》,《曝书亭集》卷 33,31b—32b。
② 蒋寅:《朱彝尊的明诗研究》。

统之中,这一传统将诗歌话语建构于地域差异的认识上。大约
1505 年,徐祯卿在北京通过书信往来与李梦阳初识,此时地域
差异的问题便立刻浮现。在回复徐祯卿请求见面的信中,李梦
阳首先自称为"西鄙人",对诗歌并无多少了解,唯有满腔热情,
他很高兴一位仅在诗作中得识其人的苏州才子愿意来见他。但
在收到徐祯卿的信后,李梦阳却产生了犹豫,因为他不确定徐祯
卿是否与他在诗歌上有相同的见解。使李梦阳产生这一担忧
的,是徐祯卿表示希望效仿晚唐诗人皮日休(活跃于 834—883
年)和陆龟蒙(活跃于 881 年)的做法与李梦阳一同作诗。在李
梦阳看来,皮日休和陆龟蒙的问题在于,他们创作"联句",将作
诗视为一种卖弄才华和炫耀自己精通格律的游戏,其他一些唐
代诗人如元稹(779—831)、白居易(772—846)、韩愈和孟郊
(751—814)也是如此。李梦阳无法接受这种态度,他强调诗是
一种严肃的文学追求,所谓"宣志而道和者也"。①

310   徐祯卿在信中提及皮日休和陆龟蒙,显示出深刻的地域自
觉,皮日休与陆龟蒙正是在居于苏州之时,写下了那些足以证明
其友谊与创作取向的诗作。因此,明代苏州士人十分看重二
人。② 正如我们在第八章所见,虽然李梦阳并没有全盘否定南
京地区诗歌传统中的六朝遗风,但他对这一传统所代表的东西
抱有极大的疑虑,以至于他不得不费尽心思地解释,为何像边贡

---

① 李梦阳:《与徐氏论文书》,《空同集》卷 62,3a—5a。
② 崔秀霞:《徐祯卿、李梦阳论辩考析》。

那样杰出的北方诗人竟也会为此所吸引。同样,李梦阳在给徐
祯卿的信中强调自己"西鄙人"的身份,也意在瓦解徐祯卿所珍
视的苏州传统。在他们的书信往来里,暗藏的核心问题是对真
正的诗歌的本质的不同理解,但在这封信中,这种不同理解被微
妙地纳入两个地域诗歌传统的水火不容之中。

　　李梦阳通过对诗歌与自我以及和谐的理想的关系的讨论,
表达了真诗与苏州传统相对立的观点。在此,暂且不论李梦阳
对苏州传统的评价是否公正。值得注意的是,在李梦阳的构想
中,好的诗歌必然与诗人的真实自我相联系,并能够与读者产生
共鸣,唤起他们的情感,达到诗人与读者之间的联结。总之,真
正的诗歌作为一个整体,可以反映出当时的风俗,帮助政府理解
其治理下的世界。这种情感的、审美的以及功利的功能,都是真
正的诗歌所具有的特质,其中展现出诗人真实的"情"(参见第六
章和第八章)。与他的散文创作理论不同,"情"是李梦阳的诗歌
理论和创作的基石,它使李梦阳得以强调诗歌创作中的个性,而
不必流于乖僻。因此,李梦阳对诗歌的态度,与王阳明对道德哲
学的态度非常相似。李梦阳的理解倾向于一种对道德、情感和
审美更为个性化的表达,但仍然强调了政治、社会和文化和谐得
以建立的共同前提。

　　李梦阳关于"学"的理论未能引起士人群体的兴趣,但与之
相反,他的诗歌理论获得了广泛的传播、讨论和争议。最强有力
的支持来自两个阶段。十六世纪后半叶,所谓"后七子"登上历

311

史舞台。在他们看来，李梦阳认为诗人只有运用正确的方法获得正确的诗歌形式，才能表达真正的"情"的观点，是有史以来最令人信服的文学主张之一。尽管他们的文学观可能是多种多样甚至彼此冲突的，但复古运动领袖们的确抱有一种关注诗歌形式的重要性的共同信念。山东文学权威李攀龙（后七子里两名北方人中的其中一名）在一篇送别其晚辈友人王世贞的著名文章中批评了王慎中和唐顺之，指责他们在文学创作中将"理"凌驾于锤炼文词之上。王慎中和唐顺之都是最早一批受到王阳明启发的文人。他们相信文学创作的首要任务是阐明道德本心，这是李攀龙和王世贞无法接受的观点。与之相对，他们投向了李梦阳的主张，李梦阳在当时同样受到文学被道学话语渗透的困扰。有意思的是，李攀龙在这篇文章的最后，解释了为何像李梦阳这样的文学领袖难以再次出现：

312　　　齐鲁之间，其于文学虽天性，①然秦汉以来，素业散失，即关洛诸世家，亦皆渐由培植，俟诸王者，故五百年一名世出，犹为多也。吴越鲜兵火，诗书藏于阛阓，即后生学士，无不操染。然竽滥不可区别，超乘而上，是为难耳。故能为献吉辈者，乃能不为献吉辈者乎？②

①　该句语出《史记》，司马迁试图解释为何鲁国学者在刘邦的军队与项羽交战逼近鲁地时，仍能不止礼乐。"文学"一词在《史记》中不仅仅指代今天的文学，还包括宽泛意义上的文化。不过，李攀龙在此使用"文学"一词时，显然指的是文学研究。
②　李攀龙：《送王元美序》，《沧溟集》卷16,9b。

　　这里我们可以再次看到以南北之分来解释文学发展的倾向。李攀龙认为,北方再无文学领袖不断现世,是因为自秦汉以来,社会状况就不再有利于北方。相反,江南得以免于大规模战乱灾祸,也因此成了一个文化繁荣的地区。然而,在江南地区,真正的文学领袖仍然十分罕见。李攀龙并没有说明具体原因,但罗宗强根据书信的语境,合理推断李攀龙意在批评江南不良的文学风气。① 显然,李攀龙将自己视为李梦阳的后继,他希望苏州人王世贞可以接续他的事业,尽管这要求王世贞超越江南风俗,并复兴以李梦阳为代表的文学传统。在回信中,王世贞接受了李攀龙的勉励,并哀叹苏州士人的无知,他们错误地批评李梦阳提倡文学的盲目模仿。② ³¹³

　　支持李梦阳诗歌理论的第二阶段出现在王世贞身后数十载,其表现形式是试图扭转公安派和竟陵派的诗歌创作实践。我们已经看到,陈子龙在编纂《皇明经世文编》时,几乎完全忽略了李梦阳。但在陈子龙、李雯、宋徵舆作为"云间三子"(得名于其家乡云间,今属上海)共同编纂《明诗选》时,李梦阳却被他们视为典范。值得注意的是,李梦阳与公安派和竟陵派之间的观点差异,再次被归为地域问题,这在陈子龙给方以智(1611—1671)的一首诗中可以看出:

---

① 罗宗强:《读〈沧溟先生集〉手记》。
② 王世贞:《与李于鳞》,《弇州四部稿》卷 117,2a—3b。

仙才寂寞两悠悠，文苑荒凉尽古丘。

汉体昔年称北地，楚风今日满南州。

可成雅乐张瑶海，且剩微辞戏玉楼。

颇厌人间枯槁句，裁云剪月画三秋。①

314　　　"北地"是李梦阳家乡庆阳在汉代的旧称，但也可以就字面意义上指代北方地区。陈子龙将"北地"与"南州"对举时，显然有意将两重意涵融为一体。"楚风"指的是公安派和竟陵派，暗指其领袖都是湖广人。

　　这首诗对十七世纪初的明代诗歌作出了几个论断。首先，它指出了公安派和竟陵派对当时南方士人群体的影响，他们取代了原先北方复古运动的取向。其次，最后两句表现出陈子龙对那些语言枯燥乏味的诗歌的厌恶。就像李攀龙和王世贞一样，陈子龙欣赏李梦阳对诗歌形式的重视，因为只有通过正确的形式，"情"才能得到正确的表达。正因如此，陈子龙和其他云间派诗人认同李梦阳关于宋代无诗的著名论断，在他们看来，宋诗缺乏"情"，在形式和风格上都乏善可陈。不过，这并非他们在李梦阳诗歌理论中发现的唯一优点。对那些领导了致力于改革的"几社"的云间派诗人来说，尽管诗歌不应沦为政治发声工具，但

---

　　① 陈子龙：《遇桐城方密之于湖上，归复相访，赠之以诗》，《陈子龙诗集》，第415页。

它无疑具有严肃的目标。公安派和竟陵派的理论缺陷,在于他
们过分追求个性化的表达,将诗人与现实事务割裂,导致诗歌成
为无用之物,仅能用于私人娱乐。这也引发了陈子龙诗中提出
的第三点论断。通过区分"雅乐"和"微辞",陈子龙提出的救弊
之法,乃是恢复古代诗歌的正统——它在《诗经》中得到了最好
的展现,并由复古运动领袖进一步发展——它为表达多样化的
人类情感提供了共同的前提。为了共同的善,应当追求的是和
谐一致而非特立独行。① 当对比陈子龙关于爱情的"诗"与"词"
时,孙康宜注意到,陈子龙以一种反思性的态度体现着传统的观
点——诗是高雅的,而词是淫邪的:"陈子龙的爱情诗同样以
'情'的概念为基础,但在作诗时他以一种极为不同的观点看待
'情'。这些诗无疑是艳情的甚至是色情的,但与表达激情的词
相比,诗中的情欲是非常抽象化和理想化的。这是一种极具反
思意味的诗学,它完美地展现了诗的正统风格。"②

　　三次复古运动潮流——从李梦阳到李攀龙和王世贞,最后
是云间派诗人——产生于相当不同的思想环境,其中个体的理
论与实践也以各不相同的方式与运动整体相联系。然而,贯穿
复古运动三个阶段的主线,是他们相信汇集个人情感与表达并
使之和谐一致的共同基础,在于诗歌的形式。"情"以及这一理
论框架所定义的诗性自我,在本质上是政治的、社会的,也是文

315

①　刘勇刚:《云间派文学研究》,第41—55页。
②　孙康宜:《晚明诗人陈子龙》(*The Late Ming Poet Ch'en Tzu-lung*),第70页。

化的。相反，复古运动的批评者倾向于通过一种本质主义的方式定义诗性自我以及"情"的表达。如前所述，对李梦阳思想的强有力挑战，最先来自王慎中和唐顺之，以及茅坤(1512—1601)和归有光。这四个人常被称为"唐宋派"，因为他们提倡唐宋时期的古文风格。然而，这种人为定义的联系是非常值得怀疑的，因为它忽略了其中的一些"成员"彼此并不相识，文学观点也大相径庭，更不必说他们心目中的文学典范远超出了唐宋文人的范围。不过出于论述方便的考虑，在从整体上讨论他们对复古运动的批评时，这种界定方式仍然有所助益，它代表着十六世纪文学思想的一种转变。

　　尽管唐宋派主要以文而非诗知名，但他们的文学理论证明了道学的哲学语言在散文和诗歌中的使用，对于以一种更具道德自主性的方式重新定义自我的概念具有重要意义，这在王阳明身上表现得尤为明显。[①] 举例来说，"本色"是唐顺之文学理论的核心概念，它源于阳明学的"本心"。它要求一种直接无修饰的自我表达，取决于心的本质和原始状态，而不为外物所污染。实现这一点的关键，乃是投身于消除人欲的自我修养。唐宋派领袖无意忽略"情"的重要性，也并非轻视文学技巧。他们所反对的，是以毫无约束的方式表达个人情感的倾向，并将个人情感的表达与文学形式捆绑在一起。李梦阳以及其他复古运动

316

---

　　① 归有光是一个例外，他反对王阳明但极为赞赏朱熹之学。

领袖的错误,并不在于他们提倡学习古代的优秀作品,而在于他们相信"情"只能通过正确的文学形式来表达,由此他们陷入对古代名作的风格和语言的一味模仿,而忘记了真正的"情"只是一个人内在本性的延伸。①

唐宋派领袖大多来自富庶的江南地区。正是在这些南方人中,李梦阳落得了鼓励盲目模仿的恶名,终明一代,它都一直延续。与这一负面评价相伴的,是一个文学概念的出现——"性灵"。这个词汇本身在中国文学批评史上源远流长,但直到晚明才成为文学理论的核心,受到拥有巨大影响力的公安派和竟陵派的提倡。二十世纪初期,出于自身对中国现代性的追求,时人如林语堂,在这一文学思潮中发现了西方浪漫主义的痕迹。他们相信公安派和竟陵派对复古主义的批评,与西方浪漫主义对新古典主义的批评如出一辙,因为晚明这一思潮中同样存在对从正统思想的束缚中解放自我的迫切要求。"性灵"为中国浪漫主义的支持者提供了推翻当时保守压抑的文学氛围的理论武器。

林语堂对晚明文学图景过分简化且或许带有欧洲中心论色彩的描绘,已经有许多研究予以揭露。② 尽管如此,林语堂在关注晚明各种文学理论之中蕴含的自我概念时,确然切中肯綮。

① 黄毅:《明代唐宋派研究》,第 71—101 页。
② 关于林语堂对晚明文化遗产的阐释,参见钱锁桥:《自由世界主义》(*Liberal Cosmopolitan*),第 127—159 页。

尽管由相当不同的前提出发，且得出了大相径庭的结论，但"性灵"的倡导者都共同遵循唐宋派领袖提出的精神性的独立自我的概念。不过，尽管唐宋派领袖仍然试图建立一个实现自我和世界的统一的共同道德基础，"性灵"理论家则重视特性，为此常常牺牲共性。这在公安派的袁宏道（1568—1610）身上尤为突出，他将诗歌中的真实自我置于心的空灵上，其心展现的是类似于赤子的特质，这一概念显然是袁宏道从反传统斗士李贽之处得来，它要求从一切形式的束缚和不自由中解放。在袁宏道看来，李梦阳以及其他复古主义领袖对于向古代名家学习正确形式和技巧的强调，等同于对无所用心的盲目模仿的提倡。①

在所谓"竟陵派"的钟惺和谭元春开始扭转他们眼中由公安派引领的歪风邪气时，"性灵"的理论也发生了转向。竟陵派认为，由于公安派的巨大影响，当时的诗歌变得庸俗，丧失了审美价值。为了矫正这一点，需要彻底地学习古代的名作。不过，竟陵派选择古代名作的标准，无疑更重视诗人的主体性而非复古理论所强调的共同经验。事实上，钟惺和谭元春相信，一个诗人出世越远，他的"情"就越深，他的诗句也越可能感动读者。"孤"和"绝"这样的词汇，常常出现在他们的文章中。尽管他们致力于学习古代的优秀典范，但他们全然无意寻求一种能够被普遍接受的形式或者风格。相反，他们更感兴趣的是，弄清究竟是什

①　周质平：《袁宏道与公安派》（*Yüan Hung-tao and the Kung-an School*），第44—54页。

么使一首诗独特且无可替代。①

　　竟陵派与公安派的分歧，关键在于对"性灵"的不同理解。袁氏兄弟认为，"性灵"指的是本体自我的自发性。当诗人能够无需任何媒介地表达情感，自由地表现他的主体性时，就能够写出好的诗歌。相反，钟惺和谭元春则坚持"性灵"是有意识的自我修养的产物，其目的在于实现自我的绝对独立，与任何外界因素互动所产生的情感断绝联系。②

　　我们对晚明文学批评中主要思潮的粗略考察，得出了以下几个重要结论。首先，文学重心在十六世纪中叶逐渐南移，人们敏锐地注意到这一趋势，并常常对它进行谈论，这强化了人们心中南北分野的意识。其次，在诸多诗歌理论中潜藏的基本关切，是在道学对文学写作的掌控受到猛烈冲击之下，对写作中自我及其与世界的关系的重新定义。其三，"情"重新定义了自我。李梦阳复古主义的支持者和批评者的最关键的分歧在于，文学形式能否为个人和个性化的"情"提供联结的场域。

　　在十六世纪的第一个十年里，当李梦阳开始质疑宋人的文学创作方法时，他实际上为此后数十年间的文学理论家铺设了重新定义与写作本质相关的自我的基石。尽管李梦阳理论中功

319

---

　　① 　陈国球：《明代复古派唐诗论研究》，第 232—284 页。
　　② 　周质平：《袁宏道与公安派》，第 113—118 页。黄卓越：《明中后期文学思想研究》，第 249—255 页。

利的方面强调文学创作能为国家提供反映当时风俗的镜鉴,但他同样关心文学关于自我表达的审美面向。这两个方面彼此联系,但不应被混为一谈。这种关于自我表达的论断,创造出一个与国家对"文"的宏大目标分离的独立空间,在其中,自我的实现——无论其定义如何——成为了"学"的终极关切。在其他思想活动中,李梦阳试图使士人之学成为国家体系不可分割的一部分,但与之相反,他对"文"的理解鼓励个人重视"文"本身的价值。周启荣在关于明清印刷文化的研究中提到李梦阳的诗学时,作出了极具洞见的观察:

> 李梦阳批评台阁诗人模仿宋诗,并对宋代道学家强调"理"的诗论感到不满。……重点在于,不应将李梦阳对宋诗的批评与他对明代程朱正统意识形态的反对混为一谈。李梦阳的批评主要是基于诗歌创作,他并没有同样地反对儒家伦理的法则,也没有质疑政权维护道德秩序的重要意义。①

李梦阳并非周启荣的研究重点,因此这里的讨论略显简化,不过周启荣准确地指出了李梦阳在政治和文学艺术之间作出的区别。② 让我们再次回顾李梦阳与刘健的故事。在李梦阳的记

320

---

① 周启荣:《近代早期中国的印刷、文化与权力》(*Publishing*, *Culture and Power*),第 195 页。
② 白润德推测,独立于国家的诗歌空间的创造,是明代科举考试废除诗歌的结果。参见白润德:《伟大的再造》,第 399、427 页。

载中，刘健批评年轻人学诗是"不务实"。李梦阳认为，刘健对诗
抱有这种偏见，是因为他是一个北方人，以经学权威自负。经学
与诗歌、南方与北方的区别，是根深蒂固的地域分野和知识领域
分化观念的结果。显然，李梦阳试图纠正他所见到的苏州人和
北方人关于诗歌创作方法的谬误。以刘健为代表的北方人，错
误地认为学诗只是为了个人娱乐，因此无益于治国理政。另一
方面，苏州人的症结在于将诗歌视为卖弄才学的文字游戏。李
梦阳相信，尽管诗歌最初是用于自我表达，这也是它最重要的目
的，但表达自我的方法与形式密切相关，而正确的诗歌形式是自
然的产物。只有当"情"通过这些形式得以正确表达，诗歌才能
产生共鸣，超越现实中的差异并创造和谐一致的契机，使个性彼
此统合，走向一个共同的目标。因此，李梦阳的目标在于超越地
区主义并建立一种诗歌理论，作为交流"情"的共同平台。然而
讽刺的是，在晚明，李梦阳的观点却常常被他的支持者和批评者
视为一种北方的思想。李梦阳从没有试图建立一个北方的诗歌
典范，因此这种看法实际上是不断强化的南北分野观念的产物。
同时，晚明南北之间的差异日益扩大也是事实，杰出的诗论家和
著名的诗人，以及诗歌领域的鸿篇巨作主要都集中在南方。这
是南方人得以主导诗歌话语体系背后的根本原因。

　　总之，李梦阳的文学复古主义为晚明知识界提供了一种理
论和话语，由此得以建立一个基于"情"所定义的自我的和谐世
界。这是一种伟大的构想，它诞生于程朱正统日益无法使人信

321

服的时代。在这方面，王阳明与李梦阳的关注点和看法有很多相似之处，尽管他们处理问题的角度大相径庭。正如王阳明的道德哲学一样，李梦阳的文学理论也引起了广泛的关注，因为它将文学创作视为一种严肃的追求，即使它独立于日常行政事务，并且，它重视通过个人的努力而非自上而下的国家机制实现的共性。所有这些观点，都呼应着南方士人的关切。正是通过南方而非北方士人群体的叙述，李梦阳无论是在正面意义上还是负面意义上，才得以成为文学领域的重要人物。然而，李梦阳关于划分知识领域以及为士人之学的其他分支构想一套关于君权和政治的宏大理论的方式，也正是他未能吸引南方士人的原因。当南方士人的声音在晚明开始主导思想话语之际，也就是李梦阳遭到忽略之时。

从李梦阳的案例中可以发现，我们对晚明思想世界的理解，仍然很大程度上被南方士人群体的关注点和话语体系所主导。而其他的声音，尤其是那些被南方的优势地位边缘化甚至彻底淹没的北方的声音，还有待更多的研究和发掘。

参考书目

李梦阳著作

《空同集》,1531 年本,63 卷。

《空同精华集》,1565 年本,诗 3 卷。

《嘉靖集》,嘉靖本,诗 1 卷。

《崆峒集》,明本,诗 21 卷。

《空同集》,1602 年本,66 卷,目录 3 卷,附录 2 卷。普林斯顿大学图书馆藏有
　　此版本,为李梦阳文集最完备版本,也是本书主要参考文献。

《空同先生集》,明本,影印本 63 卷。台北:伟文图书出版有限公司,1976 年。

《空同集》,文渊阁四库全书本,66 卷,影印本。台北:商务印书馆,1983 年。

杨一清:《石琮诗稿》,李梦阳编注,1526 年本,19 卷;《文稿》,14 卷。

中日文文献

白一瑾:《北方"正统"与江南"变体"——论明七子在清初传承的两条主线》,
　　《河南师范大学学报(哲学社会科学版)》,2010(6):180—183。

班固:《汉书》,北京:中华书局,1962 年。

陈伯海:《严羽和沧浪诗话》,上海:上海古籍出版社,1987 年。

陈国球:《明代复古派唐诗论研究》,北京:北京大学出版社,2007 年。

陈洪谟：《治世余闻》，北京：中华书局，1997年。

陈建华：《晚明文学的先驱：李梦阳》，收于郝润华、师海军编：《二十世纪以来李梦阳研究》，北京：人民出版社，2011年，第133—144页。

陈纶绪：《记明天顺成化间大臣南北之争》，收于钱穆等：《明代政治》，台北：学生书局，1968年。

陈赏：《东里先生小传》，收于焦竑编：《国朝献徵录》，影印本，台北：明文书局，1991年。

陈时龙：《明代中晚期讲学运动（1522—1626）》，上海：复旦大学出版社，2005年。

陈雯怡：《由官学到书院：从制度与理念的互动看宋代教育的演变》，台北：联经出版社，2004年。

陈幸筠：《孙奇逢经世致用思想研究》，元智大学硕士学位论文，2011年。

陈子龙：《安雅堂稿》，影印本，台北：伟文图书有限公司，1977年。

陈子龙：《陈子龙诗集》，上海：上海古籍出版社，1983年。

陈子龙等编：《明经世文编》，北京：中华书局，1962年。

程颢、程颐：《二程集》，北京：中华书局，1981年。

崔秀霞：《徐祯卿、李梦阳论辩考析》，《时代文学》，2009（9）：206—207。

戴文和：《晚明经世学巨著〈皇明经世文编〉及其相关问题研究》，东吴大学博士学位论文，2004年。

檀上宽：《明代科擧改革の政治的背景：南北卷の創設をめぐって》（《明代科举改革的政治背景：论南北卷的创设》），《东方学报》，1986（58）：499—524。

檀上宽：《明王朝成立期の軌跡—洪武朝の疑獄事件と京師問題をめぐって》（《明王朝成立的轨迹：论洪武朝的疑案和定都问题》），《东洋史研究》，1978（37）：327—360。

邓小南：《祖宗之法：北宋前期政治述略》，北京：三联书店，2006年。

邓志峰：《王学与晚明的师道复兴运动》，北京：社会科学文献出版社，2004年。

董其昌：《容台文集》，收于《四库全书存目丛书》。

段成式：《酉阳杂俎》，北京：中华书局，1981年。

方孝孺：《方正学先生集》，收于《丛书集成初编》。

方孝孺：《逊志斋集》，收于《四部丛刊初编》。

费宷：《费钟石先生文集》，1570年本，24卷。

冯从吾等编：《关学编(附续编)》，北京：中华书局，1987年。

麓保孝：《北宋に於ける儒學の展開》(《北宋儒学的发展》)，东京：书籍文物流通会，1967年。

葛晓音：《汉唐文学的嬗变》，北京：北京大学出版社，1990年。

葛兆光：《明中后期的三股史学思潮》，《史学史研究》，1985(1)：29—38。

龚显宗：《明七子派诗文及其论评之研究》，台北：花木兰文化出版社，2008年。

顾炎武：《日知录校注》，陈垣校注，合肥：安徽大学出版社，2007年。

管志道：《续问辨牍》，收于《四库全书存目丛书》。

郭皓政：《明代政坛南北之争与前七子的崛起》，《武汉大学学报(社会科学版)》，2011(64)：84—90。

郭平安：《李梦阳文艺思想研究》，西安：陕西人民教育出版社，2011年。

郭平安：《李梦阳研究》，陕西师范大学博士学位论文，2009年。

郭绍虞编：《中国历代文论选》，第三册，上海：上海古籍出版社，2001年。

郭绍虞：《中国文学批评史》，上海：上海古籍出版社，1982年。

郭正忠：《欧阳修》，上海：上海古籍出版社，1982年。

韩愈：《韩昌黎文集校注》，马通伯校注，上海：古典文学出版社，1957年。

何寄澎：《北宋的古文运动》，台北：幼狮文化事业公司，1992年。

东英寿：《太学体考——その北宋古文運動に於ける一考察》(《太学体考：北宋古文运动研究》)，《日本中国学会报》，1988(40)：94—108。

侯外庐等编：《宋明理学史》，第一册，北京：人民出版社，1984年。

侯雅文：《李梦阳的诗学与和同文化思想》，台北：大安出版社，2009年。

胡宏：《胡宏集》，北京：中华书局，1987年。

胡应麟：《诗薮》，上海：上海古籍出版社，1979年。

胡幼峰：《清初虞山派诗论》，台北："国立"编译馆，1994年。

黄绾：《石龙集》，嘉靖本，28卷。

黄省曾：《五岳山人集》，收于《四库全书存目丛书》。

黄毅：《明代唐宋派研究》，上海：上海古籍出版社，2008 年。

黄卓越：《明永乐至嘉靖初诗文观研究》，北京：北京师范大学出版社，2001 年。

黄卓越：《明中后期文学思想研究》，北京：北京大学出版社，2005 年。

黄宗羲：《黄宗羲全集》，杭州：浙江古籍出版社，2005 年。

黄宗羲编：《明文海》，影印本，北京：中华书局，1987 年。

黄宗羲：《明儒学案》，收于《四部备要》。

饭山知保：《金元時代の華北社会と科挙制度：もう一つの“士人層”》(《金元时代的华北社会与科举制度：另一种士人阶层》)，东京：早稻田大学出版部，2011 年。

生驹晶：《明初科擧合格者の出身に關する一考察》(《关于明初科举合格者的出身考察》)，明代史研究会明代史论丛编集委员会：《山根幸夫教授退休纪念明代史论丛上》，45—71。东京：汲古书院，1990 年。

和泉ひとみ(和泉)：《江南の知識人と復古派：その差異の所在》(《江南的知识人与复古派：差异的考察》)，《大阪产业大学论集（人文科学编）》，2003(110)：1—12，21—27。

纪昀等编：《四库全书总目提要》，收于《四库全书》。

简锦松：《李何诗论研究》，台湾大学硕士学位论文，1980 年。

简锦松：《论钱谦益〈列朝诗集小传〉之批评立场》，《文学新钥》，2004(2)：127—158。

简锦松：《明代文学批评研究》，台北：学生书局，1989 年。

蒋寅：朱彝尊的明诗研究，《北京大学学报（哲学社会科学版）》，2008(45)：77—86。

焦竑编：《国朝献徵录》，影印本，台北：明文书局，1991 年。

《开封府志》，1696 年。

康海：《对山集》，收于《续修四库全书》。

许齐雄：《国家政治目的和理学家教育理想在官学和科举的结合：以薛瑄思想为例》，《汉学研究》，2009(27)：87—112。

李东阳：《李东阳集》，长沙：岳麓书社，1984—1985 年。

李东阳：《怀麓堂集》，收于《四库全书》。

李东阳：《怀麓堂诗话》，收于《四库全书》。

李光摩：《钱谦益"弇州晚年定论"考论》，《文学遗产》，2010(2)：102—112。

黎靖德编：《朱子语类》，北京：中华书局，1986年。

李纪祥：《经世观念与宋明理学》，收于《道学与儒林》，台北：唐山出版社，2004年，第347—368页。

李开先：《李中麓闲居集》，收于《续修四库全书》。

李梦阳等：《白鹿洞书院古志五种》，北京：中华书局，1995年。

李攀龙：《沧溟集》，收于《四库全书》。

李锐清：《沧浪诗话的诗歌理论研究》，香港：中文大学出版社，1992年。

李双华：《吴中派与中晚明文学》，北京：中国社会科学出版社，2012年。

李贽：《焚书》，北京：中华书局，1975年。

李焯然：《丘濬评传》，南京：南京大学出版社，2005年。

李卓颖：《地方性与跨地方性：从"子游传统"之论述与实践看苏州在地文化与理学之竞合》，《"中研院"历史语言研究所集刊》，2011(82)：325—98。

廖可斌：《复古派与明代文学思潮》，台北：文津出版社，1994年。

《礼记正义》，收于《十三经注疏》，毕沅注，北京：中华书局，1980年。

林保淳：《经世思想与文学经世：明末清初经世文论研究》，台北：文津出版社，1991年。

林素芬：《北宋中期儒学道论类型研究》，台北：里仁书局，2008年。

林尧俞等编：《礼部志稿》，收于《四库全书》。

刘海峰：《科举取材中的南北地域之争》，《中国历史地理论丛》，1997(1)：153—167。

刘连开：《唐仲友的史学思想》，《史学史研究》，2000(1)：39—43。

柳立言：《何谓唐宋变革》，《中华文史论丛》，2006(81)：125—171。

刘坡：《李梦阳与明代诗坛》，南京：南京大学出版社，2013年。

刘师培：《南北学派不同论》，收于劳舒编：《刘师培学术论著》，第131—167页。杭州：浙江人民出版社，1998年。

刘勇：《中晚明理学学说的互动与地域性理学传统的系谱化进程：以"闽学"为中心》，《新史学》，2010(21)：1—60。

刘勇刚：《云间派文学研究》，北京：中华书局，2008 年。

吕妙芬：《阳明学士人社群：历史、思想与实践》，台北："中研院"近代史研究所，2003 年。

吕柟：《泾野先生文集》，收于《续修四库全书》。

吕柟：《泾野子内篇》，北京：中华书局，1992 年。

吕士朋：《明代的党争》，《明史研究》，1997(5)：77—89。

陆云龙编：《皇明十六家小品》，1633 年本，32 卷。影印本，北京：北京图书馆出版社，1997 年。

罗宗强：《读〈沧溟先生集〉手记》，《文学遗产》，2010(3)：75—89。

罗宗强：《明代后期士人心态研究》，天津：南开大学出版社，2006 年。

马茂元：《略谈明七子的文学思想与李何的论争》，《江海学刊》，1962(1)：26—29。

前野直彬：《中國文學史》(《中国文学史》)，东京：东京大学出版社，1975 年。

前野直彬：《明代古文辞派の文学論》(《明代复古派的文学理论》)，《日本中国学会报》，1964(16)：157—65。

毛夫国：《现代文学史上的晚明文学思潮论争》，北京：文化艺术出版社，2011 年。

毛佩琦：《建文新政和永乐"继统"》，《中国史研究》，1982(2)：36—49。

松村昂：《李夢陽詩論》(《李梦阳诗论》)，《中国文学报》，1995(51)：69—115。

孟森：《明清史讲义》，北京：中华书局，1981 年。

《明实录》，影印本，台北："中研院"，1962 年。

沟口雄三：《中國前近代思想の屈折と展開》(《中国前近代思想的曲折与发展》)，东京：东京大学出版会，1980 年。

小野和子：《明季黨社考：東林黨と復社》(《明季党社考：东林党与复社》)，京都：同朋舍出版，1996 年。

小野泽精一、福永光司、山井涌编：《気の思想：中國における自然觀と人間觀の展開》(《气的思想：中国自然与人文思想的发展》)，东京：东京大学出版会，1978 年。

欧阳修：《欧阳修全集》，北京：中华书局，2001 年。

欧阳修等：《新唐书》，北京：中华书局，1975 年。

彭时：《彭文宪公笔记》，收于《丛书集成初编》。

钱茂伟：《明代史学历程》，北京：社会科学文献出版社，2003 年。

钱穆：《国史大纲》，第三版，香港：商务印书馆，1995 年。

钱穆：《宋明理学概述》，台北：学生书局，1977 年。

钱谦益：《列朝诗集》，收于《续修四库全书》。

沈松勤：《从南北对峙到南北融合：宋初百年文坛演变历程》，《文学评论》，
　　2008(4)：61—70。

石介：《徂徕石先生文集》，北京：中华书局，1984 年。

史小军、杨鸿毅：《试论李梦阳评点〈石淙诗稿〉的诗学价值》，《暨南学报（哲学
　　社会科学版）》，2008(30)：78—83。

岛田虔次：《中國における近代思維の挫折》(《中国近代思维的挫折》)，东京：
　　筑摩书房，1949 年。

清水盛光：《中國族產制度考》(《中国族产制度考》)，东京：岩波书店，1949 年。

宋濂：《宋濂全集》，杭州：浙江古籍出版社，1999 年。

宋濂等：《元史》，北京：中华书局，1976 年。

宋佩韦：《明文学史》，上海：商务印书馆，1935 年。

苏轼：《苏轼文集》，北京：中华书局，1986 年。

苏天爵编：《国朝文类》，台北：世界书局，1962 年。

苏辙：《苏辙集》，北京：中华书局，1990 年。

苏振申：《元政书经世大典之研究》，台北：中国文化大学出版社，1984 年。

孙克宽：《元代金华学述》，台中：东海大学，1975 年。

孙卫国：《王世贞史学研究》，北京：人民文学出版社，2006 年。

铃木虎雄：《李夢陽年譜略》(《李梦阳年谱略》)，《艺文》，1929(20)：1—18。

谈迁：《国榷》，北京：中华书局，1958 年。

谭祖安、戴美政：《杨一清评传》，昆明：云南人民出版社，2007 年。

汤斌：《洛学编》，1673 年。

唐长孺：《读抱朴子推论南北学风的异同》，收于《魏晋南北朝史论丛》，第
　　345—376 页，北京：商务印书馆，2010 年。

田培栋：《明清时代陕西社会经济史》，北京：首都师范大学出版社，2000 年。

脱脱等：《宋史》，北京：中华书局，1977 年。

王昌伟：《从族谱看明代陕西宗族组织与士人阶层缔结联盟的方式》，《东方文化》，2010（1—2）：214—234。

王昌伟：《明初南北之争的症结》，《明清史集刊》，2007（9）：27—48。

王春南、赵映林：《宋濂方孝孺评传》，南京：南京大学出版社，1998 年。

王汎森：《明代心学家的社会角色：以颜钧的"急救心火"为例》，收于《晚明清初思想十论》，第 1—28 页。上海：复旦大学出版社，2004 年。

王公望：《李梦阳著作明代刻行述略》，《图书与情报》，1998（3）：69—70。

王洪瑞、吴宏岐：《明代河南书院的地域分布》，《中国历史地理论丛》，2002（4）：86—102。

王辉斌：《唐后乐府诗史》，合肥：黄山书社，2010 年。

王家俭：《晚明的实学思潮》，《汉学研究》，1989（7）：279—300。

王俊彦：《王廷相与明代气学》，台北：秀威资讯，2005 年。

王世贞：《读书后》，收于《四库全书》。

王世贞：《弇州四部稿》，收于《四库全书》。

王恕：《王端毅公文集》，收于《四库全书存目丛书》。

王阳明：《王阳明全集》，上海：上海古籍出版社，1992 年。

王易：《乐府通论》，上海：中国文化服务社，1948 年。

韦庆远：《张居正与明代中后期政局》，广州：广东高等教育出版社，1999 年。

魏宗禹：《明清时期诸子学研究简论》，《孔子研究》，1998（3）：93—101。

吴缉华：《论明代前期税粮重心之减税背景及影响》，收于《明代社会经济史论丛》第一册，台北：学生书局，1970 年。

吴宽：《家藏集》，收于《四库全书》。

吴宣德：《明代进士的地理分布》，香港：中文大学出版社，2009 年。

武玉梅：《明文海诸问题考述》，《文献季刊》，2007（1）：105—112。

萧启庆：《中国近世前期南北发展的歧异与统合：以南宋金元时期的经济社会文化为中心》，《台湾师大历史学报》，2006（36）：1—30。

谢国桢：《明清之际党社运动考》，沈阳：辽宁教育出版社，1998 年。

薛正昌：《李梦阳全传》，长春：吉林出版社，1999 年。

山口久和：《明代復古派詩説の思想の意義》(《明代复古派诗说的思想意义》)，《人文研究》(西野贞治教授 宫田一郎教授退任纪念号)，1985(37)：205—222。

山井涌：《明末清初における経世致用の学》(《明末清初的经世致用之学》)，《东方学论集》，1954(1)：135—150。

严羽：《沧浪诗话校释》，郭绍虞校释，北京：人民文学出版社，1962 年。

杨海波：《李梦阳及其诗歌创作研究》，兰州：甘肃人民出版社，2010 年。

杨念群：《儒学地域化的近代形态：三大知识群体互动的比较研究》，北京：三联书店，1997 年。

杨士奇：《东里集》，收于《四库全书》。

杨一清：《杨一清集》，北京：中华书局，2001 年。

叶晔：《明代中央文官制度与文学》，杭州：浙江大学出版社，2011 年。

尹恭弘：《小品高潮与晚明文化：晚明小品七十三家评述》，北京：华文出版社，2001 年。

横田辉俊：《明代文學論の展開》(《明代文论的发展》)，第一部分见《广岛大学文学部纪要》，1977(37)：63—81；第二部分见《广岛大学文学部纪要》1978(38)：75—135。

吉川幸次郎：《李夢陽の一側面：「古文辞」の庶民性》(《李梦阳的一个侧面：复古运动的平民性》)，《立命馆文学》，1960(180)：190—208。

鱼宏亮：《明清之际经世之学研究：知识与救世》，北京：北京大学出版社，2008 年。

余来明：《嘉靖前期诗坛研究(1522—1550)》，武汉：武汉大学出版社，2009 年。

于志嘉：《明代军户世袭制度》，台北：学生书局，1987 年。

曾巩：《曾巩集》，北京：中华书局，1984 年。

张岱年：《中国唯物主义思想简史》，北京：中国青年出版社，1957 年。

张灏：《宋明以来儒家经世思想试释》，收于"中研院"近代史研究所编：《近世中国经世思想研讨会论文集》，第 3—19 页。台北："中研院"近代史研究所，1984 年。

张亨：《试从黄宗羲的思想诠释其文学视界》，《中国文哲研究集刊》，1994（4）：
　　177—224。

张健：《沧浪诗话研究》，台北：五南图书出版公司，1986 年。

张建业：《李贽论》，北京：社会科学文献出版社，2010 年。

张金奎：《明代卫所军户研究》，北京：线装书局，2007 年。

张廷玉等：《明史》，北京：中华书局，1974 年。

张兴娟：《明代诗人张含的诗歌观及创作实践初探》，云南大学硕士学位论文，
　　2010 年。

郑处晦：《明皇杂录》，北京：中华书局，1997 年。

郑克晟：《明代政争探源》，天津：天津古籍出版社，1988 年。

周敦颐：《周敦颐集》，北京：中华书局，2009 年。

周兴陆：《钱谦益与吴中诗学传统》，《文学评论》，2008（2）：106—113。

祝尚书：《宋代科举与文学考论》，郑州：大象出版社，2006 年。

朱熹：《四书集注》，台北：学海出版社，1989 年。

朱熹：《周易本义》，苏勇校注，北京：北京大学出版社，1992 年。

朱熹：《朱熹集》，成都：四川大学出版社，2004 年。

朱怡菁：《李梦阳辞赋研究》，台湾政治大学硕士学位论文，2003 年。

朱彝尊：《曝书亭集》，收于《四部丛刊初编》。

祝允明：《枝山文集》，1874 年。

西文文献

Adler, Joseph(艾周思). "Chu Hsi and Divination."（《朱熹与卜筮》）In *Sung Dynasty Uses of the I Ching*（《宋代的易经运用》），edited by Kidder Smith Jr. (苏德恺), Peter K. Bol(包弼德), Joseph A. Adler, and Don J. Wyatt (怀亚特), pp. 169‐205. Princeton: Princeton University Press, 1990.

Bauer, Wolfgang(鲍吾刚). *China and the Search for Happiness: Recurring Themes in Four Thousand Years of Chinese Cultural History*（《中国与求福：四千年中国文化史中反复呈现的主题》）. Translated by Michael

Shaw(肖). New York：Seabury Press，1976.

Birrell，Anne(比勒尔). *Popular Songs and Ballads of Han China*(《汉代乐府》). London：Unwin Hyman，1988.

Bloom，Irene(卜爱莲)，trans. *Knowledge Painfully Acquired: The K'un-chih chi by Lo Ch'in-shun*(《困知记》). New York：Columbia University Press，1987.

Bol，Peter K.. "Cheng Yi as a Literatus."(《作为文人的程颐》)In *The Power of Culture*(《文化的力量》)，edited by Willard Peterson(裴德生)，Kao Yu-kung(高友功)，and Andrew Plaks(浦安迪)，pp. 172 - 94. Hong Kong：Chinese University of Hong Kong Press，1994.

———. "Chu Hsi's Redefinition of Literati Learning."(《朱熹对士人之学的重新定义》)In *Neo-Confucian Education: The Formative Stage*(《新儒学教育：形成阶段》)，edited by Wm. Theodore de Bary(狄百瑞)，and John W. Chaffee(贾志扬)，pp. 151 - 87. Berkeley：University of California Press，1989.

———. "The 'Localist Turn' and 'Local Identity' in Later Imperial China." (《帝制中国晚期的"地方转向"与"地方认同"》)*Late Imperial China* 24，no. 2 (2003)：1 - 50.

———. "Looking to Wang Shizhen：Hu Yinglin (1551 - 1602) and Late Ming Alternatives to Neo-Confucian Learning."(《师法王世贞：胡应麟(1551—1602)与晚明理学之替代》)*Ming Studies* 53 (2006)：99 - 137.

———. "Neo-Confucianism and Local Society，Twelfth to Sixteenth Century：A Case Study."(《理学与地方社会：12—16 世纪的个案研究》)In *The Song-Yuan-Ming Transition in Chinese History*(《中国历史上的宋元明转型》)，edited by Paul Jakov Smith(史乐民)and Richard von Glahn(万志英)，pp. 241 - 83. Cambridge，MA：Harvard University Asia Center，2003.

———. *Neo-Confucianism in History*(《历史上的理学》). Cambridge，MA：Harvard University Asia Center，2008.

———. "Su Shih and Culture."(《苏轼与文化》) In *Sung Dynasty Uses of the I Ching*, edited by Kidder Smith Jr., Peter K. Bol, Joseph A. Adler, and Don J. Wyatt, pp. 56 – 99. Princeton: Princeton University Press, 1990.

———. "The Sung Context: From Ou-yang Hsiu to Chu Hsi."(《宋代历史语境：从欧阳修到朱熹》) In *Sung Dynasty Uses of the I Ching*, edited by Kidder Smith Jr., Peter K. Bol, Joseph A. Adler, and Don J. Wyatt, pp. 26 – 55. Princeton: Princeton University Press, 1990.

———. *"This Culture of Ours": Intellectual Transitions in T'ang and Sung China*(《"斯文"：唐宋思想的转型》). Stanford, CA: Stanford University Press, 1992.

———. "When Antiquity Matters: Thinking about and with Antiquity in the Tang-Song Transition."(《上古的意义：在唐宋转型中思考上古》) In *Perceptions of Antiquity in Chinese Civilization*(《中国文化中的上古概念》), edited by Dieter Kuhn(库恩) and Helga Stahl(斯塔尔), pp. 209 – 35. Heidelberg: Edition Forum, 2008.

Brook, Timothy(卜正民). *The Chinese State in Ming Society*(《明代的社会与国家》). London: Routledge, 2005.

———. *The Confusions of Pleasure: Commerce and Culture in Ming China*(《纵乐的困惑：明代的商业与文化》). Berkeley: University of California Press, 1998.

Bryant, Daniel(白润德). *The Great Recreation: Ho Ching-ming（1483 – 1521）and His World*(《伟大的再造：何景明(1483—1521)及其时代》). Leiden: Brill, 2008.

Burckhardt, Jacob(布克哈特). *The Civilization of the Renaissance in Italy*(《意大利文艺复兴时期的文化》). Translated by S. G. C. Middlemore(米德摩尔). London: Phaidon Press, 1960.

Chan, David B.（陈大卫）. "The Problem of the Princes as Faced by the Ming Emperor Hui（1399 – 1402）."(《藩王之患：建文帝(1399—1402)的危机》) *Oriens* 11, no. 1/2 (1958): 183 – 93.

Chan，Hok-lam(陈学霖)．"The Chien-wen，Yung-lo，Hung-hsi and Hsüan-te Reigns，1399‑1435．"(《建文、永乐、洪熙、宣德(1399—1435)》) In *The Cambridge History of China*(《剑桥中国史》)，vol. 7，part I：The Ming Dynasty，1368‑1644，edited by Frederick W. Mote(牟复礼) and Denis Twitchett(杜希德)，1988，pp. 184‑93. Cambridge：Cambridge University Press.

Chan，Wing-tsit(陈荣捷)．"The Ch'eng-Chu School of Early Ming."(《明初的程朱学派》) In *Self and Society in Ming Thought*(《明代思想中的自我与社会》)，edited by Wm. Theodore de Bary，pp. 29‑51. New York：Columbia University Press，1970.

Chang Hao (张灏)．"On the Ching-shih Ideal in Neo-Confucianism."(《理学中的经世思想》) *Ch'ing-shih wen-t'i* 3 (1974)：36‑61.

Chang，Kang-I Sun(孙康宜)．*The Late Ming Poet Ch'en Tzu-lung: Crisis of Love and Loyalism*(《晚明诗人陈子龙：情与忠的危机》). New Haven，CT：Yale University Press，1991.

———．"Literature of the Early Ming to Mid-Ming (1375‑1572)."(《明初至明中叶(1375—1572)文学》) In *The Cambridge History of Chinese Literature*(《剑桥中国文学史》)，vol. 2：From 1375，edited by Kang-I Sun Chang and Stephen Owen(宇文所安)，pp. 36‑41. Cambridge：Cambridge University Press，2010.

Chang，Kang-I Sun，and Stephen Owen，eds. *The Cambridge History of Chinese Literature*. Cambridge：Cambridge University Press，2010.

Chaves，Jonathan(齐皎瀚)．*Mei Yao-ch'en and the Development of Early Sung Poetry*(《梅尧臣与宋初诗歌发展》). New York：Columbia University Press，1976.

Cheang，Alice W. (郑文君)．"Poetry and Transformation：Su Shih's Mirage."(《诗歌与转型：苏轼的海市》) *Harvard Journal of Asiatic Studies* 58，no. 1 (1990)：147‑82.

Chen Wen-yi (陈雯怡)．"Networks，Communities and Identities：On the

Discursive Practices of Yuan Literati. "(《网络、社群与认同：元代士人的话语实践》) Ph. D. diss. , Harvard University, 2007.

Chen, Yu-Shih (陈幼石). *Images and Ideas in Chinese Classical Prose: Studies of Four Masters*(《古文中的形与意：四大家研究》). Stanford, CA: Stanford University Press, 1988.

Chou, Chih-p'ing(周质平). *Yüan Hung-tao and the Kung-an School*(《袁宏道与公安派》). Cambridge: Cambridge University Press, 1988.

Chow, Kai-wing(周启荣). *Publishing, Culture and Power in Early Modern China*(《近代早期中国的印刷、文化与权力》). Stanford, CA: Stanford University Press, 2004.

———. *The Rise of Confucian Ritualism in Late Imperial China: Ethics, Classics, and Lineage Discourse*(《帝制中国晚期儒家礼教的兴起：伦理、经典与统绪》). Stanford, CA: Stanford University Press, 1994.

Chu, Hung-lam(朱鸿林). "Ch'iu Chün's *Ta-hsüeh yen-i pu* and Its Influence in the Sixteenth and Seventeenth Centuries. "(《丘濬〈大学衍义补〉及其在十六十七世纪的影响》)*Ming Studies* 22 (1986): 1 - 32.

Cohen, Myron(科恩). "Lineage Organization in North China. "(《华北的宗族组织》) *Journal of Asian Studies* 49, no. 3 (1990): 509 - 34.

Crawford, Robert(克劳福德). "Chang Chü-cheng's Confucian Legalism. "(《张居正的儒表法里》)In *Self and Society in Ming Thought*, edited by Wm. Theodore de Bary, pp. 367 - 413. New York: Columbia University Press, 1970.

Dardess, John(达第斯). *Blood and History in China: The Donglin Faction and Its Repression, 1620 - 1627*(《碧血汗青：东林党及其惨祸(1620—1627)》). Honolulu: University of Hawai'i Press, 2002.

———. *Confucianism and Autocracy: Professional Elites in the Founding of the Ming Dynasty*(《儒学与专制：职业精英与明王朝的建立》). Berkeley: University of California Press, 1983.

———. *A Ming Society: T'ai-ho County, Kiangsi, in the Fourteenth to*

Seventeenth Centuries(《明代江西泰和社会：14—17 世纪》). Berkeley：University of California Press，1996.

———. *A Political Life in Ming China: A Grand Secretary and His Time*(《明代政治生活：内阁大学士徐阶与他的时代》). Lanham，MD：Rowman & Littlefield，2013.

De Bary，Wm. Theodore. *Learning for One's Self: essays on the individual in Neo-Confucian*(《为己之学：新儒学思想中的个体》). New York：Columbia University Press，1989.

———. *The Liberal Tradition in China*(《中国的自由主义传统》). Hong Kong：Chinese University Press，1983.

———, ed. *Neo-Confucian Orthodoxy and the Learning of the Mind-and-Heart*(《理学正统与心学》). New York：Columbia University Press，1981.

De Weerdt，Hilde（魏希德）. *Competition over Content: Negotiating Standards for the Civil Service Examinations in Imperial China（1127 - 1279）*(《义旨之争：南宋科举规范之折冲》). Cambridge，MA：Harvard University Asia Center，2007.

Des Forges，Roger（德福奇）. *Cultural Centrality and Political Change in Chinese History: Northeast Henan in the Fall of the Ming*(《文化中心与政治变革：明末的河南东北部地区》). Stanford，CA：Stanford University Press，2003.

Dimberg，Ronald(丁伯格). *The Sage and Society: The Life and Thought of Ho Hsin-yin*(《圣人与社会：何心隐的思想与人生》). Honolulu：University of Hawai'i Press，1974.

Ditmanson，Peter(戴彼得). "Contesting Authority：Intellectual Lineages and the Chinese Imperial Court from the 12th to the 15th Centuries."(《权威之争：12—15 世纪朝堂之上的知识统绪》) Ph. D. diss. ，Harvard University，1999.

Duara，Prasenjit（杜赞奇）. *Culture，Power and the State: Rural North*

China, *1900 – 1942*（《文化、权力与国家：1900—1942 年间的华北农村》）. Stanford, CA：Stanford University Press, 1988.

Egan, Ronald C.（艾朗诺）. *The Literary Works of Ou-yang Hsiu*（*1007 – 72*）（《欧阳修（1007—1072）的文学作品》）. Cambridge：Cambridge University Press, 1984.

———. *The Problem of Beauty: Aesthetic Thought and Pursuits in Northern Song Dynasty China*（《美的焦虑：北宋士大夫的审美思想与追求》）. Cambridge, MA：Harvard University Asia Center, 2006.

———. *Word, Image, and Deed in the Life of Su Shi*（《苏轼的言、像、行》）. Cambridge, MA：Council on East Asian Studies, Harvard University and the Harvard-Yenching Institute, 1994.

Elman, Benjamin A.（艾尔曼）. *A Cultural History of Civil Examinations in Late Imperial China*（《帝制中国晚期的科举文化史》）. Berkeley：University of California Press, 2000.

———. "Imperial Politics and Confucian Societies in Late Imperial China."（《帝制中国晚期的皇权政治与儒家社会》）*Modern China* 15, no. 4 (1989)：379 – 418.

Esherick, Joseph W.（周锡瑞）. *The Origins of the Boxer Uprising*（《义和团运动的起源》）. Berkeley：University of California Press, 1987.

Farmer, Edward L.（法默）. *Early Ming Government: The Evolution of Dual Capitals*（《明初政府：两都之演进》）. Cambridge, MA：Harvard University Press, 1976.

———. *Zhu Yuanzhang and Early Ming Legislation: The Reordering of Chinese Society Following the Era of Mongol Rule*（《朱元璋与明初法制：蒙古统治之后中国社会的秩序重建》）. Leiden：Brill, 1995.

Flueckiger, Peter（弗吕基格）. *Imagining Harmony: Poetry, Empathy, and Community in Mid-Tokugawa Confucianism and Nativism*（《想象和谐：德川中期儒学与排外思潮中的诗歌、同情与社群》）. Stanford, CA：Stanford University Press, 2011.

Fuller，Michael A.（傅君劢）. *The Road to East Slope: The Development of Su Shi's Poetic Voice*（《通往东坡之路：苏轼诗的发展》）. Stanford，CA：Stanford University Press，1990.

Goldschmidt，Asaf Moshe(郭志松). *The Evolution of Chinese Medicine: The Northern Song Dynasty，960 - 1127*（《中药的演进：北宋(960—1127)》）. New York：Routledge，2009.

Goodrich，L. Carrington（富路特），and Fang Chaoying（房兆楹），eds. *Dictionary of Ming Biography，1368 - 1644*（《明代传记词典，1368—1644》）. New York：Columbia University Press，1976.

Graham，A. C.（葛瑞汉）. *Two Chinese Philosophers: The Metaphysics of the Brothers Ch'eng*（《两位中国哲人：二程的形而上学》）. 2nd ed. La Salle，IL：Open Court，1992.

Greenbaum，Jamie(格林鲍姆). *Chen Jiru（1558 - 1639）: The Development and Subsequent Uses of Literary Personae*（《陈继儒(1558—1639)：文人形象的发展与利用》）. Leiden：Brill，2007.

Hammond，Kenneth James(哈蒙德). "Beyond Archaism：Wang Shizhen and the Legacy of the Northern Song."（《超越复古：王世贞与北宋的遗产》）*Ming Studies* 1（1996）：6 - 28.

Hartwell，Robert（郝若贝）. "Demographic，Political，and Social Transformations of China，750 - 1550."（《中国的人口、政治与社会转型，750—1550》）*Harvard Journal of Asiatic Studies* 42，no. 2（1982）：365 - 422.

Heer，Ph. de(德希尔）. *The Care-taker Emperor: Aspects of the Imperial Institution in Fifteenth-Century China as Reflected in the Political History of the Reign of Chu Ch'i-yü*（《家长式天子：朱祁钰统治中反映出的十五世纪中国帝制诸方面》）. Leiden：Brill，1986.

Ho Ping-ti(何炳棣). *The Ladder of Success in Imperial China: Aspects of Social Mobility，1368 - 1911*（《进取之阶：帝制中国的社会流动，1368—1911》）. New York：Columbia University Press，1964.

Ho, Wai-kam(何惠鉴). "Tung Ch'i-chang's New Orthodoxy and the Southern School Theory."(《董其昌的新正统与南宗论》) In *Artists and Traditions: Uses of the Past in Chinese Culture*(《艺术家与传统：中国文化中对历史的运用》), edited by Christian F. Murck(默克), pp. 113 - 29. Princeton: Princeton University Press, 1976.

Hong, Lily Ciyuan(洪赐圆). "Through Philosophical and Sociopolitical Lenses Clearly: A Study on Mid-Ming Intellectual, Cai Qing (1453 - 1508)." (《透过清晰的哲学与社会政治的视角：明中叶士人蔡清(1453—1508)研究》)Master's thesis, National University of Singapore, 2011.

Huang, Martin W. (黄卫总). *Desire and Fictional Narrative in Late Imperial China*(《中华帝国晚期的欲望与虚构叙述》). Cambridge, MA: Harvard University Asia Center, 2001.

Hucker, Charles O. (贺凯). *A Dictionary of Official Titles in Imperial China* (《中国古代官名辞典》). Stanford, CA: Stanford University Press, 1985.

———. "The Tung-lin Movement of the Late Ming Period."(《晚明的东林运动》) In *Chinese Thought and Institutions*(《中国思想与制度》), edited by John K. Fairbank(费正清), pp. 132 - 62. Chicago: University of Chicago Press, 1957.

Hymes, Robert(韩明士). "Lu Chiu-yüan, Academies and the Problem of the Local Community."(《陆九渊、书院与地方社群问题》) In *Neo-Confucian Education: The Formative Stage*, edited by Wm. Theodore de Bary and John W. Chaffee, pp. 432 - 56. Berkeley: University of California Press, 1989.

Jen, Yu-wen(简又文). "Ch'en Hsien-chang's Philosophy of the Natural."(《陈献章的自然哲学》) In *Self and Society in Ming Thought*, edited by Wm. Theodore de Bary, pp. 53 - 92. New York: Columbia University Press, 1970.

Jiang, Yongling(姜永琳), trans. *The Great Ming Code*(《大明律》). Seattle:

University of Washington Press，2005.

Kafalas，Philip A. （高化岚）. *In Limpid Dream: Nostalgia and Zhang Dai's Reminiscences of the Ming*（《清梦：乡愁与张岱对明的追忆》）. Norwalk，CT：EastBridge，2007.

Kim，Youngmin（金英敏）. "Luo Qinshun（1465 - 1547）and His Intellectual Context."（《罗钦顺（1465—1547）与他的思想背景》）*T'oung Pao*，second series 89，no. 4/5（2003）：367 - 441.

———. "Redefining the Self's Relation to the World: A Study of Mid-Ming Neo-Confucian Discourse."（《重新定义自我与世界的关系：明中叶理学话语研究》）Ph. D. diss. , Harvard University，2002.

Kinney，Arthur F. （金尼）. "Stephen Gosson's Art of Argument in The Schoole of Abuse."（《斯蒂芬·高森的论辩艺术：〈滥用之流派〉》）*Studies in English Literature*，1500 - 1900 7，no. 1（1967）：41 - 54.

Koh，Khee Heong（许齐雄）. *A Northern Alternative: Xue Xuan（1389 - 1464）and the Hedong School*（《北辙：薛瑄与河东学派》）. Cambridge，MA：Harvard University Asia Center，2011.

Langlois，John D. （蓝德彰）. "Political Thought in Chin-hua under Mongol Rule."（《蒙古统治下的金华政治思想》）In *China under Mongol Rule*（《蒙古统治下的中国》），edited by John D. Langlois，pp. 137 - 85. Princeton，NJ：Princeton University Press，1981.

Lau，D. C. （刘殿爵），trans. *The Analects*（《论语》）. London：Penguin Books，1970.

———，trans. *Mencius*（《孟子》）. London：Penguin Books，1970.

Lee，Haiyan（李海燕）. *Revolution of the Heart: A Genealogy of Love in Modern China，1900 - 1950*（《心灵革命：现代中国的爱情谱系》）. Stanford，CA：Stanford University Press，2007.

Lee，Pauline C. （李宝琳）. *Li Zhi: Confucianism and the Virtue of Desire*（《李贽：儒学与欲望》）. Albany：State University of New York Press，2012.

Legge，James（理雅各），trans. *Doctrine of the Mean*（《中庸》）. In The

Chinese Classics. Vol. 1. London：Trübner，1861.

———. *The She King*(《诗经》). London：Trübner，1876.

———. *The Shū King*(《书经》). In *Sacred Books of the East*(《东方经典》)，edited by F. Max Müller(缪勒). Vol. 3. Oxford：Clarendon Press，1879 – 1910.

———. *The Yi King*(《易经》). In *Sacred Books of the East*, edited by F. Max Müller. Vol. 16. Oxford：Clarendon Press，1879 – 1910.

Li，Wai-yee(李惠仪). "The Rhetoric of Spontaneity in Late Ming Literature." (《晚明文学中自发性的主张》)*Ming Studies* 35 (1995)：32 – 52.

Lin，Li-chiang（林丽江）. "The Creation and Transformation of Ancient Rulership in the Ming Dynasty (1368 – 1644)：A Look at the Dijian Tushuo 帝鑒圖説（Illustrated Arguments in the Mirror of the Emperors)."(《古代统治形态的创造与转型：〈帝鉴图说〉研究》) In *Perceptions of Antiquity in Chinese Civilization*, edited by Dieter Kuhn and Helga Stahl, pp. 321 – 60. Heidelberg：Edition Forum，2008.

Liu，James T. C.（刘子健）. *Ou-yang Hsiu: An Eleventh-Century Neo-Confucianist*(《欧阳修：十一世纪的新儒家学者》). Stanford，CA：Stanford University Press，1967.

Lo，Winston Wan(罗文). *The Life and Thought of Yeh Shih*(《叶适的生平与思想》). Hong Kong：The Chinese University of Hong Kong，1974.

Lynn，Richard John(林理彰). "Orthodoxy and Enlightenment：Wang Shih-chen's Theory of Poetry and Its Antecedents."(《正统与启蒙：王世贞的诗论及其渊源》)In *The Unfolding of Neo-Confucianism*(《新儒学的展开》)，edited by Wm. Theodore de Bary, pp. 217 – 69. New York：Columbia University Press，1975.

———. "The Talent-Learning Polarity in Chinese Poetics，Yan Yu and the Later Tradition."(《中国诗学中的才学两极：严羽及后世传统》)*Chinese Literature: Essays，Articles，Reviews* (CLEAR) 5，no. 1/2 (1983)：157 – 84.

Makino Shūji(牧野修二). "Transformation of the Shih-jen in the Late Chin and Early Yuan."(《金末元初的士人转型》) *Acta Asiatica* 45 (1983): 1–26.

Marmé, Michael(马梅). *Suzhou: Where the Goods of All the Provinces Converge*(《苏州:天下之聚》). Stanford, CA: Stanford University Press, 2005.

McDowall, Stephen(麦克道尔). *Qian Qianyi's Reflections on Yellow Mountain: Traces of a Late-Ming Hatchet and Chisel*(《钱谦益的黄山之思:晚明斧凿之迹》). Hong Kong: Hong Kong University Press, 2009.

Metzger, Thomas(墨子刻). "Ching-shih Thought and the Societal Changes of the Late Ming and Early Ch'ing Periods: Some Preliminary Considerations."(《经世思想与明末清初社会变迁:一些初步思考》)收于"中研院"近代史研究所编:《近世中国经世思想研讨会论文集》,第21—49页。台北:"中研院"近代史研究所,1984年。

Miller, Harry(米勒). *State versus Gentry in Late Ming Dynasty China, 1572–1644*(《晚明的国家与士绅,1572—1644》). New York: Palgrave MacMillan, 2009.

Miller, Peter N.(米勒), and François Louis(路易斯), eds. *Antiquarianism and Intellectual Life in Europe and China, 1500–1800*(《古物主义与智识生活:欧洲与中国,1500—1800》). Ann Arbor: University of Michigan Press, 2012.

Miyakawa, Hisayuki(宫川尚志). "An Outline of the Naitō Hypothesis and Its Effects on Japanese Studies of China."(《内藤湖南唐宋变革论纲要及其对日本中国史研究的影响》) *Far Eastern Quarterly* 14 (1954–55): 533–52.

Miyazaki, Ichisada(宫崎市定). *China's Examination Hell: The Civil Service Examination of Imperial China*(《科举》). Translated by Conrad Schirokauer(谢康伦). New Haven, CT: Yale University Press, 1981.

Murck, Christian. "Chu Yun-ming (1461–1527) and Cultural Commitment in

Su-chou." (《祝允明（1461—1527）与苏州文化认同》) Ph. D. diss.，Princeton University，1978.

Ng，On-cho(伍安祖)，and Edward Wang. *Mirroring the Past: The Writing and Use of History in Imperial China*(《以史为鉴：中国古代对历史的书写与运用》). Honolulu：University of Hawai'i Press，2005.

Ong，Chang Woei(王昌伟). *Men of Letters within the Passes: Guanzhong Literati in Chinese History，907－1911*(《中国历史上的关中士人：907—1911》). Cambridge，MA：Harvard University Asia Center，2008.

———. "The Principles Are Many：Wang Tingxiang and Intellectual Transition in Mid-Ming China."(《理万：王廷相与明中叶思想转型》) *Harvard Journal of Asiatic Studies* 66，no. 2（2006）：461－94.

———. "We Are One Family：The Vision of 'Guanxue' in the Northern Song."(《民胞物与：北宋的关学》) *Journal of Song-Yuan Studies* 35（2005）：29－57.

Owen，Stephen，ed. and trans. *An Anthology of Chinese Literature: Beginnings to 1911*(《中国古代文选：从先秦至 1911 年》). New York：W. W. Norton，1996.

Peterson，Willard. "Another Look at Li."(《理的另一种解读》) *Bulletin of Sung-Yuan Studies* 18（1986）：13－32.

Pomeranz，Kenneth(彭慕兰). *The Making of a Hinterland: State，Society，and Economy in Inland North China*(《腹地的构建：华北内地的国家、社会和经济（1853—1937）》). Berkeley：University of California Press，1993.

Qian，Suoqiao(钱锁桥). *Liberal Cosmopolitan: Lin Yutang and Middling Chinese Modernity*(《自由世界主义：林语堂与中国现代性之中道》). Leiden：Brill，2011.

Rowe，William T.（罗威廉）. *Saving the World: Chen Hongmou and Elite Consciousness in Eighteenth-century China*(《救世：陈宏谋与十八世纪中国的精英意识》). Stanford，CA：Stanford University Press，2001.

Schirokauer, Conrad. "Chu Hsi and Hu Hung." (《朱熹与胡宏》) In *Chu Hsi and Neo-Confucianism* (《朱熹与理学》), edited by Wing-tsit Chan, pp. 480 – 502. Honolulu: University of Hawai'i Press, 1986.

———. "Chu Hsi's Senses of History." (《朱熹的历史观》) In *Ordering the World: Approaches to State and Society in Sung Dynasty China* (《经世：宋代中国的国家与社会治理》), edited by Robert P. Hymes and Conrad Schirokauer, pp. 193 – 220. Berkeley: University of California Press, 1993.

Schneewind, Sarah(施珊珊). *Community Schools and the State in Ming China* (《明代的社学与国家》). Stanford, CA: Stanford University Press, 2006.

Sidney, Philip(西德尼). *A Defence of Poesie and Poems* (《诗辩》). London: Cassel and Company, 1909.

Skonicki, Douglas Edward (侯道儒). "Cosmos, State and Society: Song Dynasty Arguments concerning the Creation of Political Order." (《宇宙、国家与社会：宋代政治秩序论争》) Ph. D. diss. , Harvard University, 2007.

Smith, Kidder, Jr.. "Ch'eng Yi and Heaven-and-Earth." (《程颐与天地》) In *Sung Dynasty Uses of the I Ching*, edited by Kidder Smith Jr. et al. , pp. 33 – 42. Princeton: Princeton University Press, 1990.

———. "State Power and Economic Activism during the New Policies: 1068 – 1085: The Tea and Horse Trade and the 'Green Sprouts' Loan Policy." (《变法中的国家权力与经济进取主义：茶马贸易与青苗法，1068—1085》) In *Ordering the World: Approaches to State and Society in Sung Dynasty China*, edited by Robert P. Hymes and Conrad Schirokauer, pp. 76 – 127. Berkeley: University of California Press, 1993.

Strassberg, Richard E. （石听泉）. *Inscribed Landscapes: Travel Writing from Imperial China* (《铭刻风景：中国古代的游记书写》). Berkeley: University of California Press, 1994.

Struve, Lynn A. （司徒琳）. "Huang Zongxi in Context: A Reappraisal of His

Major Writings. "(《历史语境下的黄宗羲：对其重要著作的重估》) *Journal of Asian Studies* 47, no. 3 (1988)：474 - 502.

Tan, Tian Yuan (陈赟沅). *Songs of Contentment and Transgression: Discharged Officials and Literati Communities in Sixteenth-Century North China*(《自足与逾越之曲：十六世纪华北赋闲官员与文人社群》). Cambridge, MA：Harvard University Asia Center, 2010.

———. "The Wolf of Zhongshan and Ingrates：Problematic Literary Contexts in Sixteenth-Century China. "(《中山狼：十六世纪中国文本语境的问题》) *Asia Major*, 3rd series, 20, no. 1 (2007)：105 - 31.

Tian, Xiaofei(田晓菲). *Beacon Fire and Shooting Star: The Literary Culture of the Liang（502 - 557)*(《烽火与流星：萧梁王朝的文学与文化》). Cambridge, MA：Harvard University Asia Center, 2007.

Tillman, Hoyt Cleveland (田浩). *Confucian Discourse and Chu Hsi's Ascendancy*(《朱熹的思维世界》). Honolulu：University of Hawai'i Press, 1992.

———. *Utilitarian Confucianism: Ch'en Liang's Challenge to Chu Hsi*(《功利主义儒家：陈亮对朱熹的挑战》). Cambridge, MA：Council of East Asian Studies, Harvard University, 1982.

Tsai, Shih-shan Henry(蔡石山). *The Eunuchs in the Ming Dynasty*(《明代宦官》). Albany：State University of New York Press, 1996.

Tu, Wei-ming (杜维明). *Centrality and Commonality: An Essay on Confucian Religiousness*(《中庸：儒家的宗教性》). Albany：State University of New York Press, 1989.

———. *Neo-Confucian Thought in Action: Wang Yang-ming's Youth（1472 - 1509)*(《青年王阳明：行动中的儒家思想》). Berkeley：University of California Press, 1976.

———. "Yen Yüan：From Inner Experience to Lived Concreteness. "(《颜元：从内在体验到生命真实》)In *The Unfolding of Neo-Confucianism*, edited by Wm. Theodore de Bary, pp. 511 - 41. New York：Columbia

University Press，1975.

Von Glahn，Richard."Community and Welfare：Chu Hsi's Community Granary in Theory and Practice."(《社群与福利：朱熹的社仓理论与实践》) In *Ordering the World：Approaches to State and Society in Sung Dynasty China*，edited by Conrad Schirokauer and Robert Hymes，pp. 221‑54. Berkeley：University of California Press，1993.

Wang，Aihe(王爱和). *Cosmology and Political Culture in Early China*(《中国古代宇宙观与政治文化》). Cambridge：Cambridge University Press，2000.

Wang，Jinping(王锦萍)."Between Family and State：Networks of Literati，Clergy，and Villages in Shanxi，North China，1200‑1400."(《家国之间：山西士人、僧侣与村落的网络，1200—1400》) Ph. D. diss.，Yale University，2011.

Ward，Julian(汪居廉). *Xu Xiake（1587‑1641）：The Art of Travel Writing* (《徐霞客：游记的艺术》). Richmond，UK：Curzon，2001.

Weisfogel，Jaret Wayne(魏家伦). *A Late Ming Vision for Local Community：Ritual，Law，and Social Ferment in the Proposals of Guan Zhidao*(《晚明地方社会中的礼法与骚动：管志道〈从先维俗议〉研究》). Edited by Sarah Schneewind. Minneapolis：Society for Ming Studies，2010.

Wilson，Thomas A.（魏伟森）. *Genealogy of the Way：The Construction and Uses of the Confucian Tradition in Late Imperial China*(《道的谱系：帝制中国晚期对儒家传统的建构与运用》). Stanford，CA：Stanford University Press，1995.

Yu，Yingshi(余英时)."Toward an Interpretation of the Intellectual Transition in Seventeenth Century China."(《对十七世纪中国思想转型的阐释》) *Journal of the American Oriental Society* 100，no. 2 (1980)：115‑25.

Kim，Yung Sik（金永植）. *The Natural Philosophy of Chu Hsi（1130‑1200）*(《朱熹的自然哲学》). Philadelphia：American Philosophical Society，2000.

索 引

（条目后的数字为原文页码，即本书边码）